U0638548

地方立法实用教程

惠州学院地方立法研究院
惠州市人大常委会法制工作委员会　编

中国民主法制出版社

图书在版编目（CIP）数据

地方立法实用教程 / 惠州学院地方立法研究院,惠
州市人大常委会法制工作委员会编. —北京：中国民主
法制出版社，2024.1
ISBN 978 -7 -5162 -3486 -0

Ⅰ. ①地… Ⅱ. ①惠… ②惠… Ⅲ. ①地方法规—立
法—中国—教材 Ⅳ. ①D927

中国国家版本馆 CIP 数据核字（2024）第 020336 号

图书出品人：刘海涛
丛 书 策 划：庞贺鑫
责 任 编 辑：许泽荣

书　　　　名 / 地方立法实用教程
作　　　者 / 惠 州 学 院 地 方 立 法 研 究 院 编
　　　　　　惠州市人大常委会法制工作委员会

出版·发行 / 中国民主法制出版社
地址 / 北京市丰台区右安门外玉林里 7 号（100069）
电话 / (010) 63055259（总编室）　　63058068　63057714（营销中心）
传真 / (010) 63055259
http : //www. npcpub. com
E-mail : mzfz@ npcpub. com
经销 / 新华书店
开本 / 16 开　710 毫米 ×1000 毫米
印张 / 22.75　　字数 / 315 千字
版本 / 2024 年 1 月第 1 版　2024 年 1 月第 1 次印刷
印刷 / 三河市宏图印务有限公司

书号 / ISBN 978 -7 -5162 -3486 -0
定价 / 98.00 元

目 录

第一章　地方立法概述

社会不断发展，文明不断进步，国家治理体系和治理能力现代化的要求不断提高，地方立法越发受到重视。《中华人民共和国立法法》（以下简称《立法法》）2023 年的进一步修正，标志着我国地方立法迈入崭新的发展阶段。适应新时代、新任务、新要求，首先必须全面了解和把握地方立法的概念、特征、分类、效力、沿革、作用、原则、要求等。

第一节　地方立法的概念和特征

界定地方立法的概念，明确"是什么"的问题，进而了解地方立法的特征，掌握立法的一般特征和地方立法的专有特征的联系与区别，这是认识地方立法工作的必然要求。

一、地方立法的概念

立法是国家立法机关依照法定的职权和程序，将国家意志规范化、法律化，创制和认可法律规范的重要政治活动。我国实行在中央统一领导下的中央和地方两级、多层次的立法体制，地方立法与中央立法都是中国特色社会主义法律体系的重要组成部分。要准确把握地方立法的概念，首先要清晰把握立法的概念。对于何为"立法"的问题，我国学术界和实务界有着多种不同的看法，但总体上可以归纳为"狭义说"和"广义说"两种。

（一）狭义的立法

"狭义说"认为，立法是指最高国家权力机关及其常设机关依照法定

权限和程序，制定、修改、废止宪法、法律和其他具有法律效力的规范性
文件的活动。这种观点将行使立法权的主体局限于全国人民代表大会
（以下简称全国人大）及其常务委员会（以下简称全国人大常委会），主
要基于我国是单一制国家、立法活动实行中央统一领导的实际情况，认为
立法权由最高国家权力机关及其常设机关统一行使，其他国家机关制定的
规范性法律文件均须报上级机关批准或者备案，本质上均属于国家立法权
的延伸。

（二）广义的立法

"广义说"认为，立法是指享有立法权的国家机关依照法定权限和程
序，制定、修改、废止宪法、法律、法规、自治条例和单行条例、规章等
具有法律效力的规范性文件的活动。这种观点将我国依法可以制定规范性
法律文件的国家机关均视为立法主体，主要基于我国目前实行在中央统一
领导下的中央和地方两级、多层次立法体制的实际情况，主张各级国家机
关依法制定规范性法律文件的活动均属于立法，不论所制定的规范性法律
文件是否需要报请法定机关批准或备案。

从《立法法》的规定来看，立法的广义说显然比较切合立法精神和
工作实际。基于对"立法"概念的界定，所谓地方立法，是指享有立法
权的地方国家机关依照法定权限和程序，制定、修改、废止地方性法规、
自治条例和单行条例、规章等具有法律效力的规范性文件的活动。

二、地方立法的特征

地方立法是国家立法体系的组成部分，既有立法的一般特征，也具有
与中央立法不同的专有特征。

（一）立法的一般特征

从基本概念来看，立法主要有3个特征。

（1）专有性。立法是国家的专有活动，立法主体是享有立法权的各
级国家机关，即全国人大及其常委会，国务院及国务院各部、委员会、中
国人民银行、审计署和具有行政管理职能的直属机构，省、自治区、直辖

市、设区的市人民代表大会及其常务委员会、人民政府，民族自治地方的人民代表大会等。

（2）规范性。立法具有严格的法定权限、程序和技术要求，立法主体必须在法律规定的相应权限范围内、依照法定程序进行，并遵循立法技术规范。

（3）明确性。立法活动的内容是明确的，即制定、修改、废止具有法律效力的规范性法律文件，包括宪法、法律、行政法规、地方性法规、自治条例和单行条例、规章等。

除了从基本概念理解立法的一般特征之外，还可以从如下方面进一步拓展对立法的内涵的理解，以更好地理解和把握立法的特征。

第一，立法是重要政治活动。所谓政治，是指通过特定的方式和途径掌握权力，管理国家和社会，以实现政权巩固、社会稳定、良性发展目标的活动。在我国，中国共产党作为执政党在国家政治、经济、社会、文化、生态建设等各个方面发挥领导核心作用，国家各个层级的立法活动最重要的任务是贯彻党的路线方针政策和各方面重大决策部署，将其通过法定程序转变为法律规范，成为全国人民的共同行动准则，实现党对国家各方面工作的有效领导。

第二，立法是重大决策活动。所谓决策，是指特定主体对未来的行动作出决定，其中既包括对具体事项的决定，也包括对具有普遍适用意义的行为准则的决定，立法属于后一种类型的决策活动。在立法过程的各个基本环节，如立法项目的选择、立法模式的确定、政府及其部门职责的配置、相关群体利益的协调平衡等，都涉及决策问题。因此，通常把立法机关对立法项目及其主要制度安排所作的决策统称为立法决策。特别是立法机关对立法成果进行确认，即对法律、法规、规章草案进行表决，这是典型的立法决策行为。

第三，立法是规则构建活动。所谓规则，是指特定群体制定或者成员公认的，供全体成员共同遵守以维护良好秩序、共同利益或者实现特定目标的行为准则。规则在国家、社会、群体的治理中均十分重要，孟子说的"离娄之明，公输子之巧，不以规矩，不能成方圆"形象地道出了规则的极端重要性。在所有的规则中，最重要、最有效力的规则是法律规范，正如邓小平同志所指出的，"还是要靠法制，搞法制靠得住些"。立法的基本任务是构建起具有法律效力的规则，让公共管理机构、社会成员的活动有规矩、法律后果可以预测，保证国家和社会在规范的轨道上向前发展。

第四，立法是利益协调活动。法作为具有普遍适用效力、依靠国家强制力保障实施的规范，一旦颁布实施就对一个国家或者社会的成员产生重大的影响，特别是各方面的权利义务。反过来说，也只有兼顾各方面的权利义务，协调好各方面的利益，得到大家普遍认同，才能成为良法，实现善治。在立法的过程中，既要最大限度地实现执政者的意图，又要合理兼顾相关利益群体的利益诉求，还要积极回应社会的整体关切，实质上也是一个利益协调的过程。

第五，立法是政治参与活动。所谓政治参与，是指公民直接或间接地以各种方式对与其利益相关的政治活动施加影响的活动，其目的是使自身的利益在公共政策中得到最大的满足。在立法的过程中，通过民主立法制度，社会公众得以有序地参与立法进程，反映自己对国家、社会和相关事务的看法和主张，提出自身的利益诉求，从而影响法律法规的相关制度安排，是公民政治参与的重要体现。

（二）地方立法的专有特征

地方立法除了具备立法的特征之外，基于其"地方性"，同时具有以下特征。

（1）地方立法主体是享有立法权的地方国家机关，即省、自治区、直辖市、设区的市人民代表大会及其常务委员会、人民政府，民族自治地方的人民代表大会等。

（2）地方立法活动的内容是制定、修改、废止具有法律效力的规范性文件，即省、自治区、直辖市、设区的市人民代表大会及其常务委员会制定、修改、废止地方性法规和具有地方性法规性质的决议、决定；省、自治区、直辖市、设区的市人民政府制定、修改、废止规章；民族自治地方人民代表大会制定、修改、废止自治条例和单行条例等。

（3）地方立法机关制定的规范性法律文件，效力只限于本行政区域，超出本行政区域即没有约束力。

（4）地方立法不论是属于何种类型，均应当结合本地方的具体情况和实际需要，保证宪法、法律和行政法规的实施，有针对性地解决地方事务。

（5）受监督性。所有地方立法都得报全国人大常委会或国务院备案。全国人大及其常委会可以撤销同法律、行政法规相抵触的地方性法规，撤销同宪法和法律、行政法规基本原则相抵触的自治条例和单行条例，撤销不符合授权规定的授权立法，可以将同特别行政区基本法相抵触的特别行政区法律发回。此外，国务院可以撤销不适当的地方政府规章。

第二节　地方立法的分类和效力

地方立法的分类与效力，是进一步拓展地方立法"是什么"的重要内容。根据我国的国情和地方立法实际发展情况，可以将地方立法进行不同的分类。地方立法的效力，也可以说是地方立法的时效性，主要分成对象、时间和空间的效力。

一、地方立法的分类

根据不同的视角，划分了不同的标准对地方立法进行分类，地方立法的类型是多种多样的，具有一定的复杂性。在此，仅对我国地方立法的类型进行阐述。

（一）一般分类

根据地方立法主体的不同，我国地方立法可分为地方权力机关立法与地方行政机关立法。① 这包括地方权力机关制定的地方性法规和地方行政机关所颁布的地方政府规章。

地方权力机关立法，即享有立法权的地方权力机关进行立法的行为。

---

① 谢勇主编：《地方立法学》，法律出版社 2019 年版，第 11 页。

根据《中华人民共和国宪法》（以下简称《宪法》）、《中华人民共和国地方各级人民代表大会和地方各级人民政府组织法》（以下简称《地方组织法》）和《立法法》等法律的相关规定，省、自治区、直辖市的人民代表大会及其常务委员会根据本行政区域的具体情况和实际需要，在不同宪法、法律、行政法规相抵触的前提下，可以制定地方性法规。设区的市的人民代表大会及其常务委员会根据本市的具体情况和实际需要，在不同宪法、法律、行政法规和本省、自治区的地方性法规相抵触的前提下，可以对城乡建设与管理、生态文明建设、历史文化保护、基层治理等方面的事项制定地方性法规，法律对设区的市制定地方性法规的事项另有规定的，从其规定。自治州的人民代表大会及其常务委员会可以依法行使设区的市制定地方性法规的职权。经济特区所在地的省、市的人民代表大会及其常务委员会根据全国人大的授权决定，制定法规，在经济特区范围内实施。民族自治地方的人民代表大会有权依照当地民族的政治、经济和文化的特点，制定自治条例和单行条例。自治区的自治条例和单行条例，报全国人大常委会批准后生效。自治州、自治县的自治条例和单行条例，报省、自治区、直辖市的人民代表大会常务委员会批准后生效。

地方行政机关立法，即享有立法权的地方行政机关进行立法的行为。根据《宪法》《地方组织法》《立法法》等法律的相关规定，省、自治区、直辖市和设区的市、自治州的人民政府，可以根据法律、行政法规和本省、自治区、直辖市的地方性法规，制定地方政府规章。

（二）特别分类

（1）根据我国宪法和法律规定的立法权限的不同，地方立法可分为一般地方立法、民族自治地方立法、经济特区立法和特别行政区立法 4 种类型。①

①一般地方立法。这是相对于特殊地方立法而言的地方立法，它是一般地方的有关国家政权机关，依法制定和修改效力可以及于本地范围的规范性法律文件活动的总称。根据《立法法》中关于立法权限的规定，当

---

① 谢勇主编：《地方立法学》，法律出版社 2019 年版，第 11 页。

前我国地方享有地方立法权的主体，已经扩容至"设区的市"层级，因此，一般地方立法已形成省、市两级地方立法体制。一般地方立法包括：省级人民代表大会及其常务委员会制定地方性法规，以及同级人民政府制定地方政府规章的立法活动；设区的市人民代表大会及其常务委员会制定地方性法规，以及同级人民政府制定地方政府规章的立法活动。

②民族自治地方立法。由于历史发展和民族分布等原因，我国实行民族区域自治制度，明确在国家统一领导的前提下，少数民族聚居区设立民族自治机关，依法行使民族自治权。民族立法权是民族自治权的重要组成部分，民族自治地方的人民代表大会有权依照当地的政治、经济和文化的特点，制定自治条例和单行条例。自治条例规定有关本地区实行民族区域自治的基本问题；单行条例规定有关本地区实行民族区域自治的某一方面的具体事项。自治条例、单行条例可以对国家法律和政策作出变通性规定。自治区的自治条例和单行条例，须报全国人大常委会批准后生效。自治州、自治县的自治条例和单行条例须报省或者自治区、直辖市的人民代表大会常务委员会批准后生效，并报请全国人大常委会和国务院备案。

③经济特区立法。这是一种授权性立法，是经济特区所在地的省、市人民代表大会及其常委会和同级人民政府根据全国人大的授权决定而行使立法权的行为。目前，经济特区立法主要有海南省人大及其常委会和深圳市、厦门市、珠海市、汕头市的人大及其常委会以及同级人民政府在经济特区行使"变通立法权"的地方立法，因而经济特区立法包括经济特区人大立法和经济特区政府立法。[①] 需要注意的是，在海南经济特区，全国人大只授权海南省人大及其常委会的经济特区立法权，但没有授予海南省政府经济特区立法权。此外，全国人大还授权上海市人大及其常委会，比照经济特区立法，制定浦东新区法规，在浦东新区实施。

④特别行政区立法。这是一种极其特殊的地方立法，根据《宪法》第 31 条的规定："国家在必要时得设立特别行政区。在特别行政区内实行的制度按照具体情况由全国人民代表大会以法律规定。"依据全国人大制

---

① 石佑启、朱最新、潘高峰、黄喆：《地方立法学》，高等教育出版社 2019 年版，第 24 页。

定的《中华人民共和国香港特别行政区基本法》《中华人民共和国澳门特别行政区基本法》进行地方立法。目前，特别行政区的地方立法主要有香港特别行政区立法和澳门特别行政区立法。

（2）根据地方立法的功能与宗旨不同，可以将我国地方立法分为实施性地方立法和创制性地方立法。[1]

①实施性地方立法，即为了保证国家法律、行政法规在本地的贯彻实施，结合本地实际对上位法进行细化和补充的立法。这包括两个方面：一是针对一部法律或行政法规的实施性地方立法；二是针对多部法律或行政法规的实施性地方立法。[2] 实施性地方立法有较为明确的上位法规定，其表现形式一般为"实施细则""实施办法""实施条例"等。

②创制性地方立法，即行政机关为了填补法律和法规的空白，或者变通法律和法规的个别规定以履行行政职能而进行的立法。创制性地方立法，可细分为自主性地方立法和先行性地方立法。[3] 自主性地方立法，亦称为职权性地方立法，是指地方立法机关根据法定权限和程序在其职权范围内，针对本地突出存在而国家立法没有解决或不宜解决的地方性事务而进行的立法。先行性地方立法，即针对地方改革发展迫切需要，国家尚未立法，但又不属于国家专属立法权限范围的地方性事项的立法。

二、地方立法的效力

法的效力，即法的约束力，指法律法规对其规范行为的约束力。法的效力可分为规范性法律文件的效力和非规范性法律文件的效力。一般而言，在法律文件上对规范行为的表述为"应当"的层面上。地方立法作为一种规范性法律文件，显然具有法的效力。下面从效力范围和效力等级这两个维度阐述地方立法的效力内容。

（一）效力范围

地方立法的效力范围分为三种情况：对象效力、时间效力、空间效

---

① 谢勇主编：《地方立法学》，法律出版社 2019 年版，第 12 页。
② 高绍林、武志：《实施性地方立法刍议》，载《天津人大》2013 年第 12 期。
③ 谢勇主编：《地方立法学》，法律出版社 2019 年版，第 13 页。

力，即地方立法对什么对象，以及在什么时间、什么空间有效。

1. 对象效力

地方立法的对象效力，是指法律对谁有效力，适用于哪些人或事，即包括两个方面：一是地方立法的对人效力，二是地方立法的对事效力。地方立法的对人效力，是指对什么样的人和组织有效，这里的人包括自然人和法律拟制的人——法人和其他组织。根据我国法律法规，对自然人的效力包括对中国公民的效力和对外国人、无国籍人的效力两个方面。地方立法的对事效力，是指对什么行为有效力，适用于哪些事项。地方立法的对事效力范围的作用在于告诉人们哪些行为可以做、应该做和不应该做；同时，指明法律适用的事项，从而确定不同法律之间的调整界限。

2. 时间效力

地方立法的时间效力，是指生效时间与终止生效时间，及其对生效前的行为和事项有无溯及力。[①] 生效时间，是指法从何时起开始发生约束力。基本上有三种方式：一是自公布之日起生效；二是法规规章条文中自行规定的具体生效时间；三是规定法规规章公布后，符合一定条件时生效（立法机关另行发布专门文件规定法律的生效时间）。终止生效时间，是指法的废止的时间，即法的效力的消灭。一般分为明示的废止和默示的废止两类，具体形式主要有：一是以新法取代旧法，使旧法终止生效；二是有些法完成了历史任务而自然失效；三是发布特别决议、命令等宣布废止某项法；四是法本身规定了终止生效的日期。

法的溯及力，也称法溯及既往的效力，是指法对其生效以前的事件和行为是否适用。如果适用，就具有溯及力；如果不适用，就没有溯及力。依据现代法治精神，地方立法原则上应不具有溯及力，但也有例外，即如果地方立法的规定，更有利于保护公民、法人和其他组织的权利和利益，则可以溯及适用。[②]

---

① 谢勇主编：《地方立法学》，法律出版社 2019 年版，第 15 页。
② 谢勇主编：《地方立法学》，法律出版社 2019 年版，第 16 页。

3. 空间效力

地方立法的空间效力，是指地方立法适用的地域范围。一般而言，地方立法的空间效力适用于其所管辖的地域范围，如设区的市制定的地方性法规，只适用于该设区的市的空间范围。

（二）效力等级

地方立法的效力等级，是指地方立法在一国法律体系中的纵向地位。[①] 我国地方立法的效力等级，可从外部和内部两个方面理解：一是从外部的关系而言，地方立法来自中央立法的授权，是中央立法的补充与执行，其效力等级低于中央立法的效力等级；二是从内部的关系而言，因地方立法的类型多样，不可避免具有一定的复杂性。[②]

1. 一般地方立法的效力等级

（1）地方立法机关立法的效力等级。根据《立法法》第81条第1款规定，明确设区的市的人民代表大会及其常务委员会在不同本省、自治区的地方性法规相抵触的前提下制定地方性法规。因此，省、自治区地方立法机关立法的效力高于设区的市地方立法机关立法的效力。另外，根据《立法法》第108条第4项规定，省、自治区、直辖市的人民代表大会有权改变或者撤销它的常务委员会制定的和批准的不适当的地方性法规。同时，各级人大常委会是同级人民代表大会的常设机关。因此，各级人民代表大会立法的效力高于同级人大常委会立法的效力。

（2）地方行政机关立法的效力等级。根据《立法法》第100条第2款规定，省、自治区的人民政府制定的规章的效力高于本行政区域内的设区的市、自治州的人民政府制定的规章的效力。根据《立法法》第108条第6项规定，省、自治区的人民政府有权改变或者撤销下一级人民政府制定的不适当的规章。因此，省级地方人民政府立法的效力高于其下一级地方人民政府立法的效力。

（3）地方立法机关立法与地方行政机关立法的效力等级。根据《立

---

① 石佑启、朱最新、潘高峰、黄喆：《地方立法学》，高等教育出版社2019年版，第25页。
② 谢勇主编：《地方立法学》，法律出版社2019年版，第16页。

法法》第 100 条第 1 款规定，地方性法规的效力高于本级和下级地方政府规章。因此，地方人民代表大会（以下简称地方人大）及其常务委员会（以下简称地方人大常委会）立法的效力高于本级和下一级地方人民政府立法的效力。

2. 民族自治地方立法的效力等级

我国的民族自治地方分为自治区、自治州、自治县（自治旗）三级，因而民族自治地区制定的自治条例和单行条例可分为自治区自治条例和单行条例、自治州自治条例和单行条例、自治县（自治旗）自治条例和单行条例。① 制定自治条例和单行条例，是民族区域自治地方的自治机关行使自治权的体现，自治条例和单行条例的效力等级决定于自治权的权限和权能。② 根据《立法法》第 85 条规定，自治条例和单行条例的制定原则是"依照当地民族的政治、经济和文化的特点"，而宪法规定"各民族一律平等"，各民族区域自治地方的自治机关所享有的自治权是平等的，故依法行使自治权所制定的自治条例和单行条例，其效力等级是相同的。

3. 经济特区立法的效力等级

经济特区立法，并不等于经济特区的地方立法。③ 由于经济特区拥有双重身份，经济特区的地方立法有两种情况：经济特区所在地的省、市既拥有一般立法权，制定地方性法规和地方政府规章；也拥有特殊立法权，制定特区法规和特区规章。经济特区立法，是根据全国人大授权行使特殊立法权的立法，其效力等级情况如下："从全国人民代表大会的授权决定看，对特区法规的授权是特殊授权，对特区规章的授权是一般授权"④，根据效力位阶的"特别优于一般"原则，故特区法规的效力等级高于特区规章。

4. 特别行政区立法的效力等级

目前，中央立法没有对特别行政区立法的效力等级作出明确规定。⑤

---

① 石佑启、朱最新、潘高峰、黄喆：《地方立法学》，高等教育出版社 2019 年版，第 26 页。
② 王培英：《论自治条例和单行条例的法律地位问题》，载《民族研究》2000 年第 6 期。
③ 谢勇主编：《地方立法学》，法律出版社 2019 年版，第 16 页。
④ 孙良胜：《特区法规和特区规章之比较研究》，载《人大研究》1998 年第 10 期。
⑤ 石佑启、朱最新、潘高峰、黄喆：《地方立法学》，高等教育出版社 2019 年版，第 27 页。

特别行政区的立法权的依据并不是《立法法》，而是根据《宪法》第 31 条规定已设立的特别行政区按照各自的基本法进行地方立法。特别行政区立法的成果称为"法律"，其效力等级低于宪法、基本法和基本法附件三规定的中央立法，与其他中央立法不具有法律效力上的等级差别，与其他地方立法也不具备法律效力上的等级差别。①

第三节 地方立法的沿革和作用

地方立法的沿革和作用，是关于地方立法"为什么"的方面。地方立法的沿革阐述了地方立法的发展过程，分析了不同时期的地方立法发展现状。地方立法的作用阐明了地方立法的意义，探究"为什么"的问题，明确地方立法的必要性。

一、地方立法的沿革

中华人民共和国成立以来，我国的地方立法经历了萌芽发展、渐次削弱到不断发展的历程，大致可以分为三个发展时期。

（一）中华人民共和国成立初期的地方立法

这一时期，是指从 1949 年中华人民共和国成立至 1954 年《宪法》颁布。中华人民共和国成立初期，国家尚未制定宪法，当时起临时宪法作用的是《中国人民政治协商会议共同纲领》。根据中央人民政府政务院 1949 年 12 月制定的《大行政区人民政府委员会组织通则》、1950 年 1 月公布的《省、市、县人民政府组织通则》规定，大行政区人民政府或军政委员会有权根据共同纲领和国家法律、法令，以及中央人民政府规定的施政方针和政务院颁布的决议命令，拟定与地方政务有关的暂行法令、条例，报政务院批准或备案；省、市、县人民政府有权拟定与省政、市政、县政有关的暂行法令、条例或单行法规。

中华人民共和国成立初期，百废待兴，废除国民党伪法统治之后的法

---

① 石佑启、朱最新、潘高峰、黄喆：《地方立法学》，高等教育出版社 2019 年版，第 27 页。

制建设一片空白，但地方立法受到重视，全国各地的地方立法开展得相当活跃。这段时期的地方立法虽然技术比较粗糙、质量不是很高，且具有过渡性质，但对于巩固当时的地方政权，发展地方经济，以及调整地方各种社会关系起到了积极作用，而且对当时的中央立法与地方立法的关系处理进行了初步理论探讨，地方立法经验仍可为立法实践提供参照。

（二）计划经济时期的地方立法

这一时期，是指从 1954《宪法》颁布至 1979 年《地方组织法》颁布。我国从 1953 年开始进入了大规模、有计划的经济建设时期，实行高度集中的计划经济。在计划经济体制下，"生产什么""怎样生产""为谁生产"这三个基本经济问题由政府解决，社会化大生产把国民经济各部门联结成为一个有机的整体并保持一定的比例关系，以避免市场经济发展的盲目性、不确定性等问题。经济基础决定上层建筑，这一时期相应实行高度集中的行政管理体制，地方的自主性不断减退，直接体现在中央与地方立法权限的划分上。

1954 年《宪法》确立了由中央统一行使国家立法权的制度，规定全国人民代表大会是行使国家立法权的唯一机关，全国人大常委会负责解释法律、制定法令；取消了一般地方享有的法令、条例拟定权，仅规定民族自治地方有权制定自治条例、单行条例。1955 年召开的第一届全国人民代表大会第二次会议通过了相关决议，授权全国人大常委会制定单行法规，把享有国家立法权的范围扩大到全国人大之外。1975 年《宪法》和 1978 年《宪法》仍然沿袭 1954 年《宪法》关于立法权的规定。这一时期，一般地方的立法权被全部收归中央，地方没有任何正式意义上的立法权，所保留的民族自治地方立法权也在短暂活跃后长期处于空白状态，地方立法总体上处于低谷。

（三）改革开放之后的地方立法

1978 年，党的十一届三中全会确立实行改革开放政策，提出"为了保障人民民主，必须加强社会主义法制，使民主制度化、法制化，使这种制度和法律具有稳定性、连续性和极大的权威，做到有法可依、有法必依、执法必严、违法必究"。① 随着改革步伐的推进，加快了法治建设进程，明确"科学立法、严格执法、公正司法、全民守法"的法治建设方针，我国地方立法的发展逐渐步入制度化、法制化的发展轨道。这一时期的地方立法的进程包括初步发展阶段、稳定发展阶段、规范发展阶段和崭新发展阶段。

1. 初步发展阶段（1979—1986 年）

从 1979 年《地方组织法》规定各省级地方人大及其常委会拥有地方立法权开始，到 1986 年《地方组织法》修改放松对较大的市和省会城市的地方立法权控制为止，这是改革开放以来地方立法发展的第一个阶段，即初步发展阶段。

（1）省级人大及其常委会获得地方立法权。

1979 年《地方组织法》规定省级人大及其常委会行使地方性法规制定权，第一次以法律形式赋予地方立法权。1982 年召开的第五届全国人大第五次会议通过了 1982 年《宪法》，规定省、直辖市的人民代表大会及其常委会在不同宪法、法律、行政法规相抵触的前提下，可以制定地方性法规报全国人大常委会备案。

（2）经济特区所在省人大及其常委会获得经济特区立法权。

1981 年第五届全国人大常委会第二十一次会议通过《全国人民代表大会常务委员会关于授权广东省、福建省人民代表大会及其常务委员会制定所属经济特区的各项单行经济法规的决议》，决定授权广东省、福建省人民代表大会及其常务委员会，根据有关法律、法令、政策规定的原则，按照各该省经济特区的具体情况和实际需要，制定经济特区的各项单行经济法规，并报全国人大常委会和国务院备案。

（3）省会城市和"较大的市"人大常委会获得地方立法拟订权。

1982 年修改了《地方组织法》，规定省、自治区的人民政府所在地的市和经国务院批准的较大的市人大常委会有权拟订地方性法规草案，提请省级人大常委会制定。"较大的市"是一个法律概念，是为了解决地级市

---

① 公丕祥：《中国特色社会主义法治道路的时代进程》，载《中国法学》2015 年第 5 期。

立法权而创设的，一旦获得"较大的市"地位，就拥有了地方性法规和地方政府规章的立法权。国务院也相应于1984年12月发布了《国务院关于批准唐山等市为"较大的市"的通知》，批准唐山、大同、包头、大连、鞍山、抚顺、吉林、齐齐哈尔、青岛、无锡、淮南、洛阳、重庆（于1997年3月升格为直辖市）共13个市为"较大的市"。

在这一阶段，我国地方立法主体从无到有，迅速增加，到1986年《地方组织法》修改前，地方立法主体共有97个立法主体，包括：①1979年《地方组织法》修改后，授予29个省、自治区和直辖市的人大及其常委会的地方立法权（不含重庆市；1981年后广东、福建两省人大及其常委会立法范围扩大，可以根据经济特区的具体情况和实际需要制定经济特区法规），即具有地方立法权的主体的数量是58个；②1982年《地方组织法》规定"省、自治区的人民政府所在地的市和经国务院批准的较大的市的人民代表大会，可以拟订本市需要的地方性法规草案，提请省、自治区的人民代表大会审议制定"，除去3个直辖市，则具有地方立法权的主体的数量增加了26个省、自治区的人民政府所在地的市的人大常委会；③1984年国务院发布《国务院关于批准唐山等市为"较大的市"的通知》，公布13个"较大的市"，则具有地方立法权的主体的数量增加了13个"较大的市"人大常委会。随着地方立法权主体的不断扩充，地方立法成果初见成效，地方人大及其常委会根据地方实际需要制定的地方性法规数量初步增加、内容初步拓展，涉及地方的政治、经济、文化、社会和生态等领域，范围广泛，时代特征明显。

2. 稳定发展阶段（1987—1999年）

以1986年修改《地方组织法》进一步放松对较大的市的地方立法权的控制为标志，直到2000年九届全国人大三次会议审议通过了《立法法》，进一步赋予经济特区所在地的市和较大的市地方立法权，这是改革开放以来地方立法的第二阶段，即稳定发展阶段。

（1）"较大的市"获得地方性法规制定权。

1986年第六届全国人大常委会第十八次会议对《地方组织法》作出第二次修改，规定省、自治区的人民政府所在地的市和经国务院批准的较大的市的人大及其常委会在不同上位法相抵触的前提下，可以制定地方性法规，报省、自治区人大常委会批准后施行。这里与原来的规定相比，有两个变化：第一，省、自治区的人民政府所在地的市和经国务院批准的较大的市的人大获得了地方立法权，原来仅规定了人大常委会具有地方立法权；第二，地方立法权由"拟订"权变为"制定"权，原来省、自治区人大常委会的审议制定权变为"批准"权。由此，省、自治区的人民政府所在地的市和经国务院批准的较大的市的人大及其常委会均获得了地方立法权，而且是由"拟订"地方性法规修改为"制定"地方性法规的较为完整的地方立法权。此外，"较大的市"主体数量增加，除了1984年国务院较为集中地批准了13个"较大的市"以外，国务院根据地方申请或者需要共批准了6个"较大的市"，分别是宁波市、本溪市、淄博市、邯郸市、苏州市和徐州市。

（2）海南设省并获经济特区立法权。

1988年4月13日第七届全国人大第一次会议通过的《第七届全国人民代表大会第一次会议关于设立海南省的决定》，作出关于设立海南省的决定，海南省人民代表大会及其常委会获得了省级人大及其常委会的地方立法权。而且该会议通过的《第七届全国人民代表大会第一次会议关于建立海南经济特区的决议》，授权海南省人大及其常委会根据经济特区的具体情况和实际需要制定法规，在经济特区实施。

（3）经济特区所在市先后被授予经济特区立法权。

1992年7月1日第七届全国人大常委会第二十六次会议通过《全国人民代表大会常务委员会关于授权深圳市人民代表大会及其常务委员会和深圳市人民政府分别制定法规和规章在深圳经济特区实施的决定》，决定授权深圳市人民代表大会及其常委会根据经济特区的具体情况和实际需要制定法规，在经济特区实施。1994年3月22日第八届全国人大常委会第二次会议通过《全国人民代表大会常务委员会关于授权厦门市人民代表大会及其常务委员会和厦门市人民政府分别制定法规和规章在厦门经济特区实施的决定》，决定授权厦门市人民代表大会及其常委会根据经济特区的具体情况和实际需要制定法规，在经济特区实施。1996年3月17日第

八届全国人大第四次会议通过《全国人民代表大会常务委员会关于授权
汕头市和珠海市人民代表大会及其常务委员会、人民政府分别制定法规和
规章在各自的经济特区实施的决定》，决定授权汕头市和珠海市人民代表
大会及其常委会根据经济特区的具体情况和实际需要制定法规，在经济特
区实施。至此，所有的经济特区的人大及其常委会都获得了经济特区立
法权。

（4）重庆为直辖市并获得省级地方立法权。

1997年3月14日第八届全国人大第五次会议通过《第八届全国人民
代表大会第五次会议关于批准设立重庆直辖市的决定》，批准设立重庆直
辖市。由此，重庆市由原来的"较大的市"升格为"直辖市"，其人大及
其常委会获得了省级人大及其常委会的地方立法权。

在这一阶段，各地方立法机关相继出台了地方立法条例或者制定地方
性法规的程序规定，使地方立法步入了规范化发展轨道。其中，越权立法
和立法冲突现象得到了有效控制；立法的公开化、民主化和透明度进一步
增强，公开征集立法项目、公布法规草案征求意见、加强立法调研、建立
专家咨询制度和立法听证制度成为普遍性的立法举措；与此同时，积极创
新立法技术和法规起草方式，适时进行法规清理，并尝试性地开展立法后
评估活动。

3. 规范发展阶段（2000—2014年）

2000年3月15日，第九届全国人民代表大会第三次会议通过《立法
法》，自2000年7月1日起施行。标志着我国中央和地方的立法权限划
分、立法程序有了法律依据，地方立法朝着规范化迈进，直到2015年
《立法法》修改为止，这是改革开放以来地方立法的第三阶段，即规范发
展阶段。

（1）创立一个全新的法律概念："较大的市"。

2000年《立法法》对1986年修改的《地方组织法》中的"较大的
市"的立法权作了背书，肯定了1986年《地方组织法》中关于"较大的
市"的立法权的规定。2000年《立法法》第63条第2款规定："较大的
市的人民代表大会及其常务委员会根据本市的具体情况和实际需要，在不

同宪法、法律、行政法规和本省、自治区的地方性法规相抵触的前提下，可以制定地方性法规，报省、自治区的人民代表大会常务委员会批准后施行……"第4款规定"本法所称较大的市是指省、自治区的人民政府所在地的市，经济特区所在地的市和经国务院批准的较大的市"也明确了较大的市的范围。这一规定非常明确地把较大的市的三个种类罗列出来，使较大的市这一概念得以清晰，结束了"何为较大的市，较大的市的范围是什么"的争论。对于较大的市的政府的立法权，2000年《立法法》第73条第1款规定："省、自治区、直辖市和较大的市的人民政府，可以根据法律、行政法规和本省、自治区、直辖市的地方性法规，制定规章。"至此，"较大的市"的立法权得以全面确立。

（2）保留经济特区法规制定权。

经济特区立法开始以来，广东省、福建省以及海南省人大及其常委会根据国家法律、法规和政策以及国务院的行政法规的原则，结合经济特区的实际情况，制定了大量的经济特区法规，对于经济特区的经济建设和改革开放发挥了重要作用。为了更好地发挥经济特区的作用，1992年7月1日第七届全国人大常委会第二十六次会议、1994年3月22日第八届全国人大常委会第二次会议和1996年3月17日第八届全国人大常委会第四次会议，分别决定授权深圳市、厦门市和汕头市、珠海市的人大及其常委会和各该市的人民政府分别制定法规和规章，在各该经济特区实施。2000年《立法法》保留了这一决定，第65条明确规定"经济特区所在地的省、市的人民代表大会及其常务委员会根据全国人民代表大会的授权决定，制定法规，在经济特区范围内实施"，也就是将经济特区授权立法的授权主体严格限制为全国人大，除此之外，全国人大常委会以及其他机关均无权进行此项授权。

（3）确认经济特区法规的"变通规定"权。

经济特区法规是经济特区所在地的人民代表大会及其常委会根据全国人大的授权制定的。为了适应改革开放，发展经济的需要，从1980年8月开始，深圳、珠海、汕头、厦门、海南5个经济特区陆续成立，全国人大及其常委会先后作出决定，授予"制定法规"的权力，其中的"法规"

没有明确种属，无法归入1982年《宪法》第89条之行政法规和第100条中的省、直辖市制定的地方性法规。2000年《立法法》第81条第2款规定："经济特区法规根据授权对法律、行政法规、地方性法规作变通规定的，在本经济特区适用经济特区法规的规定。"此款承接"授权决定"，适应"即使宪法的正文维持不变，通过制定和修改宪法附属法……宪法规范的现实意义随着时代而发生实质变化……为宪法变迁"，使"制定法规"嵌入成文宪法规范体系，以经济特区法规为法律概念，使之类似于地方性法规，并且将变通权作为经济特区法规的根本特征和创新手段。

至此，我国的地方立法主体增加为31个省、自治区、直辖市和49个"较大的市"。在这些"较大的市"中，有27个为省、自治区人民政府所在地的市；18个为国务院批准的其他"较大的市"，即唐山、大同、包头、大连、鞍山、抚顺、吉林、齐齐哈尔、青岛、无锡、淮南、洛阳、宁波、淄博、邯郸、本溪、苏州、徐州；另有4个为经济特区所在地的市，即深圳、珠海、汕头、厦门。

4. 崭新发展阶段（2015年至今）

2015年3月15日，第十二届全国人民代表大会第三次会议通过全国人民代表大会关于修改《立法法》的决定，赋予设区的市地方立法权：一是将地方立法权扩展到所有设区的市（地级市）、自治州一级；二是对设区的市（包括原来的"较大的市"）的地方性法规制定权的事权范围进行了必要的调整，将之限定在城乡建设与管理、环境保护、历史文化保护等范围之内。2023年3月13日，第十四届全国人民代表大会第一次会议《关于修改〈中华人民共和国立法法〉的决定》，其中对设区的市立法权限进行了修改完善，明确设区的市的人民代表大会及其常务委员会"可以对城乡建设与管理、生态文明建设、历史文化保护、基层治理等方面的事项制定地方性法规"。从2015年修改《立法法》以来，这是改革开放以来地方立法的第四个阶段，即崭新发展阶段。

（1）地方立法主体扩容至设区的市。

2015年《立法法》修改后，赋予所有设区的市地方立法权。这使我国享有地方立法权的主体在原有 31 个省（自治区、直辖市）和 49 个较大的市基础上，又增加 274 个（包括 240 个设区的市、30 个自治州和 4 个未设区的地级市）。同时，根据全国人大代表的审议意见，将原《立法法》中使用的"较大的市"概念表述修改为"设区的市"。设区的市有两种分类：第一种是既设立市辖区，又设立县（县级市、自治县）的设区的市。这样的既有市辖区又有县的设区的市是最常见的，占多数比例，如河南省漯河市、广西壮族自治区崇左市和内蒙古自治区包头市等；第二种是只设立市辖区，不设立县级行政区，这种设区的市只有 15 个，在全国众多设区的市中只占少数，如内蒙古自治区乌海市、江苏省南京市、海南省三亚市、广东省佛山市、广东省广州市和新疆维吾尔自治区克拉玛依市等。2018 年 3 月，第十三届全国人大第一次会议通过《中华人民共和国宪法修正案》，增加规定"设区的市的人民代表大会和它们的常务委员会，在不同宪法、法律、行政法规和本省、自治区的地方性法规相抵触的前提下，可以依照法律规定制定地方性法规，报本省、自治区人民代表大会常务委员会批准后施行"，进一步确认了设区的市具有地方立法权的宪法地位。

截至 2023 年 5 月，我国被正式赋予地方立法权的地级市共计 293 个，包括 289 个设区的市和"广东省东莞市、中山市，甘肃省嘉峪关市，海南省儋州市①"这 4 个"比照设区的市赋予地方立法权"的不设区的市。其中这 289 个设区的市，包括 49 个原本"较大的市"和 240 个新获得地方立法权设区的市。

（2）设区的市地方立法权限逐渐完善。

设区的市地方立法权限，是《立法法》修改过程中的焦点问题之一。

---

① 《第十四届全国人民代表大会宪法和法律委员会关于〈中华人民共和国立法法（修正草案）〉审议结果的报告》，2023 年 3 月 8 日第十四届全国人民代表大会第一次会议主席团第二次会议通过。

"四、关于赋予不设区的地级市地方立法权问题。2015 年十二届全国人大三次会议修改立法法，赋予所有设区的市、自治州地方立法权；同时赋予四个不设区的地级市即广东省东莞市和中山市、甘肃省嘉峪关市、海南省三沙市（现为设区的市）地方立法权。有的代表提出，海南省儋州市属于不设区的地级市，建议比照先前的做法赋予其地方立法权。宪法和法律委员会经研究，建议采纳这一意见，采取上次修法时的做法，不在法律中作出规定，而在本次大会拟通过的关于修改立法法的决定中对此予以明确。"

对这一问题，修改过程有几种不同意见。例如，2015 年《立法法》修改时提交常委会和代表大会审议的草案，曾做过多次修改：2014 年 8 月，立法法修正案草案一审稿规定：较大的市制定地方性法规限于城市建设、市容卫生、环境保护等城市管理方面的事项。2014 年 12 月二审稿规定：较大的市可以"对城市建设、城市管理、环境保护等方面的事项，制定地方性法规，但法律对较大的市制定地方性法规的事项另有规定的除外"。2015 年 3 月提交全国人民代表大会审议的立法法修正案草案规定：较大的市"对城市建设、城市管理、环境保护等方面的事项，制定地方性法规，但法律对较大的市制定地方性法规的事项另有规定的除外"。[①]2015 年《立法法》修改，第 72 条第 2 款规定："设区的市的人民代表大会及其常务委员会根据本市的具体情况和实际需要，在不同宪法、法律、行政法规和本省、自治区的地方性法规相抵触的前提下，可以对城乡建设与管理、环境保护、历史文化保护等方面的事项制定地方性法规，法律对设区的市制定地方性法规的事项另有规定的，从其规定……"本次修改肯定了立法法修正案草案中"较大的市"立法权限内容，明确设区的市可以对"城乡建设与管理、环境保护、历史文化保护等方面的事项"制定地方性法规。一方面对新赋予地方立法权的设区的市立法事项作出了规范，另一方面也对原"较大的市"今后立法的事项范围作了限制规范。2023 年《立法法》修改，第 81 条第 1 款规定："设区的市的人民代表大会及其常务委员会根据本市的具体情况和实际需要，在不同宪法、法律、行政法规和本省、自治区的地方性法规相抵触的前提下，可以对城乡建设与管理、生态文明建设、历史文化保护、基层治理等方面的事项制定地方性法规，法律对设区的市制定地方性法规的事项另有规定的，从其规定……"本次修改扩大了设区的市立法权限，明确设区的市可以对"城乡建设与管理、生态文明建设、历史文化保护、基层治理等方面的事项"制定地方性法规，适应了实践中地方的立法需求。

　　赋予设区的市地方立法权，逐渐完善设区的市地方立法权限，适应了

[①]　武增：《2015 年〈立法法〉修改背景和主要内容解读》，载《中国法律评论》2015 年第 1 期。

全面依法治国的需要，完善和发展了我国立法体制，也是我国法治建设进程中的里程碑事件。我国地方立法开始进入崭新发展阶段，地方立法主体大幅增加，地方立法权限逐渐完善，各地制定的地方性法规、政府规章数量大幅增长，地方立法对地方经济社会发展的引领和推动作用也日益显著。

二、地方立法的作用

立法作用是指立法这一特定活动的功用、效力及其法律意义，主要体现在立法过程及其所创制的规范性法律文件对公共管理机构、社会成员的行为和活动的影响。地方立法是国家立法的补充和延伸，是国家立法体制的重要组成部分，地方立法与中央立法共同构建具有中国特色的社会主义法律体系。

（一）保障国家法律法规的贯彻落实

改革开放以来，特别是党的十五大明确提出依法治国基本方略以来，党和国家对法治建设越来越重视，对国家和社会依法治理的推进力度逐年加大。继 2014 年 10 月发布《中共中央关于全面推进依法治国若干重大问题的决定》之后，2017 年 10 月召开的党的十九大明确提出成立中央全面依法治国领导小组，加强对法治中国建设的统一领导。全面依法治国是国家治理的一场深刻革命，基本要求是科学立法、严格执法、公正司法、全民守法。特别是对于各级政府而言，要求依法行政，严格依照法律法规对经济、政治、社会、文化、生态等各项事务实施管理。中国特色社会主义法律体系虽然基本形成，各个领域基本实现有法可依，但国家法律和行政法规作为中央法律文件，虽具有全国普遍适用性，由于规范过于原则，难以兼顾各地实际情况差异性。因此，地方立法机关在法定权限范围内，从实际情况出发，进行实施性立法，制定结合本地实际的地方性法规或者规章，增强其现实针对性和可操作性，确立具有法律强制执行效力且在本行政区域普遍适用的法律规范，从而保证国家法律、行政法规在本行政区域内得到有效实施。

（二）为本地改革探索提供法制保障

随着党的十八届三中全会审议通过的《中共中央关于全面深化改革若干重大问题的决定》发布实施，我国的改革事业进入了一个全新的阶段。自党的十一届三中全会作出改革开放决策以来，我国各个领域的改革一直在推进，当前新时代的改革要求在法治轨道上推进。习近平总书记明确指出："凡属重大改革都要于法有据。在整个改革过程中，都要高度重视运用法治思维和法治方式，发挥法治的引领和推动作用，加强对相关立法工作的协调，确保在法治轨道上推进改革。"① 由此，新时代的改革必须把改革决策与立法决策紧密结合起来，这是当前国家和地方全面深化改革的基本要求。地方立法机关根据本地相关领域的改革思路和法治需求，通过立法先解决改革的法律依据问题，做到改革于法有据、依法推进，确保改革顺利推进。

（三）本地改革经验上升为法律规范

改革开放以来，全国各地开展的改革一直发挥着"试验田"的作用，一些地方改革的成功经验被总结、上升为国家相关领域改革的措施，乃至被吸收、转化为全国普遍适用的法律规范。但长期以来，地方特别是设区的市改革对国家的贡献，仅限于对全国或者全省具有普遍参考意义的改革经验；而对于具有地方差异性、体现本地特色和需求的改革经验，在没有立法权的地方只能停留在本级政府的有关制度机制上。在不享有地方立法权的情况下，地方通过改革而形成的制度机制往往只能停留在规范性文件的层面，缺乏权威性和稳定性，难以充分发挥改革成果的效用。地方立法机关围绕改革的成功经验制定地方性法规或者规章，使之成为本行政区域内一体遵行的法律规范，保障改革成果的效用持续、稳定发挥。

（四）提升公众法治素养和依法治理水平

全民守法是全面依法治国的基本要求之一，地方的依法治理需要以公众法治素养作为重要基础。公众法治素养的培育和提升，除了依托国家多

---

① 宋识径：《习近平：凡属重大改革都要于法有据》，载《新京报》2014 年 3 月 1 日第 A04 版。

年来持续推进的普法教育之外，还需要让广大公众实实在在地参与法治建设的进程，接受法治的实践锻炼。地方立法是地方法治建设最为重要的环节，也是党的领导下推进的重要政治活动，重大决策、规则构建和利益协调过程，涉及广泛的公众利益，也需要地方公众的广泛深入参与。在地方立法中，立法机关依照《立法法》规定的民主立法原则，广开言路，多渠道、多形式听取公众意见，引导公众积极参与立法。各个阶层、各个群体的社会公众围绕与自身权益相关的立法问题积极反映意见，参与立法进程，在充分表达自身利益诉求的同时，也实实在在地接受了法治训练，这对公众法治素养的提升将发挥重要作用。而公众法治素养的不断提升，必然为地方的依法治理夯实基础，并发挥重要推动作用。

第四节　地方立法的原则和要求

地方立法的原则和要求，是关于地方立法"怎么做"的方面。地方立法的原则阐述了《立法法》中关于地方立法的三大原则，深入推进地方科学立法、民主立法、依法立法。地方立法的要求是基于对立法原则和立法精神的理解下而进一步明确地方立法工作开展的具体实践要求，分为"不抵触、不越权、有特色、可操作"，促进了地方立法的良性开展。

一、地方立法的原则

立法原则是立法机关在立法活动中必须严格遵循，并贯彻到立法活动全过程的基本准则。《立法法》第一章总则对立法活动所应遵循的基本指导思想和原则作出了明确的规定，其中基本原则归纳起来包括科学立法原则、民主立法原则、依法立法原则。《立法法》第 55 条明确规定："全国人民代表大会及其常务委员会坚持科学立法、民主立法、依法立法，通过制定、修改、废止、解释法律和编纂法典等多种形式，增强立法的系统性、整体性、协同性、时效性。"上述原则，既适用于国家层面的立法活动，也适用于地方的立法活动。

（一）科学立法原则

《立法法》第7条规定："立法应当从实际出发，适应经济社会发展和全面深化改革的要求，科学合理地规定公民、法人和其他组织的权利与义务、国家机关的权力与责任。法律规范应当明确、具体，具有针对性和可执行性。"这一条规定包含科学立法原则的内容。

所谓科学立法，是指立法要从国情和实际出发，符合经济社会发展要求，遵循经济规律、自然规律和社会规律，科学合理地规范法律所调整的社会关系，能够有效解决实际问题。科学立法的核心，在于尊重和体现客观规律。客观规律，是不以人的意志为转移的客观存在的规则。坚持科学立法，应当着重把握如下要件。

1. 适应发展和改革的要求，统筹兼顾立法需求

法是调整社会关系、维护社会生活正常秩序的行为规则，以实践为基础，又是实践经验的总结和升华。开展立法工作，必须以正确认识国情、充分把握经济社会发展实际为基础，深入开展调查研究、分析立法需求，在立项、起草、审议等重要环节坚持问题导向、体现客观规律，有效回应经济社会发展的法治需求。在当前全面深化改革的新形势下，要特别注重发挥立法在引领、推动和保障改革方面的重要作用，坚持改革和法治同步推进，改革决策与立法决策相统一、相衔接，做到重大改革于法有据、立法主动适应改革发展需要，以良法促进发展、保障善治。

2. 坚持权利与义务相统一，合理平衡不同群体利益关系

法作为普遍适用的行为规则，通过法律规范设定公民、法人和其他组织的权利和义务，并以国家强制力保障权利的实现和义务的履行，对公民、法人和其他组织的权益与行为有着直接的约束力。在立法工作中，要统筹考虑公民、法人和其他组织权利义务的设定，避免权利和义务的设定不平衡、不对等，特别是防止偏重义务设定、忽视权利保护的问题；要统筹考虑不同利益群体之间的利益平衡，避免偏重某些利益群体权益保护、忽视其他利益群体诉求的问题，科学合理地协调不同利益群体的诉求。

3. 坚持权责平衡，科学合理设定国家机关权力与责任

国家机关是社会管理者、法律执行者，依照法律规定行使权力、管理国家和社会各项事务，并承担相应的责任。在立法工作中，设定国家机关职权应当注重权力与责任相统一，"立权"和"立责"并重：一是既要赋予国家机关必要的权力和管理手段，以对社会事务实施有效管理，又要规定其不依法行使职权所应承担的法律责任，以及管理相对人合法权益受损时的救济途径，完善对其职权行使的监督措施；二是既要防止国家机关利用立法揽权诿责、逐利避险，追求部门利益法制化，又要避免忽视社会管理实际需要，不适当地对国家机关限制权力、加重责任。

4. 坚持问题导向，注重务实管用

立法的目的在于调整社会关系，有效解决实际问题，维护社会生活正常秩序，所以说"法的生命在于实施"。法律规范只有明确具体、具有可执行性和可操作性，才能得到有效实施，才有生命力。为此，要注重针对问题立法、立法解决问题，在立法项目方面，要紧紧围绕经济社会发展中迫切需要解决的现实问题尤其是改革的重点领域和关键环节选题，立改革发展真正需要之法；在立法模式和体例方面，避免片面追求大而全，少一些原则性、纲要性的条款，多一些细化、量化的规定，需要几条就制定几条，突出"关键的那么几条"；在制度设计方面，要在精细化上下功夫，做到能具体的尽量具体、能明确的尽量明确，确保行得通、真管用。

（二）民主立法原则

《立法法》第 6 条规定："立法应当坚持和发展全过程人民民主，尊重和保障人权，保障和促进社会公平正义。立法应当体现人民的意志，发扬社会主义民主，坚持立法公开，保障人民通过多种途径参与立法活动。"这一条包含民主立法原则的内容。

所谓民主立法，是指坚持人民主体地位，贯彻群众路线，充分发扬民主，保证人民通过多种途径有序参与立法，使立法更好地体现民情、汇聚民意、集中民智。民主立法的核心，在于为了人民、依靠人民。坚持民主立法，应当着重把握如下要件。

1. 发挥人大主导作用

我国是人民民主专政的社会主义国家，国家的一切权力属于人民，人民通过民主选举各级人大代表，组成各级国家权力机关行使国家权力，包括国家立法权。《立法法》第 54 条明确规定："全国人民代表大会及其常务委员会加强对立法工作的组织协调，发挥在立法工作中的主导作用。"人大及其常委会主导立法，是人民当家作主的重要体现，也是我国当前实行的"党委领导、人大主导、政府依托、各方参与"科学民主立法工作格局中的重要一环。人大及其常委会在立法工作中的主导作用，体现在立项、起草、审议等各个环节。

一是立项环节的主导，准确分析立法需求，通盘考虑、总体设计立法规划和计划，加强涉及经济社会发展全局的重点领域立法，统筹安排立法项目和法规的立、改、废、释工作。

二是起草环节的主导，健全由人大专门委员会、常委会法工委组织有关部门参与起草综合性、全局性、基础性等重要法规草案制度，加强对政府部门和社会机构法规起草工作的沟通协调、督促指导，把握立法进度、指导思想和主要内容。

三是审议环节的主导，抓住法规草案的关键条款深入进行审议，重点解决重大制度设计和难点问题，对争议较大但实践迫切需要的法规草案要充分听取各方意见，及时协调决定，防止久拖不决。

四是充分发挥人大代表、人大常委会组成人员的主体作用。把代表议案建议的办理与编制立法规划计划、制定修改法律法规紧密结合起来，邀请代表参与立法起草、论证、调研、审议等活动，拓宽人大代表参与立法工作的渠道。科学安排法律法规草案的审议时间，保证人大代表、人大常委会组成人员充分发表意见。

2. 畅通民意表达渠道

社会公众对立法活动的参与，是公民政治参与的重要环节。贯彻民主立法原则，要把立法公开贯穿于立法全过程，广泛听取社会各方特别是基层群众的意见。为此，立法机关要建立并不断完善社会各方有序参与立法的常态化机制，保证人民群众通过相应机制充分参与立法活动，表达利益诉求，最大限度地凝聚社会共识，为立法奠定最广泛的社会基础。

一是在编制立法规划和计划的阶段，除了要考虑政府及其主管部门的立法建议之外，还要面向社会公开征集立法建议项目，对各方面的立法需求进行通盘考虑，合理回应社会公众的法治需求。

二是在法律法规草案的起草和审议阶段，要及时向社会公布法律法规草案文本，向社会公开法律法规草案的审议情况，广泛征集社会公众的意见和建议；同时，要通过座谈会、听证会、互联网、设立基层立法联系点等多种形式，拓展社会公众参与立法的渠道，引导社会公众充分发表意见，确保立法成果充分体现人民群众的意愿和利益诉求。

三是健全公众意见采纳情况反馈机制，要充分尊重民意，认真分析研判公众提出的意见并将采纳情况及时向公众反馈，确保民意表达的有效性，维护社会公众参与立法的积极性。

3. 发挥专家学者作用

专家学者在相关领域内具有较高的理论水平，掌握相关领域研究的前沿知识，专家学者参与立法活动，有利于发挥其专业优势，借助"外脑"提高立法质量。为此，《立法法》第 57 条第 2 款明确规定："专业性较强的法律草案，可以吸收相关领域的专家参与起草工作，或者委托有关专家、教学科研单位、社会组织起草。"专家学者参与立法一般有三种形式：

（1）邀请相关领域内有影响力、权威的专家共同组建法律法规草案起草工作团队，与立法工作人员一起直接参与起草工作。

（2）邀请教学科研单位派出专门的专家小组，在法律法规草案的起草、修改、审议等环节参与论证或者咨询，提供专业意见。

（3）委托有关专家学者、教学科研单位或者社会组织起草法律法规草案，向立法机关提交法律法规草案专家稿。

4. 完善协调沟通机制

建立健全立法协调沟通机制，特别是建立立法中涉及的重大利益调整论证咨询机制，有利于立法机关准确把握最广大人民群众根本利益、现阶段群众共同利益、不同群体特殊利益的关系，在立法中统筹兼顾社会不同方面的利益，充分发挥立法在表达、平衡、调整、规范社会利益关系方面的重要作用。为此，立法机关要构建程序合理、环节完整的立法协商制度，注重听取和吸纳政协委员、民主党派、工商联、无党派人士、人民团体、社会组织对立法工作的意见；特别是对立法中涉及的法律关系比较复杂、各方面存在重大意见分歧或者涉及重大利益调整的问题，立法机关要主动加强与有关方面沟通协调，力求达成共识、形成解决方案，努力使立法过程成为凝聚各方共识、协调各方利益的过程，不断提升立法的民主化水平。

（三）依法立法原则

《立法法》第 5 条规定："立法应当符合宪法的规定、原则和精神，依照法定的权限和程序，从国家整体利益出发，维护社会主义法制的统一、尊严、权威。"这一条包含依法立法原则的内容。依法立法原则是我国《宪法》规定的国家法制统一原则在立法工作中的体现。

所谓依法立法，是指立法机关应当根据职权法定的社会主义法治原则，在宪法和法律规定的权限范围内，严格依照法定程序开展立法活动。依法立法的核心，在于以宪法为依据，依照法定的权限和程序制定或修改法律法规。① 坚持依法立法，应当着重把握如下要件。

1. 立法应当依照法定权限

中国特色社会主义法律体系以宪法为统帅，以法律为主干，由法律、行政法规、地方性法规、自治条例和单行条例、规章等多个层次法律规范构成。为了保证各个层次的立法活动规范有序进行，必须明确立法权的边界，合理划分中央与地方、权力机关与行政机关的立法权限。根据《宪法》《地方组织法》《立法法》等有关法律的规定，立法权限的划分主要包括：

（1）《立法法》第 11 条规定的十一个方面事项只能制定法律，全国人大及其常委会享有专属立法权，这些事项包括：①国家主权的事项；②各级人民代表大会、人民政府、监察委员会、人民法院和人民检察院的产生、组织和职权；③民族区域自治制度、特别行政区制度、基层群众自

---

① 《习近平法治思想概论》编写组：《习近平法治思想概论》，高等教育出版社 2021 年版，第196 页。

治制度；④犯罪和刑罚；⑤对公民政治权利的剥夺、限制人身自由的强制措施和处罚；⑥税种的设立、税率的确定和税收征收管理等税收基本制度；⑦对非国有财产的征收、征用；⑧民事基本制度；⑨基本经济制度以及财政、海关、金融和外贸的基本制度；⑩诉讼制度和仲裁基本制度；⑪必须由全国人大及其常委会制定法律的其他事项。上述事项尚未制定法律的，全国人大及其常委会有权作出决定，授权国务院可以根据实际需要，对其中的部分事项先制定行政法规，但是有关犯罪和刑罚、对公民政治权利的剥夺和限制人身自由的强制措施和处罚、司法制度等事项除外。

（2）行政法规可以就执行法律的规定需要制定行政法规的事项，以及《宪法》第89条规定的国务院行政管理职权的事项作出规定。根据《宪法》第89条的规定，国务院行使下列职权：①根据宪法和法律，规定行政措施，制定行政法规，发布决定和命令；②向全国人大或者全国人大常委会提出议案；③规定各部和各委员会的任务和职责，统一领导各部和各委员会的工作，并且领导不属于各部和各委员会的全国性的行政工作；④统一领导全国地方各级国家行政机关的工作，规定中央和省、自治区、直辖市的国家行政机关的职权的具体划分；⑤编制和执行国民经济和社会发展计划和国家预算；⑥领导和管理经济工作和城乡建设、生态文明建设；⑦领导和管理教育、科学、文化、卫生、体育和计划生育工作；⑧领导和管理民政、公安、司法行政等工作；⑨管理对外事务，同外国缔结条约和协定；⑩领导和管理国防建设事业；⑪领导和管理民族事务，保障少数民族的平等权利和民族自治地方的自治权利；⑫保护华侨的正当的权利和利益，保护归侨和侨眷的合法的权利和利益；⑬改变或者撤销各部、各委员会发布的不适当的命令、指示和规章；⑭改变或者撤销地方各级国家行政机关的不适当的决定和命令；⑮批准省、自治区、直辖市的区域划分，批准自治州、县、自治县、市的建置和区域划分；⑯依照法律规定决定省、自治区、直辖市的范围内部分地区进入紧急状态；⑰审定行政机构的编制，依照法律规定任免、培训、考核和奖惩行政人员；⑱全国人大和全国人大常委会授予的其他职权。

（3）地方性法规可以就为执行法律、行政法规的规定，需要根据本行政区域的实际情况作出具体规定的事项，以及属于地方性事务需要制定地方性法规的事项作出规定；除《立法法》规定全国人大及其常委会享有专属立法权的事项外，其他事项国家尚未制定法律或者行政法规的，各省（自治区、直辖市）和设区的市、自治州可以根据本地的具体情况和实际需要，先制定地方性法规。

（4）民族自治地方的人民代表大会有权依照当地民族的政治、经济和文化的特点，制定自治条例和单行条例。自治条例是指民族自治地方的人民代表大会根据宪法和法律的规定，并结合当地民族政治、经济和文化特点制定的有关管理自治地方事务的综合性法规，其内容涉及民族区域自治的基本组织原则、机构设置、自治机关的职权、活动原则、工作制度等重要问题。单行条例是指民族自治地方的人民代表大会在自治权范围内，依法根据当地民族的特点，针对某一方面的具体问题而制定的法规。根据宪法和法律的规定，自治区制定的自治条例和单行条例须报全国人大常委会批准后才能生效；自治州、自治县制定的自治条例和单行条例，须报省或者自治区的人大常委会批准后生效，并报全国人大常委会备案。

（5）部门规章规定的事项应当属于执行法律或者国务院的行政法规、决定、命令的事项；地方政府规章可以就为执行法律、行政法规、地方性法规的规定需要制定规章的事项，属于本行政区域的具体行政管理事项作出规定。

各级立法机关的立法活动，都必须遵循《宪法》《立法法》和有关法律关于立法权限划分的规定，超越法定权限的立法是违法、无效的。

2. 立法应当依照法定程序

立法程序是指具有立法权限的国家机关创制规范性法律文件所遵循的制度化的正当过程，是限制立法者恣意进而使立法活动彰显程序正义的制度设置，也是国家通过立法手段协调利益冲突、规制社会秩序及配置社会资源的合法路径和正当法律程序。立法程序为立法活动而存在和设立，离开实体的程序将没有存在的意义；同样，立法活动也离不开特定的程序，否则立法活动将无法开展。严格遵守法定程序是国家机关的行为具有合法性的不可或缺的要件，严格依照法定程序开展立法活动，不仅是立法活动合法性的保证，对于规范立法行为、保证立法质量也具有重大意义。根据《立法法》的规定，全国人大及其常委会的立法程序包括法律案的准备、提出、审议、表决程序；行政法规的制定程序包括立项、起草、审查、决定，依照国务院组织法的有关规定办理；地方性法规的制定程序，由地方人大参照法律的制定程序作出规定；规章的制定程序由国务院参照行政法规的制定程序作出规定。

各级立法机关的立法活动都必须严格遵循法定的程序，对于违反法定程序的法律、法规或者规章，有权机关可以决定予以撤销。

3. 立法应当从国家整体利益出发

强调立法活动要从国家整体利益出发，主要是为了防止和遏制立法实践中的两种不良倾向。

一是部门利益倾向，即不适当地扩大部门的权力，争权诿责，损害公民、法人和其他组织的权益。长期以来，我国各级立法机关审议的法律、法规、规章草案大部分是由政府主管部门牵头组织起草的。普遍采用这种起草模式，主要是因为政府主管部门具体负责相关行政管理工作，熟悉相关社会事务且具有较为丰富的管理经验，由其牵头组织起草有利于坚持问题导向、增强可执行性、提高立法质量。但在立法实践中，极个别主管部门利用牵头组织起草的机会揽权诿责、逐利避险、追求部门利益法制化的现象时有发生。立法中的部门利益倾向又称为"部门利益法制化"，突出体现在：①从"部门利益最大化"出发，努力争取、巩固、有利职权（如审批、收费、处罚等权力），推诿无利或少利职权，规避相应义务；②从"部门利益法定化"出发，利用政策资源优势，在制定有关法律草案时，千方百计为部门争权力、争利益，借法律来巩固部门利益，获取法律执行权，进而获得相应的机构设置权和财权；③从"部门利益国家化"出发，在制定决策过程中，为积极巩固、谋取本部门利益，将部门意志上升为国家意志，或将国家意志歪曲为部门意志，以部门利益取代国家利益，借维护国家利益之名，强化行业管理之由，行谋取部门利益之实。为防止和遏制这一问题，需要各级政府在提出法律法规案之前加强对各有关部门不同意见的协调，有关部门在向政府提出规章草案之前加强与其他主管部门的沟通协调；同时，也需要各级人大及其常委会在审议法律法规案过程中，把握好从国家整体利益出发的原则，防止通过立法将部门权力和利益法制化。

二是地方保护主义倾向，即不适当地强调某一地方的特殊利益，损害其他地方的利益和国家整体利益，对全国形成统一开放、竞争有序的市场秩序造成障碍。我国幅员辽阔、人口众多、各地实际情况差异较大，国家法律、行政法规只能解决全国共性问题，需要地方立法根据本地实际，因地制宜地对法律、行政法规的实施作出具体规定。但在立法实践中，一些地方出于狭隘的地方保护主义观念，利用地方立法保护本地特殊利益、损害其他地方利益和国家利益，严重破坏国家法制统一。立法中的地方保护主义，通常以"突出地方特色"为名，通过设置或变相设置壁垒阻挠、限制外地产品或服务进入本地市场，对本地经营者和外地经营者实行差别待遇，限定或变相限定只能购买本地产品或服务等。防止和遏制这些问题，除了需要地方人大及其常委会在立法和备案审查中严格把关之外，也需要上级人大和政府加强监督、及时纠正问题。

二、地方立法的要求

《立法法》规定的三项原则是立法活动中必须严格遵循、贯彻始终的基本准则。同时，基于地方立法的"地方性"，在地方立法活动中坚持《立法法》规定的三项原则，具有独特的、更加具体的要求。基于对立法精神的理解，结合长期以来全国各地在立法工作中的探索和实践经验，可以从如下四个方面把握地方立法活动的具体要求。

（一）不抵触

所谓"不抵触"，是指地方立法机关制定的地方性法规或者规章不得违反上位法规定。这是维护国家法制统一的基本要求，是地方立法的底线，也是不可逾越的红线。

在我国立法体制中，各个层级立法主体所制定的规范性法律文件之间形成了法律效力从上到下递减的位阶体系，下位法的效力低于上位法且不得与上位法相抵触。《立法法》明确规定，省、自治区、直辖市人大及其常委会"在不同宪法、法律、行政法规相抵触的前提下"可以制定地方性法规；设区的市人大及其常委会"在不同宪法、法律、行政法规和本省、自治区的地方性法规相抵触的前提下"可以制定地方性法规，这是"不抵触"的直接法律渊源。对"抵触"的含义，应当从我国立法体制中地方立法对中央立法的从属性来理解，既包括直接抵触，即直接违反上位法的明确规定，也包括间接抵触，即违背上位法的基本原则和立法精神。

（二）不越权

所谓"不越权"，是指地方立法机关不得超越宪法和法律赋予的权限范围制定地方性法规和规章。

《宪法》和《立法法》对各个层次立法主体的立法权限作了适当划分，特别是《立法法》第10条、第11条规定了全国人大及其常委会的专属立法权限，第81条对设区的市立法权限作了专门规定。地方立法中的"越权"，主要包括以下三种情形：

（1）违反《立法法》的规定，地方性法规或者政府规章涉及全国人大及其常委会、国务院的专属立法权限范围；

（2）违反行政许可法、行政处罚法、行政强制法的规定，地方性法规或者政府规章越权设立行政许可、处罚或者强制措施，政府规章在没有法律、行政法规、地方性法规依据的情况下设定减损公民、法人和其他组织权利或者增加其义务的规范；

（3）设区的市立法机关超越"城乡建设与管理、生态文明建设、历史文化保护、基层治理等方面的事项"范围，制定地方性法规或者政府规章。

地方立法要避免越权，前提是正确理解自身权限范围。如《立法法》将设区的市立法权限界定为"城乡建设与管理、生态文明建设、历史文化保护、基层治理等方面的事项"，当前各市在确立立法项目时，若无法把握相关立法项目是否属于本级立法权限范围，一般先行与省级人大常委会法制工作委员会沟通并达成共识，省级人大常委会法制工作委员会认为必要时再请示全国人大常委会法制工作委员会。

（三）有特色

所谓"有特色"，就是指地方立法要充分考虑本地实际情况，突出地方特色，回应地方法制需求和社会关切，避免"放之四海而皆准"。

这就要求地方立法机关要紧密结合实际、坚持问题导向，围绕本行政区域相关领域中存在的突出问题及其法制需求，有针对性地开展立项和制度设计，立符合实际之法、务实管用之法。

地方立法应当把地方特色摆在重要位置。首先，在立法项目的选题上，要紧密结合本行政区域经济社会发展的实际，针对经济社会发展中存在的突出问题和社会公众关注的热点和难点问题，系统分析和把握立法需求，立足于发挥地方立法对经济社会发展的引领和推动作用，选择适合本地发展需要、公众呼声高的立法项目。其次，在立法调研过程中，要注重发现和分析具体问题，特别是要认真研判其是执法和管理不到位的问题，还是法律法规规定不足、不具体的问题；是全国普遍性问题，还是本地具有独特性的问题，把主要精力放在思考本地独特性问题的解决方案上面。最后，在法律制度的设计过程中，要注重对本地实践证明行之有效的工作经验、制度和机制的梳理和总结，将其上升为法律规范。

（四）可操作

所谓"可操作"，是指地方立法中确立的法律规范应当可执行、易操作、真管用。

法的生命力在于实施，法律法规只有具备较强的可执行性、可操作性，才能得到有效实施，发挥应有的效用。《立法法》第7条第2款规定的"法律规范应当明确、具体，具有针对性和可执行性"，指的就是"可操作"的要求。要做到"可操作"，必须在增强针对性和可执行性上下功夫。

首先，在立法模式和体例上，不求大而全，力求小而精，重在实施，重在管用。地方立法，要减少综合性立法，把注意力更多地集中到各个领域的一些具体问题上来，尽量做到一事一法。

其次，在法规、规章的内容安排上，要围绕立法事项涉及的迫切需要解决的现实问题，坚持"针对问题立法、立法解决问题"，突出能够真正解决问题的关键条款。

最后，在具体法律规范的设计上，要坚持精细化立法，能具体尽量具体，能明确尽量明确，尽量不搞原则性规定，确保法律规范便于执行。

第二章　地方立法体制

由于经济、政治、文化、民族、历史等复杂因素的综合影响，我国形成了"一元、两级、多层次"的立法体制。而地方立法体制是我国国家立法体制的重要组成部分，具备鲜明突出的"多层次"的特点。多年来，地方立法体制不断完善与发展，立法主体及立法权限逐步扩大，为地方立法工作提供了有力制度保障。

第一节　地方立法体制概述

我国实行统一而分层次的立法体制，而地方立法体制的健全完善，有赖于地方立法权限的明确、地方立法主体的作用发挥，以及地方立法程序与制度的完备。其中，明确地方立法体制的概念，了解决定和影响立法体制的因素，明晰立法体制的特点，是有效开展地方立法理论研究和实务的前瞻性工作的重要步骤。

一、地方立法体制的概念

立法体制是关于立法主体的设置、立法权限的划分以及立法权运行的基本原则和基本制度的总称，[①] 本质上是一国中央和地方权力关系的分配在立法领域的集中体现。所谓地方立法体制，则是指一国在中央和地方立法分权的基础上形成的关于地方立法主体的设置、地方立法权限的划分以及运行的基本原则和基本制度的总和。在这一体制中，地方立法权限的划

---

① 李适时：《完善立法体制》，载《人民日报》2014 年 11 月 26 日第 7 版。

分是核心和基础，地方立法权的载体和运行是基于地方立法权限而产生和存在的，并成为地方立法体制的组成部分。

二、决定和影响立法体制的因素

立法体制是一个国家法律制度的重要组成部分。一个国家采取什么样的立法体制，往往受到该国国体、政体、国家结构形式、民族状况、历史传统以及经济、文化等一系列因素的决定和影响。可以说，任何一个国家的立法体制都应与该国的政治、经济、文化、社会发展等方面的需要相适应，与该国的历史和现实国情相符合。同时，一个国家选择什么样的立法体制，也与该国立法者对立法体制的主观认识有关系。统治阶级往往按照本国的实际情况，使自己的主观认识符合客观实际，使二者相统一，从而形成自己国家的立法体制。

从法律方面来说，一个国家的国家形式是该国立法体制的直接决定因素。国家本质在实质上决定了立法权属于哪个阶级，国家形式则在形式上决定了立法权属于国家机构体系中的哪些机关。国家形式包括国家管理形式和国家结构形式。各国立法体制是在其国家形式的框架内形成的，立法权限的划分，不可能突破国家管理形式和国家结构形式的制约。而国体、历史传统和民族构成等因素，则间接地通过国家管理形式和国家结构形式，对一个国家的立法体制产生影响。

国体是指国家的性质或阶级属性。立法权作为一种最重要的国家权力，由谁来行使，归根结底是由该国的国家性质决定的。掌握国家政权的统治阶级，为维护其有效统治，必然要采取与其统治相适合的立法体制。如，奴隶制或封建制国家，君主或国王一言九鼎，国家立法权由国王一人行使，其立法体制则是单一的一级立法体制。而在民主共和国国家，由民主体制所决定，立法权由民主选举产生的国家权力机关行使，则其立法体制并非仅限于单一的一级立法体制。

国家管理形式，即政体，是指国家政权的组织形式，由国体所决定，同时又是国体的表现形式。就立法体制而言，政体在形式上直接决定将立法权限划分给国家机构体系中的哪些机关。也就是说，政体决定横向立法权限的划分，即决定立法权限在立法、行政、司法三机关之间如何划分。政体不同，横向立法权限的划分也不同。当今世界各国的政权组织形式，基本可以分为两种有代表性的类型，即资本主义国家的议会制和社会主义国家的人民代表大会制。这两种类型的政体，在划分横向立法权限的理论基础和制度依据方面，既有形式上的某些共性，又有本质上的区别和运行上的特点。例如，资本主义国家的议会制是以分权制衡理论为基础和指导的；社会主义国家的人民代表大会制则是以议行合一原则为基础和指导的。这种不同直接导致横向立法权限划分的不同。

除国体和政体外，对立法体制产生影响的还有国家的结构形式。国家结构形式是指国家整体与其组成部分之间、中央政权与地方政权之间的相互关系形式，其是影响中央与地方立法权限划分的最直接、最重要的因素。国家结构形式决定纵向立法权限的划分，即决定在中央政权和地方政权之间立法权限如何划分。国家结构形式不同，纵向立法权限的划分也不同。当今世界各国的国家结构形式，基本上可以分为两种类型，即单一制和联邦制。这两种类型的国家结构形式，在划分纵向立法权限的考虑上和实际做法上截然不同。例如，单一制国家和联邦制国家在中央和地方立法权限划分上的一个重要区别就是，前者的地方行政区的立法权不是其本身固有的，而是中央授予的，所以地方没有立法权或相对只有较小的立法权。而后者的成员在组成联邦时，将一部分主权包括某些立法权交由联邦中央行使，但联邦成员还保留其余主权包括某些立法权，所以地方不仅有立法权，而且立法权相对较大。

总之，一国的立法体制是多方面复杂因素作用的结果。在这些因素中，经济的因素，起着最终的决定因素；政治的因素，起着直接的、集中的作用；文化、民族状况、历史传统等因素，则起着间接而持久的影响作用。国家形式中的国家管理形式和国家结构形式比较集中地体现各种因素对立法体制模式的影响。①

---

① 朱力宇、张曙光主编：《立法学》，中国人民大学出版社 2009 年版，第 117—118 页。

三、立法体制的特点

我国现行的立法体制是一种统一又分层次的立法体制，可以概括为"一元、两级、多层次"的立法体制。

"一元"，是指依据《宪法》的规定，在全国范围内只存在一个统一的立法体系，特别是专属立法权，只能由全国人大及其常委会行使。中央立法在整个立法体制中处于领导地位，地方立法要以中央立法主体制定的法律、法规为依据。

"两级"，是指依据《宪法》和《立法法》的规定，我国立法体制分为中央立法和地方立法两个立法等级。即可在全国范围内生效的立法权为中央立法，仅在局部范围内生效的立法权为地方立法。

"多层次"，是指根据《宪法》和《立法法》的规定，中央立法和地方立法还可以分成若干层次和类别。在中央一级，不仅有全国人大的立法，全国人大常委会还可以制定除宪法和基本法律之外的法律，颁布其他规范性文件。国务院可以制定行政法规，国务院各部门还可以制定部门规章。在地方一级，省级人大及其常委会、设区的市人大及其常委会都可以制定地方性法规；经济特区的人大及其常委会，如广东省的深圳、珠海、汕头三市还可以根据特殊情况制定不同于其他地区的经济特区法规；民族自治地方的人大可以制定自治条例和单行条例；省级人民政府和设区的市的人民政府，可以制定本级政府规章。

我国为什么要实行统一、多层次的立法体制？这是因为：（1）我国是单一制而不是联邦制国家，这就决定了我国的立法权必须相对集中于中央[①]。（2）我国各地情况各不相同，在少数民族聚居的地方实行民族区域自治，这就决定了我国的立法权不能全部集中于中央，必须给地方一定的立法权，以适应各地的不同情况。（3）我国的根本政治制度是人民代表大会制度，这就决定了我国的立法权必须相对集中于国家权力机关。（4）在权力机关和行政机关的关系上，既要坚持人大主导立法的原则，

---

① 乔晓阳：《在新的起点上加强地方立法工作》，载《地方立法研究》2016 年第 1 期。

以保证立法的科学性和民主性；同时，由于我国的法律还在完善过程中，这就决定了我国的立法权不能完全集中于国家权力机关手中，必须给行政机关一定的立法权，保证国家行政机关有足够的权力对社会进行有效管理，提高行政管理效率。所以说，我国现行的既统一又分层次的立法体制，是由多种因素决定的，是适应客观实际需要的。

第二节　地方立法主体

地方立法主体，是地方立法权行使的主体，明确地方立法主体，是理解和掌握地方立法体制的重要内容。

一、地方立法主体的概念和特点

地方立法主体，是地方立法活动的组织者、参与者的总称。它是指依法有权制定、修改、废止、解释地方性法规、规章等规范性法律文件的国家机关。根据我国《宪法》《立法法》《地方组织法》等规定，依法被赋予地方立法权的地方各级人大及其常委会、地方各级人民政府才是我国的地方立法主体。其他国家机关、社会组织和个人不能成为地方立法的主体。

地方立法主体具有以下特点。

（1）地方立法主体应当是依法行使地方立法权的特定国家机关。没有合法的权力来源或者授权，就不是地方立法主体。

（2）地方立法主体是有权开展地方立法活动的国家机关。有权立法不仅是有权进行完整的法的制定、认可、修改、补充和废止等立法活动，也包括有权参与立法活动中某方面或某项立法如提案、审议、表决、批准等活动。地方立法主体应当是有权进行设区的市地方性法规、规章等规范性法律文件的立、改、废、释的活动，也包括有权参与地方立法活动中某方面或某项立法活动的国家机关。

（3）地方立法主体是具有地方立法职能的国家机关。在地方各项事业建设中，根据地方特色和发展情况，开展地方立法工作是做好各项工作的必然要求。具有地方立法职能是地方立法机关必备的条件。在地方立法中，具有地方立法职能的国家机关既包括具有专职立法权的人大机关，也包括具有附带性立法职能的政府机关。

二、一般地方立法的两类主体

根据我国《立法法》的规定，一般地方立法主体包括两类国家机关：一是制定、修改、废止和解释地方性法规的地方人大及其常委会；二是制定、修改、废止和解释地方政府规章的地方人民政府。

（一）地方人大及其常委会

根据《地方组织法》第 10 条第 1 款、第 49 条第 1 款以及《立法法》第 80 条、第 81 条第 1 款、第 87 条的规定，省级、设区的市人大及其常委会在不与上位法相抵触的前提下，可以制定地方性法规；设区的市人大及其常委会可以制定地方性法规的事项被限于城乡建设与管理、生态文明建设、历史文化保护、基层治理等方面的事项。法律对设区的市制定地方性法规的事项另有规定的，从其规定。设区的市的地方性法规须报省级人大常委会批准后施行。地方人大根据《地方组织法》，参照《立法法》第二章第二节、第三节、第五节的规定，可以就地方性法规案、自治条例和单行条例案的提出、审议和表决程序作出规定。地方人大工作条例或议事规则的制定权专属于地方人大。在实践中，除少数涉及代表大会职权的地方性法规外（如《广东省地方立法条例》），地方人大常委会很少向人民代表大会提请地方性法规案。究其原因，一是由于《宪法》和《地方组织法》没有对地方人大及其常委会制定地方性法规的权限范围作出划分；二是由于地方人大召开人大会议时，会期比较短，为节省时间，一般也就不将地方性法规案列入会议议程。另外，部分地方人大常委会对地方人大制定地方性法规的权力认识不足也是造成这一问题的原因之一。针对这一情况，为了防止出现地方人大常委会包办了地方人大立法的一切事宜的情形，《立法法》第 86 条还特别规定，本行政区域特别重大事项的地方性法规，应当由人民代表大会通过。此规定突出了人民代表大会在地方立法中的重要作用，对地方人大及其常委会的立法权作了一个基本的分工。对于什么属于"特别重大事项"，《立法法》并没有作出明确规定，仍需地方人大及其常委会在立法实务中加以认真把握。

地方人大及其常委会主要通过审议的方式来制定地方性法规。目前，各地方的人大根据《立法法》第87条的规定，参照《立法法》的相关规定，对专门委员会的审议以及常委会工作机构的审查职责作出具体规定。地方人大及其常委会在审议法规案的过程中需要正确处理好各专门委员会、常委会工作机构职责分工的问题。下面简要介绍这两类主体的职责。

根据《地方组织法》第33条的规定，地方人大可以根据工作需要，设法制委员会、财政经济委员会、教育科学文化卫生委员会等专门委员会。各专门委员会受本级人大领导；在大会闭会期间，受本级人大常委会领导。所谓有关的专门委员会，是指法制委员会以外的其他专门委员会，专门委员会不是对所有的地方性法规案都进行审议，而是只对与本委员会工作有关的地方性法规案进行审议。

专门委员会审议法规案，是立法程序中法规案审议的第一道关口，旨在充分发挥有关专门委员会的特长和优势，为代表大会、常委会审议提供意见，这是适应立法工作日益复杂化、专业化的需要建立的制度。由专门委员会审议法规案具有非常重要的意义，从知识结构看，专门委员会多按代表的专业、长处加以分类，再组成相关的委员会。因此，由它们审查技术性、专业性较强的法律案，可以使审查更为全面、深入。专门委员会全体会议审议法规案由主任委员主持或主任委员委托的副主任委员主持。专门委员会会议由过半数的组成人员出席方可举行。专门委员会组成人员审议法规案，可以畅所欲言，各抒己见，最后归纳为委员会的审议意见。专门委员会审议的意见建议，需要经组成人员过半数同意。

根据《立法法》以及《地方组织法》的相关规定，地方性法规案应当实行统一审议，由法制委员会（以下简称法制委）负责统一审议并提出审议结果的报告和草案修改稿。以《广东省地方立法条例》为例，该条例第33条规定："列入省人民代表大会会议议程的地方性法规案，由法制委员会根据各代表团和有关的专门委员会的审议意见，对地方性法规案进行统一审议，向主席团提出审议结果报告和法规草案修改稿，对重要的不同意见应当在审议结果报告中予以说明，经主席团会议审议通过后，印发会议。"第50条规定："列入常务委员会会议第二次、第三次审议的地方性法规案，由法制委员会根据常务委员会组成人员、有关的专门委员会的审议意见和各方面提出的意见，对地方性法规案进行统一审议，向常务委员会会议提出修改情况的报告或者审议结果的报告和法规草案修改稿，对法规草案主要内容作出的修改和重要的不同意见应当在修改情况报告或者审议结果报告中予以说明。对有关的专门委员会的审议意见没有采纳的，应当向有关的专门委员会反馈。"

法制委作为具体负责统一审议地方性法规案的组织，其对地方性法规案的统一审议，是全局性的审议，是各种审议中一道关键性的关口，一方面有利于维护法制的统一，避免各项法律之间互相矛盾、互不衔接，提高立法质量，另一方面也有利于集中立法力量，加快立法步伐。

综上，各专门委员会审议法规案的职责分工是：其他专门委员会只负责审议与其相关的法规案，法制委员会则统一审议所有法规案。各专门委员会、常委会工作机构在制定地方性法规的过程中需要做到各司其职，各负其责，既要发挥专门委员会和常委会工作机构"专"的作用，又要发挥法制委"统"的作用，共同做好立法工作，提高立法质量。

目前，有的设区的市根据《地方组织法》第59条的规定，从实际工作需要出发，规定由常委会有关的工作机构对法规草案进行初步审查，提出审查意见。以《惠州市制定地方性法规条例》为例，为了做好法规的初审工作，该条例在《广东省地方立法条例》对有关工作机构职责规定的基础上，结合惠州市人大专门委员会和常委会工作机构设置情况，进一步明确了有关专门委员会和常委会工作机构的职责。其中，第25条第1款规定："常务委员会收到提请审议的地方性法规案后，由有关的专门委员会或者常务委员会工作机构根据各方面提出的意见，对法规草案进行审议或者审查，提出审议意见或者审查意见，向主任会议报告，由主任会议决定列入常务委员会会议议程。"第28条第1款规定："常务委员会会议第一次审议地方性法规案，听取提案人的说明和有关的专门委员会的审议报告或者常务委员会有关的工作机构的审查报告,对法规草案的必要性、可行性、合法性和主要问题等进行初步审议。"

法制委作为地方人大的常设专门委员会,与地方人大常委会内设工作机构——法制工作委员会(以下简称法工委)相比,两者都从事地方立法工作,却是不同的机构,有着以下方面的区别。

1. 两者的职能不同

法制委是依据《地方组织法》第 33 条第 1 款之规定而设立的,而法工委则是依据《地方组织法》第 59 条第 1 款之规定而设立的。根据《立法法》以及《地方组织法》的相关规定,法制委是法规案统一审议机构,具有提议案权和审议权;法工委是综合性立法工作机构。换言之,法制委的主要职能是"议事",法工委的主要职能是"办事"。

2. 两者的主体层级不同

法制委是人大的常设机构,而法工委是人大常委会的工作机构。在统一审议法规案的过程中,法制委与法工委紧密配合、共同进行工作。

3. 两者的隶属关系不同

法制委受人大领导,闭会期间受常委会领导;而法工委受常委会领导,并负责法制委的日常工作。

4. 两者的人员构成不同

法制委组成人员都是本级人大代表,其主任委员、副主任委员、委员均由人大主席团提名、大会通过,人大闭会期间,常委会可以任免法制委的个别副主任委员和部分委员。法工委的工作人员不一定是本级人大代表,其主任、副主任由主任会议提名、常委会会议任命。此外,前者有任期(与人民代表大会任期相同),后者则无任期规定。

5. 两者的履职方式不同

法制委是集体行使职权,实行少数服从多数的原则;而法工委作为一个工作机构,实行主任负责制。

(二)地方人民政府

地方人民政府由地方人大选举产生,是地方人大的执行机关,是地方国家行政机关。根据《地方组织法》第74条第1款以及《立法法》第93条的规定，地方人民政府是地方政府规章的立法主体。根据《规章制定程序条例》第14条第3款的规定，地方人民政府可以确定规章由其一个部门或者几个部门具体负责起草工作，也可以确定由其法制机构起草或者组织起草。

根据《规章制定程序条例》的规定，包括以下具体承担立法工作任务的机构和机关。

（1）地方人民政府法制机构（以下简称法制机构），负责政府规章制定工作的指导、监督和综合协调，并负责统一审查政府规章送审稿，具体职责包括以下内容。

1）年度规章制定工作计划的编制以及实施。根据《规章制定程序条例》第12条第1款以及第13条第2款的规定，法制机构应当对制定规章的立项申请和公开征集的规章制定项目建议进行评估论证，拟订本级人民政府年度规章制定工作计划，报本级人民政府批准后向社会公布；在实施过程中，法制机构应当及时跟踪了解本部门、本级人民政府年度规章制定工作计划执行情况，加强组织协调和督促指导。

2）规章的起草。根据《规章制定程序条例》第14条第3款的规定，地方人民政府可以确定规章由其一个部门或者几个部门具体负责起草工作，也可以确定由其法制机构起草或者组织起草。

3）统一审查。根据《规章制定程序条例》第19条、第20条、第23条的规定，规章送审稿由法制机构负责统一审查，如果存在第20条规定的四种情形，法制机构可以缓办或者退回起草单位；规章送审稿涉及重大利益调整的，法制机构应当进行论证咨询，广泛听取有关方面的意见；论证咨询可以采取座谈会、论证会、听证会、委托研究等多种形式。规章送审稿涉及重大利益调整或者存在重大意见分歧，对公民、法人或者其他组织的权利义务有较大影响，人民群众普遍关注，起草单位在起草过程中未举行听证会的，法制机构经本部门或者本级人民政府批准，可以举行听证会。

4）报请公布。根据《规章制定程序条例》第29条的规定，法制机构应当根据有关会议审议意见对规章草案进行修改，形成草案修改稿，报请本部门首长或者政府首长签署命令予以公布。

5）解释与备案。根据《规章制定程序条例》第33条、第34条的规定，规章制定机关负责解释规章。规章出现下列情况之一的，由制定机关负责解释：①规章的规定需要进一步明确具体含义的；②规章制定后出现新的情况，需要明确适用规章依据的。规章解释由规章制定机关的法制机构参照规章送审稿审查程序提出意见，报请制定机关批准后公布。规章的解释同规章具有同等效力。规章应当自公布之日起30日内，由法制机构依照《立法法》和《法规规章备案条例》的规定向有关机关备案。

此外，地方人民政府的法制机构负责的立法工作还包括及时开展规章的清理、进行规章立法后评估、编辑出版规章汇编等。

（2）地方人民政府所属工作部门，具体负责的工作包括规章立项的报请、草案的起草。

其中，根据《规章制定程序条例》第10条第2款以及第14条第3款的规定，省级地方人民政府所属工作部门或者下级人民政府认为需要制定地方政府规章的，应当向省级地方人民政府报请立项。地方人民政府可以确定规章由其一个部门或者几个部门具体负责起草工作，也可以确定由其法制机构起草或者组织起草。

在起草规章的过程中，为了增强立法的民主性和透明度，保证政府规章的制定质量，负责起草的法制机构或者部门应当广泛征求社会各方的意见建议。根据《规章制定程序条例》第16条的规定，起草规章，涉及社会公众普遍关注的热点难点问题和经济社会发展遇到的突出矛盾，减损公民、法人和其他组织权利或者增加其义务，对社会公众有重要影响等重大利益调整事项的，起草单位应当进行论证咨询，广泛听取有关方面的意见。起草的规章涉及重大利益调整或者存在重大意见分歧，对公民、法人或者其他组织的权利义务有较大影响，人民群众普遍关注，需要进行听证的，起草单位应当举行听证会听取意见。

三、一般地方立法的两级主体

一般地方立法的两级主体是指省一级地方立法主体和设区的市一级的地方立法主体。

（一）省一级地方立法主体

根据《地方组织法》第 10 条第 1 款、第 49 条第 1 款以及《立法法》第 93 条第 1 款的规定，省、自治区、直辖市的人大根据本行政区域的具体情况和实际需要，在不同宪法、法律、行政法规相抵触的前提下，可以制定和颁布地方性法规，报全国人大常委会和国务院备案。省、自治区、直辖市的人大常委会在本级人大闭会期间，根据本行政区域的具体情况和实际需要，在不同宪法、法律、行政法规相抵触的前提下，可以制定和颁布地方性法规，报全国人大常委会和国务院备案。

根据《地方组织法》第 74 条第 1 款以及《立法法》第 93 条第 1 款的规定，省、自治区、直辖市的人民政府可以根据法律、行政法规和本省、自治区、直辖市的地方性法规，制定地方政府规章，并报国务院和本级人民代表大会常务委员会备案。

《地方组织法》和《立法法》明确了省级的两类地方立法主体的立法职权，强调省级人大及其常委会在不同宪法、法律、行政法规相抵触的前提下，可以制定和颁布地方性法规；省级人民政府，可以根据法律、行政法规和本省、自治区、直辖市的地方性法规，制定规章。而《立法法》所规定的全国人大及其常委会的专属立法权都是涉及国家基本的政治制度、经济制度和司法制度，大多数已经制定了法律，对其他立法主体的立法权限影响较小。这样一种划分权限的方式，说明除了专属于全国人大及其常委会的立法事项范围之外，省级地方性法规以及政府规章原则上都可以涉及，省级地方立法的空间较为广阔。①

（二）设区的市一级的地方立法主体

设区的市是指其下设有区一级行政区划的市。针对地级市的立法主体

---

① 乔晓阳：《在新的起点上加强地方立法工作》，载《地方立法研究》2016 年第 1 期。

偏少而有些城市急需立法权的现状,《立法法》把原先省会城市和较大的市享有的立法权扩充到所有设区的市。根据《立法法》的相关规定,设区的市的人大及其常委会可以根据本市的具体情况和实际需要,在不同上位法相抵触的前提下,可以对城乡建设与管理、生态文明建设、历史文化保护、基层治理等方面的事项制定地方性法规,法律对设区的市制定地方性法规的事项另有规定的,从其规定。设区的市的人民政府,可以根据法律、行政法规和本省、自治区、直辖市的地方性法规,对城乡建设与管理、生态文明建设、历史文化保护、基层治理等方面的事项制定地方政府规章。

《立法法》还考虑到广东省东莞市、中山市,甘肃省嘉峪关市和海南省儋州市的实际需要,按照赋予设区的市地方立法权的精神,决定依法赋予这些城市以设区的市地方立法权。2015 年 3 月,十二届全国人大三次会议表决通过了《全国人民代表大会关于修改〈中华人民共和国立法法〉的决定》,专门规定:"广东省东莞市和中山市、甘肃省嘉峪关市、海南省三沙市,比照适用本决定有关赋予设区的市地方立法权的规定。"2023 年 3 月 13 日,十四届全国人大一次会议表决通过了《全国人民代表大会关于修改〈中华人民共和国立法法〉的决定》,明确比照《立法法》有关规定,赋予海南省儋州市地方立法权。这样,上述城市的两类地方立法主体也就有了地方性法规以及地方政府规章的制定权,其行使的立法权与设区的市相同。

四、特殊地方立法主体

特殊地方立法主体是指除了一般地方立法以外的其他地方立法主体,由于其行使地方立法权的主体区域特殊性,包括了民族自治地方的地方立法主体、经济特区的地方立法主体和特别行政区的地方立法主体。

(一) 民族自治地方的地方立法主体

根据《中华人民共和国民族区域自治法》(以下简称《民族区域自治法》) 第 19 条以及《立法法》第 85 条的规定,民族自治地方的人大有权依照当地民族的政治、经济和文化的特点,制定自治条例和单行条例。自治区的自治条例和单行条例，报全国人大常委会批准后生效。自治州、自治县的自治条例和单行条例，报省、自治区、直辖市的人大常委会批准后生效。自治条例和单行条例可以依照当地民族的特点，对法律和行政法规的规定作出变通规定，但不得违背法律或者行政法规的基本原则，不得对《宪法》和《民族区域自治法》的规定以及其他有关法律、行政法规专门就民族自治地方所作的规定作出变通规定。

从以上法律规定可以看出，民族自治地方的立法主体指的是有权制定自治条例、单行条例的自治区、自治州、自治县的人大。

在我国现行的立法体制中，一般的县级国家权力机关是没有立法权的。自治县人大享有制定自治条例和单行条例的职权，是国家根据民族区域自治制度，对自治县人大的特殊赋权。自治县人大，应当十分珍惜这项职权，通过单行条例的制定，引领和推动自治地方的经济、文化和社会等领域各项事业的发展。例如，为了加强全国重点文物保护单位凤腾山古墓群的保护和合理利用，继承中华民族优秀历史文化遗产，广西壮族自治区的环江毛南族自治县，于2020年1月21日在环江毛南族自治县第八届人大第六次会议上表决通过了《环江毛南族自治县凤腾山古墓群保护条例》。

值得注意的是，根据《立法法》第81条及第93条的规定，自治区、自治州的人民代表大会及其常委会可以和设区的市的人大及其常委会一样拥有制定地方性法规的权力；自治区、自治州的人民政府则可以和设区的市的人民政府一样制定地方政府规章。

（二）经济特区的地方立法主体

根据《立法法》第84条的规定，经济特区所在地的省、市的人大及其常委会根据全国人大的授权决定，制定法规，在经济特区范围内实施。上海市人大及其常委会根据全国人大常委会的授权决定，制定浦东新区法规，在浦东新区实施。海南省人大及其常委会根据法律规定，制定海南自由贸易港法规，在海南自由贸易港范围内实施。

经济特区的立法权限主要有三个方面：一是可以先行性立法。经济特区可以根据全国人大的有关授权规定，就原本属于国家立法机关立法的事项进行立法，针对这些事项制定经济特区的法规在经济特区实施。当然，这种立法权的行使有严格而明确的限制，即内容必须遵循宪法的规定和法律、行政法规的基本原则。二是对经济特区事务立法。根据全国人大的授权决定和《立法法》的规定，经济特区可以针对经济特区的特殊情况和特殊问题制定经济特区法规。三是实施性立法。为了保障宪法、法律、行政法规在经济特区的实施，经济特区可以根据其具体情况和实际需要，对国家法律、行政法规的规定制定实施细则。从这一点讲，经济特区立法与一般性地方立法没有本质上的区别，仅有的差别在于经济特区有别于其他地区的具体情况和立法需求。

总体来讲，经济特区的立法权限主要有两个层面，一个是全国人大授权的立法层面，一个是一般的设区的市的立法层面。这表明，经济特区比一般设区的市行使立法权的范围更宽、立法的整体法律效力更高。这种较高地位的立法权限对经济特区搞好先行先试、不断改革创新提供了良好的体制机制条件。例如，作为经济特区之一的深圳，为了总结归纳以往城市更新经验，规范纾解城市更新实践难题，深圳市人大常委会充分发挥经济特区立法权优势，于 2020 年 12 月 30 日通过《深圳经济特区城市更新条例》，自 2021 年 3 月 1 日起施行。该条例为全国首部城市更新地方立法，彰显深圳努力走出一条符合超大型城市特点和规律的治理新路子，继续为全国存量用地开发贡献深圳智慧、深圳方案。

（三）特别行政区的地方立法主体

我国实行"一国两制"方针，特别行政区的地方立法主体是指在香港、澳门 2 个特别行政区的有权进行立法的主体，即香港、澳门特别行政区的立法会。香港、澳门特别行政区除外交、国防以及其他属于中央政府管理范围的事务不能立法外，有权对特区高度自治范围内的一切事务立法。根据《香港特别行政区基本法》的有关规定，香港特别行政区立法会每届 60 名，主要由在外国无居留权的香港特别行政区永久性居民中的中国公民经选举组成。除第一届任期为 2 年外，每届任期 4 年。立法会主席由年满 40 周岁在香港居住满 20 年并在国外无居留权的香港特别行政区永久性居民中的中国公民担任，并经立法会议员互选产生。根据《澳门特别行政区基本法》的有关规定，澳门特别行政区立法会议员由澳门特别行政区永久性居民担任，多数议员由选举产生，少数通过行政长官委任产生。除第一届另有规定外，每届任期 4 年。设主席和副主席各 1 人，由在澳门通常居住连续 15 年的澳门特别行政区永久性居民中的中国公民担任，由立法会议员互选产生。[①]

特别行政区立法与我国其他地方立法相比，不同之处就在于实行了高度自治。不过，两个特区的立法权是全国人大通过《香港特别行政区基本法》《澳门特别行政区基本法》授予的，特区行使此项权力，是否符合基本法的规定，是否超越国家的授权，应受中央监督，因此两部基本法规定了特别行政区立法机关制定的法律，均须报全国人大常委会备案，但备案不影响该法律生效。[②]

第三节　地方立法权限及相关事项

立法权限，是指立法主体行使立法权的界限[③]。地方立法权限是指享有立法权的地方立法主体行使立法权的范围和界限。立法权限的划分是和立法事项的划分联系在一起的。当规定某一国家机关享有某种立法权限时，实际上还要明确它在哪些事项上有立法权，或者应当明确它在哪些事项上没有立法权。可以说，立法事项是立法权限的具体体现。设区的市地方立法权限是指法定的设区的市地方立法主体行使地方立法权的界限范围，通俗地说，就是设区的市地方立法主体能就哪些事项立法或不能就哪些事项立法。

一、关于地方立法权限的原则规定

我国是单一制国家，地方的权力是中央赋予的，不存在只能由地方立

① 谢勇主编：《地方立法学》，法律出版社 2019 年版，第 77 页。
② 石佑启、朱最新、潘高峰、黄喆：《地方立法学》，高等教育出版社 2019 年版，第 86 页。
③ 周旺生：《立法学》，法律出版社 2009 年版，第 205 页。

法而中央不能立法的情况。同时，也很难对中央和地方的立法权限都作列举。因此，《立法法》未对中央和地方立法权限范围——列举，而是在规定全国人大及其常委会的专属立法权后，对地方立法的权限范围首先作了原则性规定。

（一）地方性法规可以作出规定的三类事项

根据《立法法》第 82 条的规定，地方性法规可以作出规定的事项，包括三类。

1. 为执行法律、行政法规的规定，需要根据本行政区域的实际情况作具体规定的事项

法律和行政法规要在全国范围内施行，考虑到全国各地的实际情况，有些规定只能比较概括和原则。而比较具体的规定，则需要由地方性法规根据本行政区域的实际情况加以制定，这样才利于更好地根据实际情况执行法律和行政法规。地方可以为执行法律制定实施性规定，但是其中一类专属立法权领域的事项，地方不能涉及，即如犯罪和刑罚，对公民政治权利的剥夺、限制人身自由的强制措施和处罚、诉讼和仲裁制度等。[①]

设区的市制定执行性的、具体化的规定，不能和法律、行政法规、省级地方性法规相抵触。

2. 地方性事务中需要制定地方性法规的事项

地方性事务是与全国性的事务相对应的，地方性事务是指具有地方特色的事务，一般来说，不需要或在可预见的时期内不需要由全国制定法律、行政法规来作出统一规定。例如，浙江省对本行政区域内钱塘江、义乌国际贸易综合改革试验区建设等的保护和管理，就属于地方性的事务，这类事项显然不必要由国家统一立法。

3. 在全国人大及其常委会专属立法权之外，中央尚未立法的事项

最高国家权力机关的专属立法权，是地方性法规的"禁区"，无论国家是否制定法律，地方都不能作出规定，否则地方性法规就是越权，是无

---

① 许安标：《我国地方立法的新时代使命——把握地方立法规律提高地方立法质量》，载《中国法律评论》2021 年第 1 期，第 1—16 页。

效的。对于最高国家权力机关专属立法权以外、国家尚未制定法律或者行政法规的事项，则允许地方性法规先行作出规定。在立法实践中，即使是允许地方先行作出规定，但如果涉及中央统一管理的事项，地方也不宜作出规定。因此，在国家立法出台前，地方可以先制定地方性法规，以解决地方的实际问题。但中央一旦立法，由于法律和行政法规的位阶高于地方性法规，地方性法规同法律或行政法规相抵触的规定即为无效，制定机关应当及时进行修改或者废止。

对于设区的市制定地方性法规而言，不论是为了执行法律、行政法规的规定，需要根据本行政区域的实际情况作出具体规定，还是就地方性事务或者在全国人大及其常委会专属立法权之外，中央尚未立法的事项进行立法，都需要受到《立法法》第81条第1款规定"城乡建设与管理、生态文明建设、历史文化保护、基层治理等方面的事项"的限制。

此外，区域协同立法是近年来地方立法的创新做法，从实践来看，京津冀、长三角已经形成比较成熟的立法协同工作机制，山西、福建、山东、江西、湖北、湖南、广西、云南、贵州、重庆、四川等不少地方也进行了积极探索。中央人大工作会议明确提出，建立健全区域协同立法、流域立法、共同立法工作机制。2022年修改的《地方组织法》，对区域协同立法作出了原则规定。2023年修改的《立法法》，不少地方建议总结实践中的成熟经验和做法，对区域协同立法作出规定。因此，为贯彻国家区域协调发展战略和中央人大工作会议精神，适应地方实践需要，《立法法》第83条规定："省、自治区、直辖市和设区的市、自治州的人民代表大会及其常务委员会根据区域协调发展的需要，可以协同制定地方性法规，在本行政区域或者有关区域内实施。省、自治区、直辖市和设区的市、自治州可以建立区域协同立法工作机制。"①

（二）地方政府规章可以作出规定的两类事项

根据《立法法》第93条的规定，地方政府规章作出规定的事项，应当是为执行法律、行政法规、地方性法规的规定而需要制定规章的事项和

---

① 童卫东：《新〈立法法〉的时代背景与内容解读》，载《中国法律评论》2023年第2期。

属于本行政区域的具体行政管理事项，具体含义包括以下方面。

1. 为执行法律、行政法规、地方性法规的规定需要制定规章的事项

有两种情况：一种是法律、行政法规和地方性法规明确规定由地方人民政府制定规章的事项。另一种是虽然法律、行政法规和地方性法规没有规定地方人民政府可以制定规章，但为执行法律、行政法规、地方性法规，需要制定一些配套措施和具体规定，在这种情况下，如果本地区的改革和建设确有需要，地方人民政府也可以根据法律、行政法规、地方性法规的规定以及本地区的实际情况制定有关规章。例如，上海于 2010 年获评全国无障碍建设城市称号后，该市无障碍环境建设从早期的主要聚焦无障碍设施建设，开始向信息交流、公务服务、居家生活等领域延伸发展。伴随着无障碍环境建设的发展，过去的无障碍设施建设和使用管理办法逐渐显得滞后，为了创造更高水平的无障碍环境，保障残疾人、老年人等社会成员平等参与、共享高品质生活，提升城市温度和文明程度，展现国际大都市形象，上海市人民政府根据本市实际，于 2021 年 3 月 12 日颁布并施行《上海市无障碍环境建设与管理办法》。[①]

2. 属于本行政区域的具体行政管理事项

《宪法》规定，县级以上地方人民政府依照法律规定的权限，管理本行政区域的经济、教育科学、文化、卫生、体育事业、城乡建设事业和财政、民政、公安、民族事务、司法行政、监察、计划生育等行政工作。《地方组织法》根据《宪法》作了进一步具体规定。在《宪法》和《地方组织法》规定的职权范围内，属于具体行政管理事项，地方人民政府可以制定规章。具体行政管理事项大致可以包括以下几个方面：一是有关行政程序方面的事项，包括办事流程、工作规范等；二是有关行政机关自身建设的事项，包括公务员行为操守、工作纪律、廉政建设等；三是不涉及创设公民权利义务的有关社会公共秩序、公共事务或事业的具体管理制度，如对公园、电影院等公共场所的管理规定，市场管理秩序规定，学校

---

① 《新政 6 月实施　上海无障碍环境建设进入跃升期》，载搜狐网 2021 年 4 月 15 日，https：//www.sohu.com/a/460882594_120823584，最后访问日期：2023 年 10 月 30 日。

秩序管理规定等。需要注意的是，根据《立法法》第 93 条第 1 款的规定，地方政府规章对属于本行政区域的具体行政管理事项作出规定，也需要有上位法的依据。

此外，根据《立法法》第 93 条第 5 款的规定，应当制定地方性法规但条件尚不成熟的，因行政管理的迫切需要，可以先制定地方政府规章。规章实施满 2 年需要继续实施规章所规定的行政措施的，应当提请本级人大或者其常委会制定地方性法规。

设区的市地方政府规章可以规定的事项范围，同样需要受到《立法法》第 93 条第 3 款规定的"城乡建设与管理、生态文明建设、历史文化保护、基层治理等方面的事项"的限制。

二、设区的市地方立法权限

所谓设区的市地方立法权限，主要是指设区的市可以进行地方立法的具体事项范围。2015 年修改的《立法法》在赋予设区的市地方立法权时，将其制定地方性法规和地方政府规章的具体事项范围限制在城乡建设与管理、环境保护、历史文化保护等方面的事项，如无法律的另行规定，超出这个范围即属越权立法，在实践中将导致无法被批准。而在 2023 年修改《立法法》过程中，一些地方建议适当扩大设区的市立法权限，以适应实践中地方不断增长的立法需求。全国人大考虑到设区的市的特点和地方创新基层治理的实际需要，在修改《立法法》时增加规定设区的市可以对"基层治理"事项制定地方性法规和地方政府规章；同时，根据 2018 年宪法修正案有关表述，将"环境保护"修改为"生态文明建设"，进一步适应设区的市制定地方性法规的实际需要。[①]

（一）城乡建设与管理

《第十二届全国人民代表大会常务委员会法律委员会关于〈中华人民共和国立法法修正案（草案）〉审议结果的报告》（以下简称《报告》）提到城乡建设与管理、环境保护、历史文化保护等方面的事项，范围是比

---

① 童卫东：《新〈立法法〉的时代背景与内容解读》，载《中国法律评论》2023 年第 2 期。

较宽的，比如，从城乡建设与管理看，就包括城乡规划、基础设施建设、市政管理等；从环境保护看，按照环保法的规定，范围包括大气、水、海洋、土地、矿藏、森林、草原、湿地、野生生物、自然遗迹、人文遗迹等；从目前 49 个较大的市已制定的地方性法规涉及的领域看，修正案草案规定的范围基本上可以涵盖。总体上看，上述规定能够适应地方实际需要。

关于城乡规划，《中华人民共和国城乡规划法》（以下简称《城乡规划法》）第 2 条第 2 款规定："本法所称城乡规划，包括城镇体系规划、城市规划、镇规划、乡规划和村庄规划。城市规划、镇规划分为总体规划和详细规划。详细规划分为控制性详细规划和修建性详细规划。"所谓城乡规划，是指对一定时期内城乡的经济和社会发展、土地利用、空间布局以及各项建设的综合部署、具体安排和实施管理。城乡规划的特点表现为它是一项综合性的工作，需要就社会、经济、环境和技术发展等要素进行统筹安排；它是依照法律进行的，同时兼具政策性特征。按照该法规定，制定和实施城乡规划时，要综合考虑"城镇""城市""镇""乡""村庄"几个概念，"城乡"这一概念包括"城市"和"镇"在内，在考察设区的市地方立法权限范围时，宜参照《城乡规划法》的规定来理解"城乡"概念，其范围应当包括城市、镇、乡和村庄。在设区的市立法实践中，城乡规划的内容可通过单独立法的方式制定，如《滨州市城乡规划条例》；而更多的市将关于规划的规定作为条例中的部分内容，如《广州市公园条例》《东莞市水土保持条例》《佛山市城市轨道交通管理条例》《惠州市罗浮山风景名胜区条例》等，通过众多条例中对城乡规划的规范，注意处理好局部与整体、近期与长远、需要与可能、经济建设与社会发展、城市建设与环境保护、进行现代化建设与保护历史遗产等方面的关系，从而实现城乡区域的合理布局、统筹协调可持续发展。

关于基础设施建设和市政管理，时任全国人大常委会法工委主任李适时则在 2015 年 9 月上旬在广州召开的第二十一次全国地方立法研讨会上指出："城乡建设既包括城乡道路交通、水电气热市政管网等市政基础设施建设，也包括医院、学校、文体设施等公共设施建设。城乡管理除了包括对市容、市政等事项的管理，也包括对城乡人员、组织的服务和管理以及对行政管理事项的规范等。"① 李适时的说明和《报告》相比又进了一步。一是扩大了"城乡建设"事项的范围，除了《报告》说明中列出的"城乡规划"和"基础设施建设"两项外，又增加了一项"公共设施建设"，并对"市政基础设施建设"（《报告》中的表述是"基础设施建设"）和"公共设施建设"的范围作了细化："市政基础设施建设"包括"城乡道路交通、水电气热市政管网等"建设；"公共设施建设"包括"医院、学校、文体设施等"建设。二是扩大了"城乡管理"事项的范围，在《报告》中提出的"市政管理"之外，增加了"对市容的管理""对城乡人员、组织的服务和管理""对行政管理事项的规范"三项。

2015 年 12 月 24 日发布的《中共中央、国务院关于深入推进城市执法体制改革改进城市管理工作的指导意见》进一步明确了"城市管理"的范围，该意见指出，城市管理的主要职责是市政管理、环境管理、交通管理、应急管理和城市规划实施管理等。具体实施范围包括：市政公用设施运行管理、市容环境卫生管理、园林绿化管理等方面的全部工作；市、县政府依法确定的，与城市管理密切相关、需要纳入统一管理的公共空间秩序管理、违法建设治理、环境保护管理、交通管理、应急管理等方面的部分工作。

2016 年 8 月，国务院发布的《关于推进中央与地方财政事权和支出责任划分改革的指导意见》对中央和地方财政事权作出了明确划分，其中规定"要将中央与地方财政事权和支出责任划分基本规范以法律和行政法规的形式规定，将地方各级政府间的财政事权和支出责任划分相关制度以地方性法规、政府规章的形式规定……要逐步将社会治安、市政交通、农村公路、城乡社区事务等受益范围地域性强、信息较为复杂且主要与当地居民密切相关的基本公共服务确定为地方的财政事权"。从财政事权的角度来看，城乡建设与管理的范围包括社会治安、市政交通、农村公

---

① 李适时：《全面贯彻实施修改后的立法法——在第二十一次全国地方立法研讨会上的总结》，载《中国人大》2015 年第 21 期。

路、城乡社区事务等受益范围地域性强、信息较为复杂且主要与当地居民密切相关的基本公共服务，设区的市可以就上述事项的具体内容制定地方性法规和规章。

上述规定对于理解"城乡建设与管理"这一词组的具体内涵均具有非常重要的参考价值。随着我国城市化进程的加快，城乡规划建设和管理方面都出现了不少新情况、新问题，需要设区的市合理使用地方立法权来加强整治和规范管理。可以说，获得地方立法权，为推进设区的市的社会治理提供了有力的法制保障。

（二）生态文明建设

2015 年修改的《立法法》，将"环境保护"新增为设区的市地方立法主体的立法权。环境保护是指为防治污染和其他公害，保障公众健康，推进生态文明建设，促进经济社会可持续发展，对现实或者潜在环境问题加以解决的活动。2018 年 3 月，第十三届全国人大第一次会议通过《宪法修正案》，明确将生态文明建设写入《宪法》。此后 5 年间，全国人大制定了土壤污染防治法、生物安全法、长江保护法、噪声污染防治法、湿地保护法、黑土地保护法、黄河保护法等法律，修改了大气污染防治法、固体废物污染环境防治法、野生动物保护法等法律，为生态文明建设提供了坚实的法治保障。2023 年再次修改《立法法》时，为了与宪法表述保持一致，将单一的"环境保护"改为内容更为全面综合的"生态文明建设"。

"生态文明建设"的内涵目前尚无权威解释，根据《中共中央、国务院关于加快推进生态文明建设的意见》（2015 年 4 月 25 日发布），设区的市在生态文明建设方面的具体内容可包括：（1）强化主体功能定位，优化国土空间开发格局；（2）推动技术创新和结构调整，提高发展质量和效益；（3）全面促进资源节约循环高效使用，推动利用方式根本转变；（4）加大自然生态系统和环境保护力度，切实改善生态环境质量；（5）健全生态文明制度体系；（6）加强生态文明建设统计监测和执法监督；（7）加快形成推进生态文明建设的良好社会风尚。

对于设区的市而言，既要保证国家法律法规在本地区的贯彻执行，结合本地实际，作出具体规定，更要结合本地生态文明建设的实际需要，对国家法律法规没有作出或者不会作出规定的生态文明建设领域，结合地方的特点作出规定。如在存在水质性缺水问题的广东，水资源立法的重心为防治水体污染，《东莞市饮用水源水质保护条例》《江门市潭江流域水质保护条例》《惠州市西枝江水系水质保护条例》《阳江市漠阳江流域水质保护条例》等自然成为广东设区的市的地方立法特色。

（三）历史文化保护

我国历史悠久，有丰富的历史文化。历史文化包括物质的和非物质的。物质性的历史文化主要是指具有历史、艺术和科学价值的文物，非物质性的历史文化主要是指各种以非物质形态存在的世代相承的传统文化。不同于环保法给出了"环境"的具体定义，"历史"或者"文化"在法律文本中并没有具体含义的界定。

总体而言，历史文化保护包括物质文化遗产和非物质文化遗产的保护。其中，物质文化遗产包括古遗址、古墓葬、古建筑、石窟寺、石刻、壁画、近代现代重要史迹及代表性建筑等不可移动文物，历史上各时代的重要实物、艺术品、文献、手稿、图书资料等可移动文物，以及在建筑式样、分布均匀或与环境景色结合方面具有突出普遍价值的历史文化名城（街区、村镇）。非物质文化遗产包括口头传统、传统表演艺术、民俗活动和礼仪与节庆、有关自然界和宇宙的民间传统知识和实践、传统手工艺技能等以及与上述传统文化表现形式相关的文化空间。

历史文化保护涉及的具体对象，可以从我国相关法律法规的规定出发加以理解和把握。

1. 文物

根据《中华人民共和国文物保护法》（以下简称《文保法》）第2条的规定，下列物品可被认定为文物并受国家保护：（1）具有历史、艺术、科学价值的古文化遗址、古墓葬、古建筑、石窟寺和石刻、壁画；（2）与重大历史事件、革命运动或者著名人物有关的以及具有重要纪念意义、教育意义或者史料价值的近代现代重要史迹、实物、代表性建筑；（3）历史上各时代珍贵的艺术品、工艺美术品；（4）历史上各时代重要的文献资料以及具有历史、艺术、科学价值的手稿和图书资料等；（5）反映历史上各时代、各民族社会制度、社会生产、社会生活的代表性实物。文物认定的标准和办法由国务院文物行政部门制定，并报国务院批准。此外，具有科学价值的古脊椎动物化石和古人类化石同文物一样受国家保护。

2. 历史文化名城（名镇、名村、街区）

根据《文保法》第14条的规定，历史文化名城是指保存文物特别丰富并且具有重大历史价值或者革命纪念意义的城市，由国务院核定公布。历史文化街区、村镇则是指保存文物特别丰富并且具有重大历史价值或者革命纪念意义，由省、自治区、直辖市人民政府核定公布并报国务院备案的城镇、街道、村庄。

《历史文化名城名镇名村保护条例》在《文保法》规定的基础上，对历史文化名城、名镇、名村的概念作了进一步的界定。其中，根据该条例第7条第1款的规定，历史文化名城、名镇、名村的组成要素包括：（1）保存文物特别丰富；（2）历史建筑集中成片；（3）保留着传统格局和历史风貌；（4）历史上曾经作为政治、经济、文化、交通中心或者军事要地，或者发生过重要历史事件，或者其传统产业、历史上建设的重大工程对本地区的发展产生过重要影响，或者能够集中反映本地区建筑的文化特色、民族特色。

根据《历史文化名城名镇名村保护条例》第7条第2款的规定，要申报历史文化名城的区域，除了要符合该条第1款规定的4项条件外，还应当在其所申报的保护范围内有2个以上的历史文化街区。否则，是不能够公布为历史文化名城的。这一规定实际上使得历史文化名城的核定条件更加严格。从各地情况看，一些城市只有1个或者没有历史文化街区，虽然存在一定数量的文物，但是，这些文物不足以反映城市传统风貌、格局。相比而言，历史文化街区能够较好地代表和反映传统风貌和特色。规定必须具有2个以上历史文化街区，能够使核定公布的历史文化名城更加名副其实。另外，将历史文化街区作为申报历史文化名城的基础条件，也有利于促进各地加强对历史文化街区的保护。

3. 非物质文化遗产

根据《中华人民共和国非物质文化遗产法》第 2 条第 1 款的规定，非物质文化遗产是指各族人民世代相传并视为其文化遗产组成部分的各种传统文化表现形式，以及与传统文化表现形式相关的实物和场所，具体表现形式包括：（1）传统口头文学以及作为其载体的语言；（2）传统美术、书法、音乐、舞蹈、戏剧、曲艺和杂技；（3）传统技艺、医药和历法；（4）传统礼仪、节庆等民俗；（5）传统体育和游艺；（6）其他非物质文化遗产。此外，属于非物质文化遗产组成部分的实物和场所，凡属文物的，适用《文保法》的有关规定。

从上述法律规定可以推出，"历史文化"虽然没有法定的确切含义，但是该词语至少应当包括文物、历史文化名城名镇名村、非物质文化遗产等概念。当然，只有对"历史文化"作广义的理解，才不易引起认识上的欠缺。

历史文化保护立法顾名思义重在保护。设区的市在立法工作中要坚持保护为主、抢救第一、合理利用的原则，正确处理历史文化资源的继承、保护、利用与经济社会发展的关系。利用区别于开发，开发功利性太强，不符合文化遗产保护的理念。只保护不利用，文化遗产就会成为缺乏生命力的盆景；只利用而不保护，文化遗产很容易变味，最终难以存续。广东省潮州市被国务院公布为国家历史文化名城后，为了巩固和发展国家历史文化名城创建成果，构建名城保护长效机制，保护潮州历史文化资源，传承和弘扬本土优秀历史文化，于 2017 年及时出台了《潮州市历史文化名城保护条例》，以保护名录和保护规划为抓手，建立了一系列保护、合理利用的措施和制度。实践证明，通过立法和执法，潮州市历史文化名城的保护工作取得了显著成绩。

（四）基层治理

就设区的市来说，2015 年修改的《立法法》在赋予所有设区的市立法权的同时，对其可以立法的事项划定了范围。尽管后来全国人大常委会法工委对此作了宽松化的解释，依然未能满足或解决设区的市在某些重要领域的立法需求，其中比较突出的就是基层治理。近年来，各地积极推进基层治理创新，努力提升基层治理效能和服务水平，取得了明显的成效，亟待以立法形式把基层治理实践中好的做法固定下来，并为进一步推进基层治理创新提供有效引领。《立法法》修改总结过去 8 年地方立法的实践经验，在设区的市可以行使地方立法权的事项中增加"基层治理"内容，可以说是切中了实践需求，具有十分重要的意义。[①] 在 2023 年全国人代会代表团审议时，多位代表已经提出"基层治理"这个概念比较笼统，在实践中可能带来问题。宁夏回族自治区政府副主席等多位代表均提出类似建议，要求对"基层治理"跟进作出配套性解释，给予明确界定，以便于地方准确把握和执行。[②]

"基层治理"的明确范围，目前有待权威机关的权威解释，但可以试着从权威文件探究"基层治理"的范围。《中共中央、国务院关于加强基层治理体系和治理能力现代化建设的意见》（2021 年 4 月 28 日发布）提出，基层治理是国家治理的基石，统筹推进乡镇（街道）和城乡社区治理，是实现国家治理体系和治理能力现代化的基础工程。"基层治理体系和治理能力"的内容可分为：

（1）完善党全面领导基层治理制度，包括：①加强党的基层组织建设，健全基层治理党的领导体制；②构建党委领导、党政统筹、简约高效的乡镇（街道）管理体制；③完善党建引领的社会参与制度。

（2）加强基层政权治理能力建设，包括：①增强乡镇（街道）行政执行能力；②增强乡镇（街道）为民服务能力；③增强乡镇（街道）议事协商能力；④增强乡镇（街道）应急管理能力；⑤增强乡镇（街道）平安建设能力。

（3）健全基层群众自治制度，包括：①加强村（居）民委员会规范

---

① 冯玉军：《立法法修改护航新征程》，载《民主与法制周刊》2023 年第 17 期。

② 韩谦：《"管法之法"再修，地方立法权再扩容》，载《南方周末》2023 年 3 月 16 日第 1 版。

化建设；②健全村（居）民自治机制；③增强村（社区）组织动员能力；④优化村（社区）服务格局。

（4）推进基层法治和德治建设，包括：①推进基层治理法治建设；②加强思想道德建设；③发展公益慈善事业。

（5）加强基层智慧治理能力建设。包括：①做好规划建设；②整合数据资源；③拓展应用场景。

从上述规定可以看出，"基层治理"是个高度抽象、内涵丰富的词汇。今后，设区的市地方立法主体或许在流动人口管理、基层矛盾处理等领域，都可以作出自己的规定。①

《立法法》在规定了四大事项之后，还有"等事项"的表述。"等事项"中的"等"究竟是"等内"还是"等外"？从《立法法》第82条规定中的"限于……事项"等短语的性质来看，这个"等"字不宜作未尽解释，而更适合解释为限制性的"等内等"。李适时也指出："从立法原意讲，应该是等内，不宜再做更加宽泛的理解。"② 从立法目的来看，如果设区的市可以任意理解和解释"等方面的事项"，那么《立法法》通过设定立法范围的方式来限制设区的市的立法权的制度安排将形同虚设，由此所界定的立法权限也难以形成理性预期。将"等"字限制理解为"等内"的话，有助于防止设区的市恣意立法，进而造成法治秩序的混乱，以达到《立法法》坚持依法立法、规范地方立法行为的立法原意。

对设区的市地方立法主体来说，立法创新的边界在哪里，目前来看仍然有模糊之处。绝大多数法律概念是非明确的，它们不是抽象普遍的概念，而是类型概念、次序概念，它们不是非此即彼，而是或多或少。③ 文字的模糊与不确定性是不可避免的，这四大领域的具体内涵还是需要立法工作者在实践中加以充分交流和认真把握。立法项目的选题和一些具体条款的设计容易因为与上位法相抵触导致越权立法。设区的市要坚持在立法

---

① 韩谦：《"管法之法"再修，地方立法权再扩容》，载《南方周末》2023年3月16日第1版。

② 李适时：《全面贯彻实施修改后的立法法——在第二十一次全国地方立法研讨会上的总结》，载《中国人大》2015年第21期。

③ ［德］考夫曼：《法律哲学》，刘幸义等译，法律出版社2004年版，第142页。

权限范围内确定什么法能立，什么法不能立，对于难以把握的问题，可以与省人大法制部门沟通，取得指导，仍不清楚的，可以通过省人大常委会向全国人大常委会法工委咨询。[①] 实践中，广东省惠州市在选择立法项目时，如果无法把握相关立法项目是否属于本级立法权限范围，一般会先行主动与省人大常委会法工委沟通并达成共识，省人大常委会法工委认为必要时再请示全国人大常委会法工委。

《立法法》进一步明确和限制设区的市的立法权限，适应了我国经济、社会等方面发展的新情况，有利于设区的市立法主体在立法时找准立法方向、明确立法重点，防止立法偏位和越位，保证依法立法，同时也有利于有权机关有针对性地开展立法监督。

三、地方立法可以设定和规定的行政处罚、行政许可、行政强制事项

在地方立法实践中，大量内容集中在行政管理方面的规范。因此，地方立法不得违背"行政三法"（即《中华人民共和国行政处罚法》《中华人民共和国行政许可法》《中华人民共和国行政强制法》）的相关规定。根据这3部法律的规定，地方立法可以设定和规定的行政处罚、强制、许可事项分别如下：

根据《中华人民共和国行政处罚法》第12条、第14条的规定，地方性法规可以设定除限制人身自由、吊销企业营业执照以外的行政处罚，法律、行政法规对违法行为已经作出行政处罚规定，地方性法规需要作出具体规定的，必须在法律、行政法规规定的给予行政处罚的行为、种类和幅度的范围内规定。地方政府规章对违反行政管理秩序的行为，可以设定警告、通报批评或者一定数额罚款的行政处罚。罚款的限额由省、自治区、直辖市人大常委会规定。地方性法规以及政府规章在制定过程中，要避免出现增设处罚行为、处罚种类不一致、处罚的幅度与上位法不一致（包括超出幅度范围，以及改变了罚款的计算方式）、无行为模式却单独设置

---

① 乔晓阳：《在新的起点上加强地方立法工作》，载《地方立法研究》2016年第1期。

了行政处罚等超越立法权限的问题。例如，《中华人民共和国水污染防治法》第81条规定，以拖延、围堵、滞留执法人员等方式拒绝、阻挠环境保护主管部门或者其他依照本法规定行使监督管理权的部门的监督检查，或者在接受监督检查时弄虚作假的，由县级以上人民政府环境保护主管部门或者其他依照本法规定行使监督管理权的部门责令改正，处2万元以上20万元以下的罚款。如果某省对该违法行为规定处以"2万元以上30万元以下的罚款"的罚款，则提高了处罚上限；如果规定处以"1万元以上20万元以上"的罚款，则降低了处罚下限，这些都属于越权立法的情形。

根据《中华人民共和国行政许可法》第15条、第16条、第17条的规定，地方性法规可以设定行政许可，还可以在法律、行政法规设定的行政许可事项范围内对实施该行政许可作出具体规定。地方政府规章可以设定临时性的行政许可并可以在上位法设定的行政许可事项范围内对实施该行政许可作出具体规定。实践中，违法增设许可的条件和事项，以备案、登记、年检、监制、认定、认证、审定等形式变相设定行政许可，以非行政许可审批名义变相设定行政许可等行为都是地方人大及其常委会、政府在立法过程中所要避免的问题。例如，《××市违法建设查处条例（修订草案修改稿）》第14条第1项规定："城乡规划行政管理部门对违法建设处罚决定未执行完毕或者其违法建设行为已被立案调查、尚未作出处理决定的建设单位或者个人，暂停建设项目的规划审批。"而《城乡规划法》第40条第2款对申请办理建设工程规划许可证的条件已经作出了具体规定，上述条例修改稿的规定增加了对建设单位或个人的其他违法或者涉嫌违法行为处理完毕后才能进行新项目的审批的条件，属于违法增设行政许可条件。

根据《中华人民共和国行政强制法》（以下简称《行政强制法》）第10条的规定，尚未制定法律、行政法规，且属于地方性事务的，地方性法规可以设定查封场所、设施或者财物以及扣押财物的行政强制措施，法律、法规以外的其他规范性文件不得设定行政强制措施。第13条则规定，行政强制执行由法律设定。法律没有规定行政机关强制执行的，作出行政决定的行政机关应当申请人民法院强制执行。地方立法要准确把握

《行政强制法》的相关规定，不得超出立法权限设定行政强制措施。如《××市文物保护规定（审议稿）》规定："对严重破坏治安秩序的违法行为人予以强行带离现场或者治安拘留，对涉嫌犯罪的依法予以刑事拘留。"该规定涉及限制人身自由的强制措施和处罚。依据《立法法》和《行政强制法》的规定，限制公民人身自由的强制措施和处罚只能由法律规定，该规定违法设定了行政强制措施，超越了立法权限，属于越权立法。

四、地方立法不得涉及的事项

《立法法》第 11 条明确了中央专属的立法权限，详细列举了只能制定法律的事项，包括：（1）国家主权的事项；（2）各级人大、人民政府、监察委员会、人民法院和人民检察院的产生、组织和职权；（3）民族区域自治制度、特别行政区制度、基层群众自治制度；（4）犯罪和刑罚；（5）对公民政治权利的剥夺、限制人身自由的强制措施和处罚；（6）税种的设立、税率的确定和税收征收管理等税收基本制度；（7）对非国有财产的征收、征用；（8）民事基本制度；（9）基本经济制度以及财政、海关、金融和外贸的基本制度；（10）诉讼制度和仲裁基本制度；（11）必须由全国人大及其常委会制定法律的其他事项。《立法法》既将专属于中央立法权限的具体事项予以明确，又为社会变迁可能出现的需要法律保留的事项预留了制度空间，为设区的市地方立法权限的行使画上一条不可逾越的法律红线。

除了《立法法》对地方性法规、地方政府规章的立法权限作出一定限制外，《中华人民共和国国家赔偿法》《中华人民共和国公务员法》《中华人民共和国出境入境管理法》等法律也规定了一些只能由法律、行政法规规定，地方立法不得涉及的事项。例如，根据《中华人民共和国国家赔偿法》第 5 条的规定，国家不承担赔偿责任的情形只能由法律规定。根据《中华人民共和国公务员法》第 26 条规定，不得录用为公务员的情形只能由法律规定。根据《中华人民共和国出境入境管理法》第 12 条、第 25 条的规定，中国公民不得出境、外国公民不得入境的情形只能由法律、行政法规规定。

第三章　地方立法程序

地方立法程序属于一种法定的程序规则，哪些主体能够进入地方立法程序，不同主体在何时并以何种方式进入地方立法程序等分别由《立法法》《规章制定程序条例》以及地方制定地方性法规和条例等法律、法规进行规定。地方立法的程序化，是坚持科学立法原则、民主立法原则、依法立法原则的重要保证。地方立法程序的完善，直接关系着地方立法工作的效率和质量。地方立法程序涉及地方性法规案的提出、审议、表决以及地方性法规的报批和公布。

第一节　地方立法程序概述

掌握地方立法程序各个环节之前，有必要先了解地方立法程序的概念、内容、作用和意义。

一、地方立法程序的概念和内容

地方立法程序是指享有立法权的地方国家机关在立法活动中必经的环节，以及必须遵循的法定步骤、方式和时序。同时，为了更好地了解和掌握地方立法程序的内涵和外延，有必要先厘清立法程序和立法过程的区别与联系。根据立法学原理，完整意义上的立法过程分为三个阶段：一是立法准备阶段，也可称为前立法阶段（包括立项、立法论证、立法调研、立法起草等）；二是由法案到法的阶段，也可称为中立法阶段或正式立法阶段（包括法案的提出、法案的审议、法案的表决和法的公布等）；三是立法的完善阶段，也可称为后立法阶段（包括法的修改、法的废止、法的解释、法的清理等）。① 这三个阶段紧密相连，构成完整的立法活动过程。衡量立法过程中某项工作是否为立法程序，要看其是否符合两项条件：一看某项工作是否为法所规定的立法活动中必须进行的；二看某项工作是否为法所规定的只能由特定机关或个人进行的。是则属于立法程序，否则不能算作立法程序。② 也可以将立法过程按是否有法定依据的标准，分为非法定立法程序和法定立法程序。当前，较为通行、主流多数的观点认为，将法案提交享有立法权的国家机关的时间才是法定立法程序的起始时间。因此，通常所说的立法程序实际上是法定的立法程序，立法准备阶段则属于非法定的立法程序。在地方立法过程中判断某项工作是否属于地方立法程序也遵照这项标准。

《立法法》对全国人大及其常委会的立法程序进行了规范，主要涉及由法案到法的过程，内容包括法律案的提出、法律案的审议、法律案的表决和法律的公布四个环节。由于我国地域广阔、人口众多，各个地区的文化背景、民族习惯、宗教信仰等差异性较大，因此，在地方立法程序方面，《立法法》的规定相对比较原则和概括，也不可能规定一种统一的模式。《立法法》在第87条第1款明确规定："地方性法规案、自治条例和单行条例案的提出、审议和表决程序，根据中华人民共和国地方各级人民代表大会和地方各级人民政府组织法，参照本法第二章第二节、第三节、第五节的规定，由本级人民代表大会规定。"第94条规定："国务院部门规章和地方政府规章的制定程序，参照本法第三章的规定，由国务院规定。"此后国务院制定了《规章制定程序条例》，明确规定了地方政府规章的制定程序。据此，享有立法权的地方国家机关根据《立法法》并结合本地的风俗、文化、历史背景等实际情况大都制定了具有自身特色和差异的地方立法程序规则或者立法条例等。例如，惠州、清远、揭阳、梅州、江门等市均制定了《××市制定地方性法规条例》，就是为了规范享

① 周旺生：《立法论》，北京大学出版社1994年版，第133页。
② 周旺生：《立法学教程》，北京大学出版社2006年版，第241页。

有地方立法权的设区的市的立法活动，并为今后从事立法工作提供程序依据和根本保障。根据《立法法》的规定，对于地方性法规，地方立法程序包括地方立法由法规案到法规过程中的各个环节，具体来说法定地方立法程序的内容包括地方性法规案的提出、地方性法规案的审议、地方性法规案的表决和地方性法规的公布。《立法法》第81条第1款规定，"设区的市的地方性法规须报省、自治区的人民代表大会常务委员会批准后施行"。因此，对于设区的市来说，地方立法程序还包括地方性法规的报批，这也是设区的市地方立法的法定程序之一，否则设区的市制定的地方性法规将不具有法定效力。

地方立法程序中的各个环节和步骤，都是地方立法程序的有机组成部分，它们相辅相成、环环相扣，共同推动了地方立法程序的持续运行。一般情况下，对于地方性法规，地方立法程序表现为一个连续不间断的时间和行为过程，它自启动时起一直延续到地方性法规的制定完成为止。但是根据法律法规的规定，地方立法程序也可能会因为地方性法规案的撤回、搁置审议、暂不交付表决或终止审议等一些特殊情况而发生中断或终止。

二、地方立法程序的作用和意义

程序法是实体法之母，程序正义是实体正义的前提。任何权力的行使如果没有限制，就会容易走上权力泛滥的歧途，并影响权力运行的效力和效率。地方立法程序同地方立法工作的效率和质量息息相关。它不仅反映立法决策过程是否公正、民主和科学，而且是一个地方民主与法制建设水平和文明程度的重要标尺。因此，建立和完善既体现时代要求，又符合地方实际的立法程序具有十分重要的作用和意义。

（一）保障地方立法质量的重要前提

地方立法质量不仅取决于起草的地方性法规案的内容，还与地方立法程序直接相关。地方性法规案的起草所体现的是起草人个人或特定群体的立法思想或主张，而大量的地方立法活动却是在正式启动立法程序之后才开始的，通过科学、合理的程序使更多人的意志得到集中，使地方性法规案不断得到修改和完善。因此，正是地方立法程序的存在，构建了一道关于地方立法的完整"工序"，使地方立法活动不偏离目标，不失去控制，从而在整体上确保了地方立法的质量。如果地方立法活动没有相应的立法程序的制约，大多数人的意见就有可能得不到采纳，地方立法质量也就无从保证，甚至地方立法还有可能成为少数人谋取个人利益的工具。

（二）保障地方立法民主化的重要基础

"法律是人民意志的体现，立法的过程就是将人民意志上升为国家意志的过程。"[1] 从理论上讲，民主是地方立法程序最高的价值取向，地方立法程序的主要使命就是通过立法的程序民主来带动立法的实体民主，从而不断推进地方立法民主化的进程。地方立法程序中关于社会公众参与的制度设计，使社会公众获得了参与地方立法的机会和权利，提高了地方立法过程的民主性。例如，为了使地方性法规更好地体现民意、反映民情、集中民智，提高立法科学化、民主化水平，《惠州市制定地方性法规条例》中明确了一系列拓宽公民有序参与立法的途径：设定行政许可、行政强制等涉及社会公共利益内容的，应当依法举行论证会、听证会或者以其他方式公开听取意见；列入常委会会议议程的地方性法规案，应当在常委会会议后将法规草案及其起草、修改的说明等向社会公布、征求意见，时间一般不少于 30 日；列入常委会会议议程的法规案，法制委员会、有关的专门委员会和常务委员会工作机构应当听取各方面的意见；听取意见可以采用座谈会、论证会、听证会等多种形式。另外，地方立法程序中的表决阶段采用多数表决通过的方式，保证了地方立法能够在最大程度上体现多数人的意志，不但提高了地方立法的效率，也更能体现出地方立法过程的民主性。

（三）保障地方立法健康发展的客观需要

法律既是社会的最高行为准则，又是公平与正义的体现。如果立法权被滥用或者异化，其结果将是毁灭性的，因此，立法权的行使必须遵循一

---

[1] 易有禄：《正当立法程序研究：以立法权正当行使的程序控制为视角》，中国社会科学出版社 2009 年版，第 111 页。

定的规则，这种规则就是立法程序。相对于中央立法权而言，地方立法权在应对复杂的地方事务方面，具有较强的自主性和灵活性，但也存在被滥用的可能性。尤其在 2015 年《立法法》修改后，我国地方立法权下放至所有设区的市背景下，只有将地方立法活动纳入规范化和程序化的轨道，才能确保地方立法活动的各个环节相互协调一致，才能避免立法活动的无序状态。科学、合理的地方立法程序不仅能有效地保障立法的严肃性，防止立法的盲目性和随意性，而且能有效地维护法制的统一和尊严，进而保证地方立法权运行的合法性与正当性。地方立法程序所蕴含的强制性规则能够对地方立法权行使的全过程进行控制，从而有效地防止地方立法权被滥用。特别是对于被赋予地方立法权的设区的市而言，地方立法工作经验有限，完善的地方立法程序可以有效保障地方立法健康有序发展。

第二节　地方性法规案的提出

地方性法规案的提出是指依法享有地方性法规提案权的主体，依照法定程序向立法机关提出有关制定、修改或者废止某项地方性法规的活动。地方性法规案的提出是地方性法规制定程序的开始，其表现形式是提出议案。提出地方性法规案的权利在立法上称为法规提案权或立法提案权。这项权利是由法律法规规定的有关国家机关、团体、组织和个人享有的一项专属权利。其他未经授权的任何机关、团体、组织和个人都无权向立法机关提出地方性法规案。即使享有立法提案权的主体在行使这项权利时也必须遵循法定的程序。《立法法》第 87 条第 1 款对地方性法规案的提出程序作出规定："地方性法规案、自治条例和单行条例案的提出、审议和表决程序，根据中华人民共和国地方各级人民代表大会和地方各级人民政府组织法，参照本法第二章第二节、第三节、第五节的规定，由本级人民代表大会规定。"据此，各地方人大根据《地方组织法》及《立法法》的有关规定，并结合本地实际，对提出地方性法规案的程序作出具体规定。

一、提出地方性法规案的要求

《立法法》第58条对提出法律案的相应要求作出了明确规定："提出法律案，应当同时提出法律草案文本及其说明，并提供必要的参阅资料。修改法律的，还应当提交修改前后的对照文本。法律草案的说明应当包括制定或者修改法律的必要性、可行性和主要内容，涉及合宪性问题的相关意见以及起草过程中对重大分歧意见的协调处理情况。"根据《立法法》对提出法律案的要求，大部分省级人大及其常委会、设区的市人大及其常委会对提出地方性法规案的要求都进行了补充和细化。例如，《佛山市制定地方性法规条例》第18条规定："向市人民代表大会提出地方性法规案，应当同时提出地方性法规草案文本及其说明、条文注释稿，并提供必要的参阅资料。修改地方性法规的，还应当提交修改前后的对照文本。地方性法规草案的说明应当包括制定或者修改该地方性法规的必要性、可行性、合法性和主要内容，以及起草过程中对重大分歧意见的协调处理情况。"

二、向地方人大提出地方性法规案的主体及处理程序

有权向地方人大提出地方性法规案的主体有以下六个。

（一）地方人大主席团

地方人大主席团由地方人大预备会议选举产生，是大会会议期间主持会议的临时会议机构。主席团成员来自党政军和工人、农民、知识分子等各方面的代表人士，具有广泛的代表性，人大主席团有条件集中各方面的意见提出地方性法规案。

（二）地方人大常委会

地方人大常委会是地方人大的常设机关，对地方人大负责并报告工作，在代表大会闭会期间，行使地方国家权力。由于人民代表大会会期较短，难以有充足时间审议法规案，对需要由人民代表大会审议通过的地方性法规，由人大常委会先行审议并提出法规案，有利于人民代表大会的立

法工作。例如，《东莞市电动自行车管理条例》和《东莞市养犬管理条例》就是分别经东莞市人大常委会一次审议、两次审议后，以东莞市人大常委会向东莞市人民代表大会提出法规案的形式，继续进行审议并表决通过的。

（三）地方人大各专门委员会

地方人大各专门委员会是地方人大常设的专门机构，在地方人大闭会期间，开展经常性工作。其主要职责是在地方人大及其常委会的领导下，研究、审议、拟定有关议案，向地方人大及其常委会提出属于本级人大职权范围内的地方性法规案。

（四）地方人民政府

地方人民政府是地方国家行政机关。地方人民政府对属于本行政区域内的行政管理事项，可以向地方人民代表大会提出地方性法规案。

（五）地方人大代表团

地方人大代表团是人大代表参加人民代表大会会议时，按选举单位临时组成的基本组织。虽然每个代表团人数不等，但都享有同等的提案权。

（六）10人以上地方人大代表联名

按照《地方组织法》关于代表提出议案的规定，省、自治区、直辖市、自治州、设区的市的人大代表10人以上联名，有权向本级人大提出属于本级人大职权范围内的地方性法规案。代表联名提出地方性法规案不受代表团的限制，即使分别属于不同的代表团，也可以共同联名提出地方性法规案，只要符合10人以上的人数要求。

对于不同提案主体提出的地方性法规案，在处理程序上也有所区别。其中，地方人大主席团提出的地方性法规案直接列入会议议程，由地方人大审议；地方人大常委会、地方人大各专门委员会、地方人民政府提出的地方性法规案由主席团决定是否列入会议议程；1个代表团和10人以上地方人大代表联名提出的地方性法规案，由主席团决定是否列入会议议程，或者先交有关的专门委员会审议，提出是否列入会议议程的意见，再由主席团决定是否列入会议议程。

三、向地方人大常委会提出地方性法规案的主体及处理程序

有权向地方人大常委会提出地方性法规案的主体与向地方人大提出地方性法规案的主体不完全相同。有权向地方人大常委会提出地方性法规案的主体包括以下四个。

（一）地方人大常委会主任会议

主任会议是负责处理人大常委会重要日常工作的机构，由人大常委会主任、副主任、秘书长组成。地方人大常委会主任会议有权提出属于本级人大常委会职权范围内的地方性法规案。例如，《惠州市制定地方性法规条例》《惠州市西枝江水系水质保护条例》最初是以惠州市人大常委会主任会议的名义向惠州市人大常委会提出地方性法规案的形式进行审议的。

（二）地方人大各专门委员会

地方人大各专门委员会在代表大会闭会期间，受人大常委会领导，可以提出属于本级人大常委会职权范围内的与本委员会相关的地方性法规案。

（三）地方人民政府

地方人民政府既可以向本级人民代表大会提出地方性法规案，也可以向本级人大常委会提出地方性法规案。实践中，地方人大常委会审议通过的地方性法规案，大多数是由地方人民政府提出的。例如，《惠州市历史文化名城保护条例》就是由惠州市人民政府提出的地方性法规案。

（四）地方人大常委会组成人员5人以上联名

《地方组织法》规定，省、自治区、直辖市、自治州、设区的市的人大常委会组成人员5人以上联名，可以向本级人大常委会提出属于常委会职权范围内的议案。

向地方人大常委会提出的地方性法规案，根据提出法规案主体的不同，也分三种情况作出处理。其中，地方人大常委会主任会议提出的地方

性法规案直接列入会议议程，由地方人大常委会会议审议；地方人大各专
门委员会、地方人民政府提出的地方性法规案由主任会议决定是否列入常
委会会议议程，主任会议也可以先交有关的专门委员会审议或者委托常委
会有关的工作机构审查，提出报告，再决定列入常委会会议议程，主任会
议认为法规案有重大问题需要进一步研究的，可以建议提案人修改后再向
常委会提出；地方常委会组成人员 5 人以上联名提出的地方性法规案，由
主任会议决定是否列入常委会会议议程，主任会议可以先交有关的专门委
员会审议或者委托常委会有关的工作机构审查，提出是否列入会议议程的
意见，再决定是否列入常委会会议议程。

四、地方性法规案的撤回

提案人有权提出地方性法规案，也有权撤回提出的地方性法规案。但
提案人在行使地方性法规案撤回权时，因立法机关对该法规案的审议处于
不同阶段而不同。按照时间节点，地方性法规案的撤回可以分为列入会议
议程前的撤回和交付表决前的撤回，具体情况如下。

（一）地方性法规案列入会议议程前的撤回

地方性法规案在列入会议议程前撤回，程序相对比较简单。例如，
《佛山市制定地方性法规条例》第 20 条规定："向市人民代表大会提出的
地方性法规案，在列入会议议程前，提案人有权撤回。"也就是说，提案
人无论是向市人民代表大会提出的地方性法规案，还是向市人大常委会提
出的地方性法规案，列入会议议程前，提案人随时可以撤回，不需要经过
任何同意程序，也不需要作出说明。因为地方性法规案列入会议程序之
前，完全受提案人的支配，对于撤回地方性法规案，提案人可以自主作出
决定。

（二）地方性法规案交付表决前的撤回

地方性法规案交付表决前撤回，程序相对复杂一些。例如，《佛山市
制定地方性法规条例》第 25 条规定："列入市人民代表大会会议议程的
地方性法规案，在交付表决前，提案人要求撤回的，应当说明理由，经主

席团同意，并向大会报告，对该地方性法规案的审议即行终止。"之所以作出这样的规定，是因为列入会议议程的地方性法规案，交付表决前，已经正式审议，地方性法规案已不只属于提案人。为了避免立法资源的浪费，如果提案人要求撤回地方性法规案，必须有正当的理由。如果主席团或主任会议认为要求撤回地方性法规案的理由不能成立，则可以不同意撤回，对地方性法规案继续审议。

第三节　地方性法规案的审议

地方性法规案的审议，是地方立法程序中的一个重要阶段，主要有两方面的内容：一是地方性法规案是否列入会议议程及何时列入会议议程的程序性审议；二是地方性法规案被列入会议议程后，对地方性法规案的具体内容的合理性、科学性和可行性进行实质性审议。审议质量的高低直接影响到地方性法规案能否顺利表决通过，这既是对地方性法规立项、起草质量的评判，也是为下一步地方性法规实施奠定基础的重要阶段。

在地方性法规案审议的不同阶段，应当在法规名称之后另起一行标明"草案××稿"字样并加圆括号。如提案人提请审议《××市××条例》时，应当在法规名称后另起一行标明"（草案）"；二审时，应当在法规名称后另起一行标明"（草案修改稿）"；三审时，应当在法规名称后另起一行标明"（草案修改二稿）"；拟表决通过时，应当在法规名称后另起一行标明"（草案表决稿）"。

一、地方人大审议

人民代表大会的立法权是宪法和法律赋予的一项重要职权。地方人民代表大会审议地方性法规案，采取的是一次会议审议制度，审议程序与常委会审议比较，相对简单。从实践来看，提交地方人民代表大会审议的法规案，通常先由地方常务委员会审议。由地方人民代表大会审议通过的地方性法规数量十分有限，且涉及的事项范围比较窄，主要是对特别重大事项的立法。例如，《梅州市制定地方性法规条例》规定，涉及规定市人民代表大会及其常务委员会立法程序，规定市城乡建设与管理、环境保护、历史文化保护等方面特别重大事项，以及其他应当由市人民代表大会制定地方性法规的事项才由市人民代表大会审议。

地方人民代表大会审议地方性法规案主要包括以下流程。

（一）主席团决定列入大会会议议程

各提案主体提出的地方性法规案如何处理，是否列入会议议程，由主席团决定。

（二）大会全体会议听取提案人的说明

列入代表大会会议议程的地方性法规案，由提案人在大会全体会议上就地方性法规草案作说明。

（三）有关专门委员会审议

列入代表大会会议议程的地方性法规案，由有关专门委员会进行审议，向主席团提出审议意见，并印发会议。

（四）法制委员会统一审议

列入人民代表大会会议议程的地方性法规案，由法制委员会根据各代表团和有关的专门委员会的审议意见进行统一审议，向主席团提出审议结果报告和法规草案修改稿，对重要的不同意见应当在审议结果报告中予以说明，经主席团会议审议通过后印发会议。

（五）代表团审议

大会全体会议听取提案人的说明后，由各代表团进行审议。各代表团审议地方性法规案时，提案人应当派人到会听取意见，回答询问。根据代表团的要求，有关机关、组织应当派人到会介绍情况。

（六）有重大问题的地方性法规案的处理

列入人民代表大会会议议程的地方性法规案，主席团常务主席可以召开各代表团团长会议，或者召集各代表团推选的有关代表，就法规案中的重大问题听取意见、进行讨论，并将讨论情况和意见向主席团报告。地方性法规案在审议中有重大问题需要进一步研究的，经主席团提出，由大会全体会议决定，可以授权常委会根据代表的意见进一步审议，作出决定，并将决定情况向人民代表大会下次会议报告，也可以授权常委会根据代表的意见进一步审议，提出修改方案，提请人民代表大会下次会议审议决定。

二、地方人大常委会会议审议

绝大多数地方性法规案是经常委会会议审议通过的，因此，地方常委会会议审议在地方立法中具有特别重要的地位和作用。地方人大常委会审议地方性法规案，一般应当经三次常委会会议审议后再交付表决，即实行三审制；各方面意见比较一致的，可以经两次常委会会议审议后交付表决；调整事项较为单一或者部分修改的法规案、废止的法规案，各方面意见比较一致的，可以经一次常委会会议审议即交付表决。

（一）审议程序及审议重点

1. 一审程序及审议重点

常委会会议第一次审议地方性法规案，主要是听取提案人的说明和有关的专门委员会的审议报告或者常委会有关的工作机构的审查报告。一审侧重于对法规草案的必要性、可行性、合法性和主要问题等进行初步审议。

2. 二审程序及审议重点

常委会会议第二次审议地方性法规案，主要是听取法制委员会关于法规草案修改情况的报告，由会议进一步审议。二审侧重于对草案修改情况、有关问题及主要制度设计进行审议。

3. 三审程序及审议重点

常委会会议第三次审议地方性法规案，主要是听取法制委员会关于法规草案审议结果的报告，对法规草案修改稿进行审议。三审侧重于对草案审议结果、表决前评估的情况报告及草案表决稿进行审议。

（二）审议时需要着重考虑的问题

虽然人大常委会每次审议地方性法规案都有各自的侧重点，但是除此之外，每次审议地方性法规案时还要着重从以下方面进行考虑：

（1）制定该法规的必要性和可行性，立法目的是否正确合理，该法规是否符合本地实际的需要，立法时机是否恰当，法规草案的各项规定是否具有可操作性；

（2）对权利和义务的规定是否立足全局，统筹兼顾；

（3）法规草案条文是否以宪法为依据，是否符合宪法法律的规定；

（4）法规草案与其他法律之间以及草案文本各条文之间是否协调一致；

（5）立法技术是否完善，概念是否准确，结构是否合理，文字是否清晰，语法和逻辑是否正确等。

（三）审议的方式

根据地方立法实践，常委会会议审议地方性法规案，可以采取召开全体会议、分组会议或者联组会议的形式进行。不同的审议方式，其作用是不同的。全体会议是全体成员参加的会议，分组会议是将成员分成各小组的会议。例如，广东省人大常委会实践中一般采取分组会议的形式审议地方性法规案，这种方式将常委会组成人员分成若干个小组进行审议，方便常委会组成人员在会议议程安排的有限时间内充分发表意见，有助于提高审议的深度和质量。同时，《广东省地方立法条例》也明确规定，根据需要可以召开联组会议或者全体会议对法规草案中的主要问题进行讨论。联组会议是在分组会议基础上召开的若干个小组联席会议。对于常委会而言，采取分组会议或者联组会议的形式进行审议，需要根据地方实际决定。以惠州市为例，由于惠州市十二届人大常委会组成人员仅有30多名，审议地方性法规案时并没有分组，而是采用全体会议的形式。在常委会组成人员人数相对较少的情况下，采取这种全体会议的形式，既可以保证每位常委会组成人员有充足的时间发表意见，也更能充分体现常委会会议审议地方性法规案的民主程度。但是如果常委会组成人员的人数较多，则可以考虑采取分组会议的形式。

三、地方人大有关专门委员会审议

地方人大有关专门委员会审议地方性法规案，是适应地方立法工作日益复杂化、专业化的需要建立的制度，其最大特点是专业性。地方人大有关专门委员会由地方人大代表中具有某方面专业知识的人员组成，其人员往往是某个领域的专家学者、有丰富实践经验的行业优秀代表。地方人大有关专门委员会的审议是地方立法程序中地方性法规案审议的第一道关，旨在充分发挥有关专门委员会的特长和优势，为地方人大及其常委会审议提供意见。另外，地方人大有关专门委员会对相关地方性法规案立法前期工作比较了解，审议时针对性会更强。

需要注意的是，对于地方人大常委会的审议程序而言，地方人大有关专门委员会的审议不限于在地方人大常委会会议第一次审议之前对地方性法规案的审议，而是贯穿于地方人大常委会审议的整个过程。在地方人大常委会会议第二次审议、第三次审议阶段，地方人大有关专门委员会都可以继续对地方性法规案进行审议，提出意见、建议。

地方人大有关专门委员会审议的重点在于对立法的必要性、可行性、合法性等方面进行把关，采取的方式一般是召开全体会议。

四、地方人大法制委员会统一审议

地方人大法制委员会统一审议，即地方人民代表大会法制委员会对地方性法规案的审议，这是自《立法法》施行以来确定的一项新的审议制度，对保证国家法制的统一、避免部门利益、保证立法质量，起到了积极、重要的作用。统一审议是法定的立法程序，也是地方立法的重要环节。实践中，由法制委员会根据审议意见和各方面的意见进行统一审议，提出修改情况的报告或者审议结果的报告和法规草案修改稿、表决稿。地方人大法制委员会审议法规案的方式虽然与地方人大有关专门委员会审议法规案的方式相同，都是召开全体会议，但程序上区别较大。因为地方人大有关专门委员会只对地方性法规案提出审议意见，所有程序相对简单，而地方人大法制委员会需要根据审议地方性法规案的不同阶段，对法规案进行审议, 提出不同的立法材料。

（一）审议的程序

地方人大法制委员会统一审议的基本程序如下。

1. 提出法规草案修改稿及法规草案修改情况和主要问题的报告

这是在常委会会议第一次审议法规案之后。法制委员会根据常委会组成人员的意见及其他各方面提出的意见、建议, 对法规草案进行审议修改, 形成法规草案修改稿, 提请常委会会议进行第二次审议。同时, 法制委员会还要就法规草案的修改情况和主要问题在常委会全体会议上作出报告。

2. 提出法规草案修改二稿及审议结果报告

这是在常委会会议第二次审议法规案之后。法制委员会再次根据常委会会议对法规草案修改稿的审议意见及其他方面的意见、建议, 对法规草案修改稿作进一步的修改完善, 形成法规草案修改二稿。同时, 法制委员会还要就法规草案整个审议过程进行总结, 形成关于法规草案审议结果的报告。

3. 提出法规草案表决稿及法规草案修改情况的说明

这是在常委会会议第三次审议法规案的会议上提出。法制委员会根据常委会会议第三次审议的情况对法规草案作最后的修改完善, 形成法规草案表决稿及修改情况的说明, 由主任会议决定, 提请常委会会议表决。

（二）审议的重点

地方人大法制委员会要做好统一审议工作, 必须注意把握审议的重点。只有重点问题解决好了, 法规的质量才能得到保证。一般来说, 统一审议的重点主要有以下四个方面。

1. 维护国家法制统一

与上位法不抵触是地方立法必须遵循的原则, 是维护国家法制统一最基本的要求。所以, 统一审议一定要在这方面把好关。具体应当做到: 同上位法的具体规定不抵触; 与上位法的基本原则和精神不抵触; 不超越地方立法权限。

2. 防止部门利益倾向

政府部门负责起草的地方性法规容易从本部门、本单位的角度考虑问题，存在部门利益倾向，如重权力轻责任、重处罚轻管理等。地方人大法制委员会在统一审议时，应当公正、公平，注意对政府职责的规范，防止部门利益倾向。

3. 注重突出地方特色

地方特色是地方立法的生命。地方人大法制委员会统一审议时不仅要注意解决法规草案与上位法相抵触的问题，也应注意突出地方特色的问题，努力使法规与本地具体情况和实际需要结合得更紧密。

4. 保证法规表述规范

立法本身是一门技术性较强的工作，有着严格的立法技术要求。因此，地方人大法制委员会在统一审议时，要对法规表述进行严格把关，确保符合立法技术规范要求。

五、搁置审议、延期审议和终止审议

《立法法》第 45 条规定："列入常务委员会会议审议的法律案，因各方面对制定该法律的必要性、可行性等重大问题存在较大意见分歧搁置审议满两年的，或者因暂不付表决经过两年没有再次列入常务委员会会议议程审议的，委员长会议可以决定终止审议，并向常务委员会报告；必要时，委员长会议也可以决定延期审议。"这是关于法律案搁置审议、延期审议及终止审议情况的规定，同样适用于地方性法规案的搁置审议、延期审议和终止审议。

（一）搁置审议

需要对地方性法规案实施搁置审议的，主要有两种情况：一是因对制定该法规的必要性、可行性等重大问题存在较大意见分歧；二是需要等待国家有关法律、行政法规和政策的出台。地方性法规案的搁置审议，意味着其立法程序的中断，应当慎重处置。对于搁置审议的程序，因《立法法》没有作出明确规定，大多数地方也没有作出关于地方性法规案搁置审议的程序规定。只有部分地方作出了相关规定，如《上海市制定地方性法规条例》第 34 条规定："常务委员会会议第一次审议地方性法规案时，专门委员会或者常务委员会组成人员五人以上认为制定该法规的必要性、可行性等方面存在重大问题，可以提出搁置审议的动议，由主任会议提请常务委员会全体会议审议后表决。搁置审议的地方性法规案，其重大问题得到解决的，可以由专门委员会或者常务委员会组成人员五人以上联名提出书面建议，由主任会议决定提请常务委员会会议继续审议，也可以由主任会议直接提请常务委员会会议继续审议。"

（二）延期审议

2023 年《立法法》修改后，对搁置审议的法律案，增加了"必要时，委员长会议也可以决定延期审议"内容，明确可以延期审议的内容，但未作出明确规定，大多数地方也没有作出关于地方性法规案搁置审议的程序规定。

（三）终止审议

列入常委会会议审议的地方性法规案，在搁置审议满一定期限，或由于暂不付表决而经过一定期限没有再次列入会议议程的情况下，由主任会议向常委会报告，该法规案终止审议。对于以上两种情况的一定期限，绝大多数地方根据《立法法》规定为 2 年，个别地方也有 1 年的。需要注意的是，只有主任会议有权向常委会提出地方性法规案终止审议的意见，专门委员会无权提出地方性法规案终止审议的意见。

第四节　地方性法规案的表决

地方性法规案的表决，是指享有地方性法规案表决权的主体，对提请表决的地方性法规案所表示的赞成、反对或弃权的态度。[1] 地方性法规案经过充分审议后，必须交付全体会议表决通过才能产生法定效力。因此，

---

[1]　石佑启、朱最新、潘高峰、黄喆：《地方立法学》，高等教育出版社 2019 年版，第 105 页。

地方性法规案的表决是地方立法程序中不可缺少的重要环节，也是使地方性法规案成为地方性法规的关键环节。地方性法规案的表决，标志着地方性法规案审议程序的终结。

一、表决的原则

人大及其常委会是集体行使职权，通过地方性法规案按照"少数服从多数"的原则。实践中，地方性法规案的通过大都采取的是相对多数通过原则，即采用全体成员过半数的办法确定是否通过。具体来说，分两种情况：一是代表大会审议的法规案，由法制委员会根据各代表团的审议意见进行修改，提出法规草案表决稿，由主席团提请大会全体会议表决，由全体代表的过半数通过；二是常委会审议的法规案，也是由法制委员会根据常委会组成人员的审议意见进行修改，提出法规草案表决稿，由主任会议提请常委会全体会议表决，由常委会全体组成人员的过半数通过。表决的结果就是全体代表或者常委会组成人员集体意志的表现。

二、表决的方式

表决的方式是指表决地方性法规案的方法和形式。根据表决过程中表决者的态度是否公开，可以将表决分为公开表决和秘密表决。其中，公开表决的方式主要包括举手表决、口头表决、点名表决、起立表决、行进表决、计牌表决、记名投票表决、使用表决器表决等；秘密表决则以无记名投票为主要形式。例如，目前惠州市人大常委会采取的就是无记名按键投票表决的方式。根据表决的对象是否基于整个地方性法规案，可以将表决分为整体表决和部分表决。整体表决是指就整个地方性法规案进行的表决，部分表决则是指对地方性法规案的部分章、节或条款所作的表决，主要包括逐条表决和单独表决两种方式。

三、重要条款单独表决

党的十八届四中全会通过的《中共中央关于全面推进依法治国若干重大问题的决定》对推进科学立法、民主立法提出了一系列要求，其中包括"完善法律草案表决程序,对重要条款可以单独表决"。所谓"单独表决",是指由表决者对法律草案中意见分歧较大的重要条款先行进行表决,再就整个草案进行表决的方式。为贯彻落实党的十八届四中全会决定精神,《立法法》第 44 条对重要条款单独表决作了明确规定,使立法中的问题更加明确,审议的焦点更为集中,能够避免法律草案因个别条款有争议而久拖不决、难以出台,有利于提高立法质量和效率。

地方立法根据《立法法》的精神,对地方性法规草案个别意见分歧较大的重要条款单独表决作出了规定。例如,《东莞市制定地方性法规条例》第 54 条规定:"法规草案表决稿交付常务委员会会议表决前,主任会议根据常务委员会会议审议的情况,可以决定将个别意见分歧较大的重要条款提请常务委员会会议单独表决。单独表决的条款经常务委员会会议表决后,主任会议根据单独表决的情况,可以决定将法规草案表决稿交付表决,也可以决定暂不付表决,交法制委员会和有关的专门委员会进一步审议。"

根据《立法法》的精神,地方性法规草案适用重要条款单独表决应当符合时间、实体和程序方面的条件。

(1)时间条件。适用单独表决的时间条件是,在法规草案表决稿提交常委会会议表决前进行。之所以定在这样一个时间点,是由于到了表决前,对法规草案的审议已经相当充分,常委会组成人员的相关意见已得到充分表达,地方性法规草案中的矛盾焦点已经十分明确。主任会议此时可以作出准确的判断,是否存在某些重要条款分歧较大的情况,并据此作出是否将该条款提请常委会会议单独表决的决定。

(2)实体条件。适用单独表决的实体条件是,法规草案表决稿中存在个别意见分歧较大的重要条款。这里需要把握三条原则:一是个别条款原则;二是意见分歧较大原则;三是重要条款原则。

(3)程序条件。适用单独表决的程序条件是,由主任会议根据审议情况决定,提请常委会会议表决。

例如,广东省人大常委会在 2014 年出台了《关于对法规案中个别重要条款单独表决的决定》,成为全国第一个对个别重要条款单独表决立法的地方人大。2015 年 1 月，广东省人大常委会首次实践对《广东省环境保护条例（修订草案)》第 19 条进行单独表决，共 54 人赞成，8 人弃权。紧接着，该法规修订草案表决稿表决获得通过。

四、表决未获得通过的地方性法规案的处理

如果地方性法规案经表决赞成票未获得半数，该法规案就不能公布成为地方性法规，就意味着否决。地方性法规案被否决后，立法机关一般不再对其进行审议和表决，但在有的情况下还要依法对其处理。《立法法》第 60 条规定："交付全国人民代表大会及其常务委员会全体会议表决未获得通过的法律案，如果提案人认为必须制定该法律，可以按照法律规定的程序重新提出，由主席团、委员长会议决定是否列入会议议程；其中，未获得全国人民代表大会通过的法律案，应当提请全国人民代表大会审议决定。"《立法法》的这一规定体现了对提案人提案权的重申和尊重。地方立法的表决程序大都根据《立法法》作出了相应的规定。

第五节　地方性法规的报批和公布

地方性法规的报批是一种对地方立法活动的事前监督，目的是维护法制统一。地方性法规的公布，是立法公开的重要保障。地方性法规的报批和公布，体现了科学立法、民主立法和依法立法三大基本原则。

一、地方性法规的报批

地方性法规的报批，是针对设区的市的地方性法规的，省、自治区、直辖市的人大及其常委会制定的地方性法规，不需要全国人大常委会批准，只需要报全国人大常委会和国务院备案。《立法法》第 81 条第 1 款中规定："设区的市的地方性法规须报省、自治区的人民代表大会常务委员会批准后施行。"也就是说，设区的市制定的地方性法规报请省、自治区的人大常委会审查批准是设区的市地方性法规生效的法定程序和必要条件。

（一）报批的要求

根据《立法法》第 81 条规定，"省、自治区的人民代表大会常务委员会对报请批准的地方性法规，应当对其合法性进行审查，认为同宪法、法律、行政法规和本省、自治区的地方性法规不抵触的，应当在四个月内予以批准。省、自治区的人民代表大会常务委员会在对报请批准的设区的市的地方性法规进行审查时，发现其同本省、自治区的人民政府的规章相抵触的，应当作出处理决定"。本条是《立法法》对省级人大常委会审查批准设区的市地方性法规提出的要求，概括起来主要包括三个方面。

（1）省级人大常委会对报请批准的设区的市地方性法规原则上应当只对其合法性进行审查，只要其不同宪法、法律、行政法规和本省、自治区地方性法规相抵触，就应当予以批准；

（2）对设区的市报请批准的地方性法规，应当在法定的 4 个月期限内批准，而且这 4 个月是固定的、不变的法定期间，不存在中止、中断、延长等情形；

（3）省级人大常委会对报请批准的设区的市地方性法规进行审查时，发现其同本省、自治区人民政府的规章相抵触的，应当作出处理决定。

大部分设区的市会根据《立法法》的规定，对地方性法规表决通过后的报请批准程序，明确一些具体要求，包括时间上的要求和实体条件上的要求。例如，《惠州市制定地方性法规条例》第 37 条规定，市人大及其常委会制定的地方性法规，应当在通过后 30 日内报送省人大常委会批准。报请批准地方性法规应当提交报告、法规文本及其说明。修改地方性法规的，还应当提交修改前后的对照文本。根据这一规定，惠州市制定的地方性法规表决通过后在报请批准的时间上，应当在通过后 30 日内报送省人民代表大会常务委员会批准；在实体条件要求上，应当提交报告、法规文本及其说明，修改地方性法规的，还应当提交修改前后的对照文本。

（二）发现合法性问题的处理方式

对经省级人大常委会会议审查认为存在合法性等方面问题的设区的市

地方性法规的处理方式，主要有四种：（1）不予批准；（2）退回修改后再提请批准；（3）附议定意见批准；（4）附常委会组成人员审议意见批准。例如，《广东省地方立法条例》第85第1款规定："省人民代表大会常务委员会认为报请批准的地方性法规与宪法、法律、行政法规、本省的地方性法规相抵触的，可以不予批准，也可以附修改意见予以批准或者退回修改后再提请批准。"这里明确了三种处理方式。广东省在立法实践中多采用附议定意见予以批准的方式，即在批准决定中附上议定意见，由设区的市人大常委会按照议定意见修改后公布施行。关于第四种处理方式，即附常委会组成人员审议意见批准，主要针对一些法规存在非合法性方面的问题，常委会组成人员在审议中提出，需要设区的市人大常委会参考修改的情形。

二、地方性法规的公布

地方性法规的公布，是指法定主体将已表决通过的地方性法规依法定程序和形式在法定载体上予以公开发布的行为。公布是地方立法机关制定地方性法规的最终程序。地方性法规的公布是地方性法规生效的前提，若未按法定程序和法定形式予以公布，该地方性法规就不能直接付诸实施。

（一）公布的主体

地方性法规公布的主体，是指法定的将通过的地方性法规依法公开发布的有权的地方国家机关或机构。一般而言，制定地方性法规的主体也是公布地方性法规的主体。根据《立法法》第88条的规定，地方性法规的公布包括以下四种情形。

（1）省、自治区、直辖市的人大制定的地方性法规由大会主席团发布公告予以公布；

（2）省、自治区、直辖市的人大常委会制定的地方性法规由常委会发布公告予以公布；

（3）设区的市、自治州的人大及其常委会制定的地方性法规报经批准后，由设区的市、自治州的人大常委会发布公告予以公布；

（4）自治条例和单行条例报经批准后，分别由自治区、自治州、自治县的人大常委会发布公告予以公布。

（二）公布的形式

地方性法规公布的形式，是指公布地方性法规文本的方式方法。根据《立法法》的规定，地方性法规公布的形式，是由省、自治区、直辖市人大主席团，省、自治区、直辖市人大常委会和设区的市、自治州的人大常委会，分别发布公告予以公布。也就是说，制定的地方性法规法定的公布形式就是发布公告。人大主席团发布的公告称为"人民代表大会公告"，人大常委会发布的公告称为"人民代表大会常务委员会公告"。地方性法规公告通常包括该法规的名称、制定机关、通过和施行日期、公布主体和公布时间。设区的市人大常委会发布的公告还要载明批准机关和批准日期。

示例 3 - 1：

广州市第十六届人民代表大会

常 务 委 员 会

公 告

（第 16 号）

广州市第十六届人民代表大会常务委员会第十二次会议于 2023 年 3 月 31 日表决通过《广州市快递条例》，业经广东省第十四届人民代表大会常务委员会第三次会议于 2023 年 5 月 31 日批准，现予公布，自 2023 年 7 月 1 日起施行。

广州市人民代表大会常务委员会

2023 年 6 月 13 日

（三）公布的载体

地方性法规公布的载体，是指在何种媒体公布地方性法规的文本。

《立法法》第89条规定："地方性法规、自治条例和单行条例公布后，其文本以及草案的说明、审议结果报告等，应当及时在本级人民代表大会常务委员会公报和中国人大网、本地方人民代表大会网站以及在本行政区域范围内发行的报纸上刊载。在常务委员会公报上刊登的地方性法规、自治条例和单行条例文本为标准文本。"同时，地方人大常委会还可以根据本地实际，明确公布地方性法规的载体。例如，《东莞市制定地方性法规条例》规定，市人大及其常委会制定的地方性法规报经批准后，由常委会发布公告予以公布；附修改意见批准的，依照修改意见进行修改后予以公布。地方性法规被修改的，应当公布新的地方性法规文本。地方性法规公布后，应当及时在常委会公报、东莞人大网和《东莞日报》上刊载。在常委会公报上刊登的地方性法规文本为标准文本。

第四章 地方立法立项

　　在立法活动过程中，立项是立法准备阶段中的重要环节，影响着地方立法的方向。2023 年 9 月，全国人大常委会委员长赵乐际在全国地方立法工作座谈会上的讲话中提到"地方人大积极探索发挥主导作用的制度机制和有效方式，积累了不少有益经验"，并强调要把好立项关。围绕中心、服务大局、突出重点，在深入调研、反复论证的基础上，研究编制立法规划和计划，科学合理确定立法项目，增强立法工作的统筹性、针对性、前瞻性。① 地方立项是地方中的一项基础性工作，但同时也是地方立法决策与地方改革决策的桥梁。不仅如此，地方立法质量的提升，更是以选择立法项目为先决条件。故而，为做好地方立法立项工作，应当牢牢坚持地方立项的原则，对地方立法项目进行反复、深入论证，认真统筹地方立法规划及拟定地方立法计划，加强落实并及时调整地方立法规划与地方立法计划。

第一节　地方立法立项概述

　　地方立法的立项主要是对地方立法机关将来审议哪些立法项目进行讨论和确定的过程，同时也是将某种社会关系上升至法律制度层面的过程。地方立法立项的意义重大、原则明确，并需充分的论证。

---

　　① 赵乐际：《在全国地方立法工作座谈会上的讲话》，中国人大网，http：//www.npc.gov.cn/npc/c2/c30834/202309/t20230925_431896.html，最后访问日期：2023 年 10 月 30 日。

一、地方立法立项的概念

地方立法立项，是指地方立法主体根据地方经济、社会、文化的现状以及发展趋势，结合各种情况博弈论证后对地方立法作出统一部署和安排的活动。[①] 结合目前我国地方立法的实践来看，立项的主要表现形式体现为编制立法规划和拟订立法计划。

二、地方立法立项的意义

中国特色社会主义法律体系形成以后，我国进入了一个更加注重立法质量的"精耕"立法时代，立法已由追求数量转变为注重质量。地方立法也站在了一个新的历史起点上，面临新的形势和新的要求。什么法规应该立，什么法规应该先立，如何让有限的立法资源用到最需要的地方，这是地方性法规的立项需要解决的一个重要问题。近年来，全国各地对法规立项工作都非常重视，对立项的相关程序和要求进行了积极探索和完善。例如，广东省人大常委会于 2008 年制定出台了《广东省地方性法规立项工作规定（试行）》，广州市人大常委会于 2016 年修改了《广州市地方性法规立项办法》。随着地方立法工作的创新发展，立项在地方立法工作中的重要地位和意义将日益凸显。

（一）有助于实现地方立法决策和改革决策相衔接

立项是对一定时期内经济社会发展趋势和重点作出的立法决策。党的十八届四中全会强调，立法决策应当和改革决策相衔接，主动适应全面深化改革的需要。因此，地方人大常委会可以通过立项，紧紧围绕党委的中心工作谋划立法工作，优先将那些对改革具有重要引领和重大推动作用或者对本地经济社会发展具有重要支撑、保障作用的立法项目作为立法决策的重点，主动适应改革和经济社会发展需要，从而更好地实现地方立法决策和改革决策的衔接。

[①]　龙婧婧：《试论地方立法立项标准体系的建立》，载《人大研究》2019 年第 9 期。

（二）有助于增强地方立法科学性，提高地方立法质量

立法项目如果选择不当，不仅无法发挥对地方经济社会发展和改革的引领和推动作用，还会造成立法资源的浪费。地方立法立项的准确度直接关系到立法的科学性和质量。因此，提高地方立法质量首先就是要做好立法项目的筛选、论证工作。通过立法必要性、可行性和合法性的科学论证，防止盲目立法，努力将经济社会发展急需、关乎人民群众切身利益、社会普遍关注的立法项目纳入地方立法规划和计划，从源头上保证地方立法质量。

（三）有助于发挥地方人大及其常委会在立法中的主导作用

地方人大及其常委会在立法中的主导作用主要体现在法规立项、重要制度设计、审议、表决等环节，其中主导法规立项是发挥人大立法主导作用的前提和基础。地方人大及其常委会可以通过立项主导立法工作方向，坚持服务大局、急需为先，对各方面提出的立法需求，进行科学论证，通盘考虑，变"等米下锅"为"点菜上桌"，克服立法的随意性和盲目性，推动重大决策部署的落实。例如，惠州市制定的首部地方性法规《惠州市西枝江水系水质保护条例》正是首先通过立项充分发挥了惠州市人大及其常委会在立法工作中的主导作用，确定了立法工作的方向，保证了立法质量。

（四）有助于提高地方立法效益，科学配置立法资源

相对于快速增长的地方立法需求，立法资源毕竟是有限的。立法资源的有限性，决定了地方人大常委会必须理性地追求立法资源投入产出的最优化和最大化，合理有效地运用立法资源，及时制定能够解决相应社会问题的"良"法。立项就是根据本地经济社会发展实际，按照立法项目的轻重缓急和工作进展情况，对立法资源的使用进行统筹规划、合理安排，从而避免重复立法，提高立法效率，实现立法资源的合理配置。

三、地方立法立项的原则

2021年3月8日，时任全国人大常委会委员长栗战书在向第十三届全国人大第四次会议作的《全国人民代表大会常务委员会工作报告》中指

出："必须丰富立法形式，坚持既要搞'大块头'，又要搞'小快灵'，适时启动条件成熟领域法典编纂工作，针对实际需要以'小切口'形式推进立法。"当前，各地人大面临的立法任务越来越重，地方立法的积极性较高。地方人大常委会应当对此保持冷静、理性，不能盲目趋同立法的迷信和狂热，应当坚持"小切口"切入，针对问题立法，让地方立法具体化、可操作，真正实现"立得住、行得通、真管用"。特别是立法工作者要懂得"立法"，更要懂"不立法"，要有所为，更要有所不为。在面临众多的立法项目时，要严格把握好以下基本原则，切忌盲目进行立法。

（一）民主性原则

习近平总书记在中央人大工作会议上发表重要讲话强调，人民代表大会制度是实现我国全过程人民民主的重要制度载体。要在党的领导下，不断扩大人民有序政治参与，加强人权法治保障，保证人民依法享有广泛权利和自由。要保证人民依法行使选举权利，民主选举产生人大代表，保证人民的知情权、参与权、表达权、监督权落实到人大工作各方面各环节全过程，确保党和国家在决策、执行、监督落实各个环节都能听到来自人民的声音。要完善人大的民主民意表达平台和载体，健全吸纳民意、汇集民智的工作机制，推进人大协商、立法协商，把各方面社情民意统一于最广大人民根本利益之中。

《立法法》第6条规定："立法应当坚持和发展全过程人民民主，尊重和保障人权，保障和促进社会公平正义。立法应当体现人民的意志，发扬社会主义民主，坚持立法公开，保障人民通过多种途径参与立法活动。"这是对民主立法的明确规定和要求。在地方立法的立项过程中坚持民主性原则，是民主立法原则的重要体现。如果不广泛听取人民群众的意见建议，让各阶层群众把自己的利益、要求诉诸制度，就有可能导致立项"不接地气"。因此，要坚持问需于民、民主立项，通过登报、上网、设立热线电话、实地调研等多种方式，向社会各界广泛征集立法项目，准确把握人民群众真实的立法需求。[1] 例如，惠州市获批开始行使地方立法权

---

① 李适时：《完善立法体制》，载《人民日报》2014年11月26日第7版。

后，对首部地方性法规的立项高度重视，惠州市人大常委会不仅组织开展了近2个月的立法需求调研，还在全市开展以"我为立法建一言"为主题的地方立法征集意见活动，经过广泛的调研和民意收集，《惠州市西枝江水系水质保护条例》被确定为首部地方性法规，这是民主性原则在立项过程中的重要体现。

（二）成熟性原则

立项要按照立法条件的成熟程度，在需要与可能之间进行分析研究的基础上，对立法建议项目作出妥善的规划和安排。如果只强调对立法的需要，安排的立法项目很多，而立法实际工作所需要的人力、物力和时间都不允许，那么其结果必然是一些立法项目难以完成。有些项目虽然实践有需要，但时机和条件尚不成熟的，也坚决不能立项。

（三）地方特色原则

地方特色是地方立法的生命，也是衡量地方立法质量的主要标志。赋予地方立法权，就是要通过地方立法解决地方的实际问题。因此，立项必须坚持地方特色原则，从本地实际出发，上位法已有规定的，原则上不立；除非上位法中已明确写明地方立法机关可以制定实施办法，并且根据地方实际确实需要的，才可以立项。例如，惠州市人大常委会在法规立项上，紧紧围绕市委提出的"建设绿色化现代山水城市"的目标，优先选取与本市绿色发展、生态建设相适应的立法项目，注重突出惠州特色、体现惠州需求、服务惠州发展，先后为保护惠州所特有的一条江（西枝江）、一座城（历史文化名城）、一座山（罗浮山）、一个湖（惠州西湖）等进行了立法。

（四）宁缺毋滥原则

2017年9月，时任全国人大常委会委员长张德江在第二十三次全国地方立法工作座谈会上强调：地方立法不能片面追求数量，要提高立法质量。要坚持进度服从质量，不急于求成，不搞数量攀比，更不能搞"花架子"。因此，法规立项必须始终坚持宁缺毋滥的原则，立法数量要服从于立法质量，切忌把立法数量作为衡量标准，既防止立法粗疏，也防止过度立法。例如，惠州市获批行使地方立法权以来，牢固树立"质量第一"的理念，坚持宁缺毋滥，立有用之法，不立应景凑数之法，强化精品意识，力争使制定出来的每一部法规都成为精品。截至 2023 年 10 月，惠州市共制定出台地方性法规 9 部（实体性法规 8 部，程序性法规 1 部），虽然数量不多，但是立法质量得到广泛好评。

四、地方立法立项论证

为了实现立法立项的科学性和规范性，《中共中央关于全面推进依法治国若干重大问题的决定》提出，要完善立法项目征集和论证制度。地方立法立项论证，是指地方立法机关的工作机构根据法规建议项目提交专家、学者和社会公众的意见，就法规建议项目的必要性、可行性等问题进行研究、分析，从而为科学、规范地编制立法规划和拟订立法计划提供依据的活动。立项论证就是解决什么样的法该立，什么样的法不该立的问题。这是近年来地方人大改进立法工作，在源头上控制、提高立法质量，强化人大立法主导地位的重要尝试。当前，对于地方立法来说，无论是编制立法规划，还是拟订立法计划，对立法建议项目所反映的社会立法需求的轻重缓急、立法条件成熟度、草案文本重要制度设计的科学性和合法性等内容都要进行广泛而深入的立项论证。例如，《惠州市制定地方性法规条例》第 8 条第 1 款对此作出了明确规定"法规项目列入年度立法计划前，应当对其立法必要性、可行性和主要内容等进行论证"。做好地方性法规立项论证工作，关键要把握好以下方面。

（一）合法性论证

合法性论证，就是对立法建议项目是否超越法定权限，是否与相关的法律、法规协调一致等方面进行论证。我国实行统一而又分层次的立法体制，在坚持全国人大及其常委会集中行使国家立法权的前提下，赋予地方人大制定地方性法规的权限，但必须保证不与法律、行政法规相抵触。这就要求首先必须明确地方立法权限，属于中央专属立法权的，地方人大坚决不能涉足。同时，要注意拟设定法规是否与上位法相抵触，包括拟设定的重要制度、调整范围、主要内容与上位法不抵触，还包括立法原则和立法精神与上位法不抵触。

（二）必要性论证

必要性论证，就是对立法建议项目所涉及的社会关系是否必须通过立法的形式才能调整，是否具有迫切性或必要性等问题进行论证。立法项目必须建立在对客观情况充分调查和研究的基础上，只有那些必须用法规进行调整的，且必须用地方性法规调整的事项，才能立项。例如，惠州市人大常委会对有关部门提出的法规项目"惠州市电力设施保护条例"，经过论证，因其暂时缺乏必要性而没有纳入正式立法项目。

（三）可行性论证

可行性论证，就是对立法的实际可操作性进行论述和说明。可行性论证要解决的是所提出的立法对策是否具体可行，包括拟设定的主要制度、措施的可行性。作为立项建议主体，对所要解决的问题、立法过程中可能遇到的难题及应对办法要心中有数，整个立法思路要比较成熟。另外，立法涉及的重大问题，如管理体制问题、管理主体职权职责问题等，各方意见是否一致，都直接影响着法规制定后能否顺利实施。

第二节　地方立法规划和计划

将立法需求纳入立法规划或者立法计划，在程序上，这是正式启动立法的第一步。立法规划，是指一定时期内按照一定原则和程序编制的，关于立法工作的设想和部署。[①] 立法规划是较长一个时期对立法的部署和安排。权力机关的立法规划，通常以人民代表大会的届次（5年）为一个规划周期。全国人大常委会自第七届开始编制立法规划。除全国人大常委会外，我国地方立法机关根据《立法法》规定，开展编制地方立法规划，用以指导本地区立法工作。例如，广东省人大常委会自1993年开始编制

---

① 乔晓阳主编：《〈中华人民共和国立法法〉导读与释义》，中国民主法制出版社2015年版，第193页。

立法规划。

立法计划是关于地方性法规创制的短期设想与安排。[①]立法计划，一般分为年度立法计划和专项立法计划。年度立法计划是指对本年度立法工作作出的统筹安排。专项立法计划，是指对特定的某项立法工作作出的统筹安排。与立法规划相比，立法计划的时间跨度较短，对立法项目的判断可以做到相对准确，因而立法计划的指令性色彩更加鲜明。对于地方权力机关而言，有立法权的地方人大常委会不一定都编制立法规划，但是基本每年都会编制年度立法计划，特别是 2000 年《立法法》正式颁布实施后，编制年度立法计划已经形成一项制度，各地的做法也日臻完善。实践证明，通过编制立法规划和拟订立法计划，将需要制定的法律法规项目列入规划和计划，并明确立法项目的起草单位、大致初审时间、提案单位等内容，有利于克服立法的随意性和盲目性，对促使立法工作有计划、有步骤、有目的地进行，对保证立法工作的科学化、系统化有着极其重要的意义。

因此，各地方人大常委会根据《立法法》的精神，借鉴全国人大常委会的经验做法，并结合本地实际，科学编制立法规划和拟订立法计划，明确立法工作的目标任务，提高立法工作的预见性、针对性和科学性。

一、地方立法规划和计划的项目安排

地方立法规划和计划的项目安排，主要是明确地方立法规划和计划有哪些类型的立法项目以及将哪些立法项目可以列入地方立法规划和计划的安排事项。

（一）地方立法规划的项目安排

参照全国人大常委会立法规划，对即将列入规划的立法项目，地方立法规划一般分为三大类：第一类是条件比较成熟、任期内拟提请审议的法规草案；第二类是需要抓紧工作、条件成熟时提请审议的法规草案；第三类是立法条件尚不完全具备、需要继续研究论证的立法项目。也有的将地

---

① 石佑启、朱最新主编：《地方立法学》，广东教育出版社 2015 年版，第 120 页。

方立法规划项目分为两大类：第一类是本届任期内提请审议的项目；第二类是研究起草、条件成熟时安排审议的项目。

（二）地方立法计划的项目安排

参照全国人大常委会立法计划项目，地方立法计划一般分为三类：第一类为继续审议的项目；第二类为初次审议的项目；第三类为预备项目。也有的将立法计划项目分为两类或四类。项目分为两类的，一般分为审议项目和调研项目或预备项目。项目分为四类的，一般第一类为上年度结转的项目，也称继续审议项目，第二类为本年度初审的项目，第三类为预备项目，第四类为调研论证项目。

例如，惠州市人大常委会制定的年度立法计划项目分为审议项目和预备项目两类。根据《惠州市制定地方性法规条例》第 9 条第 2 款及第 3 款的规定，年度立法计划确定的审议项目，负责组织起草法规草案的单位应当根据年度立法计划的安排做好有关法规草案的起草工作。未能按时提出法规草案的，应当向常委会作出书面报告。年度立法计划确定的预备项目，相关单位应当组织开展立法调研和法规草案起草工作，条件成熟时可以在本年度内提请常委会审议，或者列为下一年度立法计划的审议项目。

示例 4-1[①]：
惠州市人大常委会 2021 年立法工作计划
（2021 年 4 月 7 日惠州市第十二届人民代表大会常务委员会主任会议通过）

为了加强立法工作的统筹协调，有计划、有步骤、有重点地开展立法工作，根据《中华人民共和国立法法》《惠州市制定地方性法规条例》的有关规定及市人大常委会 2021 年工作要点的安排，并结合立法建议项目征集情况及我市实际，市人大常委会在广泛征求意见、深入调查研究的基础上，提出了 2021 年立法工作计划。具体安排如下：

---

① 相关资料来源：《惠州市人大常委会 2021 年立法工作计划》。

一、审议项目2件

（一）惠州市市容和环境卫生管理条例。该项目为2020年结转项目，市十二届人大常委会已分别于2020年8月、12月对条例进行了第一次、第二次审议，拟于2021年5月提交市人大常委会会议进行第三次审议并交付表决，表决通过后报请省人大常委会批准。

（二）惠州市城市养犬管理条例。该项目为2020年结转项目，由市公安局负责起草，市政府于2021年5月向市人大常委会提案，市人大常委会监察司法工委负责初步审查。

二、预备项目2件

（一）惠州市物业管理条例。近年来，我市小区业主、业主委员会与物业服务企业之间的矛盾日显突出，而解决问题的职能部门、属地政府职责不够明确，问题久拖不决，矛盾积累较多，亟须通过立法规范物业管理行为，该项目由市住建局负责起草。

（二）惠州市野外用火管理条例。近年来，我市年均处置森林火情火灾100多宗，99%的起火原因与群众不当野外用火行为有关，亟须通过立法规范野外用火行为，节约森林火灾处置资源，该项目由市林业局负责起草。

以上预备项目由相关负责单位开展立法调研、论证和法规草案起草工作，市人大常委会视情况在本年度或以后年度安排审议；经调研论证认为制定地方性法规条件尚不成熟的，因行政管理迫切需要，可以由市政府先行制定规章。

在实践中，一般满足以下3个条件的立法建议项目，将优先纳入年度立法计划：一是事关改革发展大局的项目；二是关系人民群众切身利益，且具有较高社会认可度的项目；三是立法工作准备充分、有较为成熟的法规草案文本的项目。

二、地方立法规划和计划的编制步骤

根据《立法法》规定，全国人大常委会法制工作机构负责编制立法规划和拟订立法计划，并按照全国人大常委会的要求，督促立法规划和立法计划的落实。地方人大常委会编制立法规划和拟订立法计划，一般由其法制工作机构负责。通常的做法是，法制工作机构在上一届人大常委会任期的最后一年即着手立法规划的编制工作，形成立法规划草案；在每年下半年或者第三季度着手编制下一年度立法计划草案。地方人大常委会编制立法规划和立法计划的大致步骤如下。

（一）公开征集立法建议项目

公开征集立法建议项目可以通过书面、公告、媒体、网络等途径或者方式，征集的对象和范围包括：本级政府及其部门、人大各专门委员会及常委会工作机构、下一级人大常委会、基层立法联系点、人大代表、民主党派、工商联、社会团体及公民个人等。可以说，任何单位和个人都可以向立法机关提出立法建议项目。其中，针对有权提出地方性法规案的机关、团体和组织在提出立法建议项目时，要求同时报送立法项目建议书，说明立法的必要性、可行性、主要内容、重点难点问题等。对公民个人提出立法建议项目的，不要求报送立法项目建议书。

地方人大常委会立法规划和立法计划中的项目来源，从提出主体来看，不仅包括国家机关、人大专门委员会和常委会工作机构、各民主党派和社会团体，还包括人大代表、社会公众等，可以说来源广、渠道多。但是，据统计，绝大多数立法建议项目主要由本级政府及其组成部门提出。虽然人大也提出立法建议项目，但所占比例很小；也有些立法建议项目来自人大代表提出的议案或社会团体的意见，但这部分项目在立法建议项目中所占比例更小。

针对征集立法建议项目来源较为单一的问题，地方人大及其常委会必须进一步发挥立项的主动性。首先，在拓宽立法建议项目征集渠道上下功夫，注意广泛收集立法项目。除了继续发挥政府及其部门在征集立法建议项目中的作用外，人大专门委员会、常委会工作机构、人大代表或者常委会组成人员应当注重在日常的执法检查、工作监督、专题调研等工作中发现问题，就综合性、全局性，特别是涉及人民群众切身利益的事项积极主动提出立法建议项目。建立公开征集立法建议项目的反馈和奖励机制，注重通过信访、媒体等渠道，掌握社会立法需求。其次，丰富立法选题的种类。善于从创新社会治理角度寻求立法项目，从关系民生的地方事务中选择立法项目，从重要政策和重大事件中寻求立法项目。特别是对于不在政府申报项目范围内的立法建议项目，应当认真梳理分析。对人大代表或者公众反映意见集中、亟待立法予以解决的问题，可要求政府相关部门及时做好前期调研工作，一旦条件成熟，即可列入地方立法规划和地方立法计划。

（二）科学筛选、论证建议项目

地方人大常委会法制工作机构将各方面征集到的立法建议项目分类整理，进行综合分析和初步研究审查。通过初步研究审查确定立法建议项目是否超越地方立法权限、是否具有立法必要性和可行性。在此基础上，组织有关机关、团体、专家或者公民，对立法建议项目进行逐一立项论证，并通过召开协调会、座谈会和重点项目个别沟通等方式进行协调，与政府有关部门交换意见，筛选出初步建议项目。立法建议项目的选择一定要慎重，确保科学、合理。如果选择不当，可能会造成立法的及时性、针对性、可执行性不强，这样的法规要么基本上不管用，要么难以有效实施。

对征集和上报的立法建议项目如何进行筛选，哪些急需、哪些可缓、哪些应当立、哪些不应当立，目前存在缺乏科学筛选标准的问题，在立项中易出现凭感觉立项、凭经验立项或者凭领导意志立项的现象，从而影响了立项的科学性。虽然法规立项的标准由于各方面的出发点和理解不同，很难做到绝对量化。但是，为了使法规立项标准具有科学性、可操作性、可判断性，对于哪些立法项目应当优先立项，哪些立法项目坚决不能立项，需要有一个明确的指引和规定，防止对标准的随意解释。对此，地方人大在立项标准上进行了积极尝试。例如，惠州市在《惠州市人民政府拟定地方性法规草案和制定政府规章程序规定》中作出规定，对于哪些项目应当优先立项进行了列举，具体包括：与市委、市人民政府中心工作密切相关的；促进改革发展、维护社会稳定迫切需要的；涉及重大公共利益、社会公众重大权益的；人大代表议案建议、政协委员提案建议立法目的、立法条件基本成熟的；实施上位法迫切需要的；拟采取的主要制度、措施已有一定时间基础，立法条件比较成熟的等。至于哪些项目坚决不能立项，也进行了明确规定，包括：超越立法权限、与有关法律法规相抵触或者不符合国家有关方针政策的；重复上位法条文，或者上位法正在修改即将出台的；立法目的不明确，无实质性内容，立法必要性不充分或明显存在部门利益的；所要规范的内容未进行深入调查研究，主要问题把握不准的；不符合本市经济社会发展实际情况和需要的；制定地方性法规或者政府规章条件尚不成熟的等。

（三）编制立法规划和拟订立法计划草案

在充分论证、认真研究筛选立法建议项目的基础上，地方人大常委会法制工作机构要根据立法的轻重缓急和难易程度，通盘考虑立法建议项目的成熟度、可行性、立法时机、社会影响、社会效果及立法能力等各方面因素，科学编制立法规划和拟订立法计划草案。特别是对于设区的市人大常委会而言，在编制立法规划和拟订立法计划时更应考虑到与省级人大常委会立法规划和立法计划的衔接，坚持地方特色，明确立法任务要与立法能力相适应，在目前可能存在立法能力不足的情况下，应当坚持实事求是、量力而行，处理好需要与可能、数量与质量的关系。地方立法规划和立法计划确定的项目要坚持"少而精"，不贪大求全，更不搞数量攀比。

（四）广泛征求意见

编制立法规划和拟订立法计划草案以后，要通过发函书面征询、召开座谈会等形式进一步征求本级政府及有关部门的意见。同时，利用官方网站、新闻媒体公开草案内容，面向社会广泛征求意见。对于设区的市人大常委会法制工作机构拟订的立法规划和立法计划草案，一般还需要与省级人大常委会沟通，征求意见，以便设区的市编制的立法规划和拟订的立法计划更加完善，更好地与省级人大常委会的立法衔接，同时也有利于省级人大常委会了解和掌握设区的市立法工作的部署安排，加强对设区的市立法工作的指导。需要明确的是，省级人大常委会对设区的市人大常委会立法规划和立法计划提出的意见，应当是建议性的，不是强制性的。地方人大常委会法制工作机构在广泛征求意见的基础上，对编制的立法规划和拟订的立法计划草案作进一步的修改、完善，形成立法规划和立法计划的草案审议稿。

（五）报审、通过立法规划和计划

对于编制地方立法规划和拟订立法计划草案，应当由地方人大常委会法制工作机构审议，然后提交地方人大常委会主任会议进行讨论，最终再提请地方人大常委会审议。立法规划和计划草案审议通过后，必须以地方人大常委会党组名义将其报送同级党委审批，审批通过后产生最终的立法规划和计划。对此，实践中的做法并不统一，以设区的市为例，立法规划和计划草案经市人大常委会党组同意后，以党组名义报市委审批，经市委审批同意后，提请市人大常委会主任会议审议通过；也有的地方采取先经主任会议研究，然后报党委审批，再提请主任会议审议通过。虽然具体流程不一样，但目的是一样的，那就是保证立法工作始终坚持在党的领导下进行。立法是重要的政治活动，加强党对立法工作的领导是党依法执政的重要内容，也是立法工作的题中之义。地方立法规划和立法计划正式通过后，即以常委会办公室名义印发关于立法规划和立法计划的通知，同时通过官方网站、本地党报向社会公布。

示例 4 – 2[①]：

关于印发佛山市人大常委会 2020 年立法工作计划的通知

市人大各专门委员会、常委会各工作委员会，市政府办公室、市政府各部门：

《佛山市人大常委会 2020 年立法工作计划》已经市第十五届人民代表大会常务委员会第四十八次主任会议讨论通过，并报经市委第十二届第152 次常委会会议审查批准，现印发给你们。请各有关单位切实加强领导，落实责任，认真组织开展调研和起草工作，确保列入立法工作计划的项目按时完成。

---

① 佛山人大网，《关于印发佛山市人大常委会 2020 年立法工作计划的通知》，http：//www.fsrd. gov. cn/qwfb/gksx/content/post_706526. html，最后访问日期：2023 年 10 月 30 日。

附件：佛山市人大常委会 2020 年立法工作计划

佛山市人大常委会办公室

2020 年 4 月 3 日

抄送：省人大常委会法制工作委员会，市委全面依法治市办，市人大常委会组成人员，各区人大常委会办公室，市人大常委会地方立法研究评估与咨询服务基地，市人大常委会基层立法联系点，立法咨询专家

三、地方立法规划和计划的实施、调整和监督

立法规划和立法计划对于地方立法活动具有规范性、约束力，一经正式公布，如无特殊情况，必须认真执行。地方人大常委会法制工作机构要按照常委会的要求，督促立法规划和立法计划的落实，承担起草任务的单位、提案人等有关方面应当紧密配合、加强沟通，切实采取有效措施做好实施工作。

（一）地方立法规划和计划的实施

地方立法规划和计划的实施，是保障地方立法立项工作落到实处的重要内容。严格实施地方立法规划和计划，有利于高效开展地方立法工作。

1. 地方立法规划的实施

地方立法规划经过一定程序编制完成后，应当严格执行，特别是承担地方性法规制定任务的责任单位，要增强责任感，明确任务分工，加强组织领导，狠抓落实，严格按照立法规划按时完成起草和提出法规案的任务。地方人大有关专门委员会、常委会工作机构要加强组织协调，积极督促、推动有关方面做好立法规划的实施。若由于时间跨度比较大，地方立法规划在实施过程中遇到的问题则相对会比较多，就不可避免导致立法项目的完成率不是很高。

2. 地方立法计划的实施

地方立法计划是对立法工作作出的统筹安排，如年度立法计划，选定立法项目的条件也相对成熟，除了特殊情况，一般立法项目变动不大。因

此，地方立法计划实施的确定性比较强。地方立法计划一经确定，就要严格实施，不能完成的，要作出说明，以保证其严肃性、权威性。地方立法计划正式公布以后，分别由地方人大有关的专门委员会、常委会有关的工作机构和本级人民政府法制工作机构在各自职责范围内组织实施。一般来说，地方人大常委会在编制立法计划时，应当明确立法项目的起草单位、负责初审的人大专门委员会或者常委会工作机构、提请常委会第一次审议的时间以及此后的审议安排等内容。这样就可以根据立法计划确定的第一次提请审议的时间，倒推出相关起草部门应当形成草案的时间节点、本级人民政府内部讨论的时间节点、政府提交议案的时间节点等内容，保证立法计划更好实施。

（二）地方立法规划和计划的调整

地方立法规划和计划实施后，由于政治、经济等社会情况的变化，可能面临着新的形势和立法需求，则需要对地方立法规划和计划进行调整，以便切合地方立法实际，更有力推动地方立法工作的开展。

1. 地方立法规划的调整

地方立法规划实施2年至3年后，可以根据经济社会发展的具体情况和实际需要进行中期调整，对立法规划进行相应补充、修改，以适应实际需要。有关部门认为立法规划项目需要调整的，可以向本级人大常委会提出书面报告，并附论证材料或者说明理由。地方人大常委会法制工作机构研究后提出是否同意调整的意见，向主任会议报告。

地方立法规划可以进行调整的情形有：调研项目立法条件已经成熟，需要列为立法规划项目的；因亟须立法而新提出的立法建议，需要增补为立法规划项目的；因情况变化不再需要立法，起草责任单位提出撤项的等。无论属于哪一种情形，对于立法规划的调整都应规范化和程序化。立法规划一旦审议通过，不能随意更改和调整，必须按严格的程序来进行。

2. 地方立法计划的调整

地方立法计划经党委审批同意、人大常委会主任会议审议通过，一般不作调整。确需调整的，由本级人大常委会法制工作机构提出调整意见，报请本级人大常委会主任会议决定。对于设区的市而言，地方立法计划及其调整情况还应当抄送省级人大常委会。对不能按期提交审议的，相关单位应当提出书面报告，说明理由。

地方立法计划的调整主要有三种情形：一是在立法计划审议项目中增加新的立法项目。这是对立法计划影响较大的一种情况。考虑到立法计划的严肃性和权威性，一般不额外增加新的审议项目，如果只是增加预备项目对立法计划影响不大。对确实需要增加审议项目的，原则上优先从预备项目中选择。二是撤销或者搁置立法计划的审议项目。对于因客观情况变化不再需要立法或者需要暂停立法等待相关条件成熟的，起草单位应当向本级人大常委会主任会议提出撤销或者搁置某个审议项目的请求，并书面说明理由。三是提前或者推迟立法计划的审议项目。这种情形相比前两种情形来说影响相对较小，立法计划中的审议项目没有变化，只是调整审议的时间安排。

（三）地方立法规划和计划的监督

地方立法规划和立法计划公布以后，由地方人大常委会法制工作机构按照常委会的要求负责督促落实，地方人大专门委员会或者常委会有关工作机构也要及时了解列入立法规划和立法计划项目的起草进展情况，主动介入，确保按时提请审议。实践中，地方人大常委会法制工作机构一般根据地方立法规划和立法计划的实施情况，适时召开进度协调会，督促立法规划和立法计划的实施，强化立法规划和立法计划的严肃性和权威性。必要时，可以对地方立法规划和立法计划的实施情况开展监督检查，以便及时发现问题，研究解决问题。同时，积极加强对法规项目承办单位的沟通联系和业务指导，从"任务、组织、时间、责任"四方面督促具体项目的落实，要求各起草单位将立法项目起草任务提上本单位的重要议事日程，制订起草工作方案，确定时间表、路线图，把握好工作进度，扎实开展立法调研、论证和法规草案起草工作。

第三节　地方立法项目库

地方立法规划作为一种预设的立法安排，是与地方人民代表大会任期相对应的，预测出 5 年时间内地方改革发展和立法需求的变化具有一定难度，从而导致立法规划实施的稳定性不足，随意性较大。实践中，地方立法规划的执行情况都不甚理想，据不完全统计，大多数地方立法规划的完成率在 50%—70%，少数地方甚至更低，这在一定程度上影响了立法规划的严肃性和权威性。针对这种情况，有的地方不编制立法规划，而以地方立法项目库的形式对立法项目进行筛选。所谓地方立法项目库，就是地方人大常委会为了储备立法计划项目而建立的法规项目总汇，由常委会法制工作机构负责项目的征集、汇总，并实施动态管理。这种做法主要是将初选的立法项目纳入立法项目库，根据对这些立法项目掌握的情况和需要，直接从立法项目库中挑选立法项目编制立法计划。例如，广东省人大常委会 1993—2002 年编制了两次立法规划，受多种因素影响，当时编制的立法规划实现率不高。2003—2007 年广东探索开展编制地方立法项目库，淡化规划色彩。2008 年后，广东在总结经验的基础上，重新开始编制 5 年规划。有的地方人大常委会既编制立法规划，也编制立法项目库。综观全国各省市做法，实行 5 年立法规划的地区占 84%，实行立法项目库的地区占 10%，既不搞规划也不搞项目库的地区占 6%，可见立法规划工作制度仍然是当前的主流。[1]

对于设区的市地方立法而言，由于受到中央和省的立法进程的制约，立法项目的变动会较大，通过编制立法规划对 5 年立法任务作出安排的难度也会更大。因此，较多设区的市人大常委会采取编制立法项目库的形式对立法项目进行筛选，如惠州市、佛山市、威海市等，佛山市还专门出台了《佛山市人民代表大会常务委员会立法项目库管理工作规定》。

---

[1]　吕勤、简松山、石维鹏：《关于加强和改进我省立法规划、计划编制和实施工作的几点思考》，载《青海人大》2011 年第 4 期，第 34—37 页。

例如，惠州市人大常委会从获批行使立法权以来便采取编制立法项目库的形式替代立法规划的编制，统筹安排本市立法项目，探索把地方立法项目库建设成为一套灵活、高效、科学的立法工作机制，增强地方立法需求的预期性、指导性、适应性和可调整性，为制订立法计划、精准有效推进地方立法工作提供更加丰富的选择。下面以惠州市为例，介绍地方立法项目库的有关情况。

一、地方立法项目库项目征集

地方立法项目库的项目由地方人大常委会法制工作委员会结合立法计划的拟订，每年向社会公开征集。以惠州市为例，征集时间安排在每年的第三季度，通常是在每年的 9 月份进行，一般是通过网络（惠州人大信息网、今日惠州网、西子论坛等）、登报（《惠州日报》《东江时报》等）、发函、座谈会等方式公开征集立法建议项目，系统掌握本市当前和今后一段时期的立法任务。

示例 4 – 3①：

惠州市人大常委会关于公开征集 2024 年立法计划建议项目的公告

为做好市人大常委会 2024 年立法计划的编制工作，科学谋划我市地方立法工作，现面向社会公开征集 2024 年立法建议项目，有关事项公告如下：

一、国家机关、政党和社会团体、企事业单位、公民均可以提出立法建议项目。

二、立法建议项目要坚持以习近平新时代中国特色社会主义思想为指导，深入贯彻习近平法治思想，着眼我市经济社会发展的重要事项及人民群众关心关注的重点难点问题，并符合市一级地方立法权限（城乡建设与管理、生态文明建设、历史文化保护、基层治理等方面的事项）。

---

① 惠州人大微信公众号，《惠州市人大常委会关于公开征集 2024 年立法计划建议项目的公告》，https://mp.weixin.qq.com/s/BZZdmMxJo6f4pcDuUEpnWw，最后访问日期：2023 年 10 月 30 日。

三、立法建议项目应当写明项目名称、立法理由和建议人的姓名、联系方式，可通过信函、电子邮件、公众号留言等方式提出。征集日期截止到2023年11月3日。

地址：惠州市行政中心四号楼五楼529室

电话：0752-2882093

电子邮箱：hzrdfgw@huizhou.gov.cn

公众号：惠州人大

惠州市人大常委会办公室

2023年9月18日

　　为深入了解把握立法需求，地方人大常委会应当坚持组织开展地方立法需求调查摸底和专题调研，深入基层、深入群众，听取民意、汇集民智。例如，2015年惠州市人大常委会在全市开展以"我为立法建一言"为主题的地方立法征集意见活动，广泛收集人民群众在立法方面的需求和建议。

　　地方立法建议项目提出主体主要包括以下几种：1.国家机关；2.人大各专门委员会和工作委员会；3.各民主党派和社会团体；4.企业事业单位；5.人大代表；6.社会公众。地方立法建议项目提出单位要填写立法建议项目填报表，详细说明立法的必要性、可行性、需要通过立法解决的主要问题等内容。

表4-1　惠州市立法建议项目填报

项目名称	惠州市公园条例	填报单位	惠州市园林管理局
我市相关领域当前立规情况	《惠州市区城市绿线管理办法》《关于加强我市公园管理的意见》		
相关上位法规定情况	《城市绿化条例》《广东省城市绿化条例》《关于进一步加强公园建设管理的意见》（建城〔2013〕73号）对公园的建设管理都有相关规定		

项目名称	惠州市公园条例	填报单位	惠州市园林管理局
立法的必要性、可行性分析	一、立法必要性 1. 惠州市政府第十一届 88 次常务会议提出："规范市政公园管理，树立良好城市形象。"会议要求市园林局应参照国内其他城市的经验做法，尽快制定进一步规范市政公园管理的相关制度，特别要加强对举办大型活动、群众性集会的管理，切实防止各类事故的发生，营造规范、有序、和谐的公共场所秩序，提升管理水平 2. 根据住建部《关于进一步加强公园建设管理的意见》（建城〔2013〕73 号）通知精神，随着城市化进程的不断加快，城市人口的不断增加，我市各级、各类型的公园也面临着新的问题和管理压力。一是广大市民对公园的数量、内涵、品质、功能、开放与服务质量等方面的需求日益提高；二是随着人们物质生活水平的提高，市民休闲健身、文化娱乐等精神文化需求也日益增加，市区公园游客量增长过快，给公园的安全、服务、维护等方面带来了更大的压力和难度。因此，制定我市公园条例对于维护公园的建设管理秩序，解决公园管理过程中的矛盾，调整各方利益有急迫的现实意义和需求 二、立法的可行性 1.《城市绿化条例》和《广东省城市绿化条例》虽有部分涉及，但无完整、全面的公园管理法律、法规。因此，通过地方立法可以完善此方面的法律、法规空白 2. 省内较大的市已制定了相应公园管理条例，可参照学习 3. 我市各县（区）所管辖的公园都缺乏一套完备、规范性的公园法规，公园条例的制定能给各县区的公园管理提供法律依据，使公园管理有法可依		
需通过本级立法解决的主要问题和达到的主要目标	目前，我市公园数量不断增多，现有各类型公园 82 个，并且按计划每年各区新建公园 1—2 个，群众对公园的要求不断提升，公园的建设管理也面临新的问题和难题，如，从法律上如何调整和处理在公园活动的不同利益群体的关系。突出表现在：公园娱乐噪音的管控；宠物入园的管理；小商小贩摆卖；公园设施人为损坏；公园群众性活动的审批等情形，迫切需要在立法上作出规定，增加管理和执法的法律支撑 我省广州、深圳、珠海、东莞等地已制定各自的公园管理条例，我市在调研、起草过程中可予以借鉴参考		
调研起草和审议等具体工作安排的建议	1. 建议将公园条例作为我市地方立法优先选择级。立法起草工作：一是可由市园林局牵头，城市规划、国土、公用事业、公安、城市、环保、环卫、水务、林业等部门作为起草工作成员单位；二是可采取委托有关高校法律机构进行起草，各相关职能部门作为成员单位 2. 起草调研可借鉴和参考省内已制定相关法规的城市经验和做法，同时可有针对性征求居民代表、人大代表、政协委员、法律工作者等不同群体的意见，使法规调研起草更加符合我市公园建设管理的实际需求		

项目名称	惠州市公园条例	填报单位	惠州市园林管理局
主要制度设计和框架体例	暂无		
市政府审核意见	经会同市法制局审查，原则同意部门意见		

填报说明：

①我市相关领域当前立规情况：需要说明相关领域规范性文件制定情况，包括制定机关、制定规范时所要解决的问题及问题解决情况，规范施行的起止时间、有无失效或废止，规范修改情况和修改时间等。

②相关上位法规定情况：法律、行政法规、规章和本省地方性法规对该领域或问题规定的有关情况。

③立法的必要性、可行性分析：要求从我市实际出发，回答为什么要制定此项法规，当前制定此项法规的条件、时机是否成熟等问题，此部分是填报的重点内容。

④需通过本级立法解决的主要问题和达到的主要目标：我市当前此领域存在哪些问题，制定相关地方性法规拟设定哪些主要制度规范，期待达到的主要目标是什么。

⑤调研起草和审议等具体工作安排的建议：计划何时启动此项法规的专项调研工作，何时开始进行起草工作，哪些部门应作为法规草案起草的牵头单位与参与单位，建议出台该项法规的具体时间等。

⑥主要制度设计和框架体例：此项法规的调整对象和调整范围是什么，拟通过什么样的制度设计解决主要问题，框架结构如何搭建，是否分章节安排具体内容等。

⑦市政府审核意见：市政府关于立法建议项目是否必要、可行，开展该项立法调研、起草、审议等具体安排，以及是否先制定政府规章、待条件成熟时再制定地方性法规的意见，由市政府办公室统一填报，其他单位无须填报。

二、地方立法项目库项目筛选

地方立法项目筛选就是将公开征集到的地方立法建议项目通过科学的论证与分析进行取舍，将那些不符合立法权限、不具备立法必要性和可行性的项目剔除，防止盲目启动立法，从源头上保证立法质量，节约立法成本。在地方立法实践中，通过公开征集可能会收到很多立法建议项目，在这种情况下就需要明确立法项目入库的条件，从而对征集到的立法建议项目进行筛选。

以惠州市为例，立法建议项目纳入地方立法项目库需要满足的第一个条件是应当属于制定地方性法规的事项，包括：一是为执行上位法的规定，需要本市作出具体规定的；二是属于本市地方性事务，需要制定地方性法规的；三是根据本市实际需要，先行制定地方性法规的。第二个条件是应当在法定的设区的市立法权限范围内，即属于城乡建设与管理、生态文化建设、历史文化保护、基层治理等方面事项。惠州市人大有关的专门委员会和常委会有关的工作机构应当分别对立法建议项目进行初步筛选，对于明显不符合以上两个条件的立法建议项目首先予以剔除。

地方立法建议项目经过初步筛选后，还要对其是否具备立法的必要性和可行性，是否与地方经济社会发展和全面深化改革的要求相适应等方面进行科学论证、分析，从而再次进行筛选，经过筛选后保留下来的立法建议项目才能纳入地方立法项目库。例如，2017 年 2 月，惠州市人大常委会法制工作委员会组织召开了立法建议项目分析会，对公开征集到的立法建议项目进行了科学论证、分析，以便对相关立法建议项目进行第二次筛选。

示例 4-4：

关于召开立法建议项目分析会的函

本会有关工委，市直和驻惠有关单位，市梅菜产销协会：

为了深入把握立法需求，科学安排立法项目，根据市人大常委会领导的意见，定于 2 月 16 日（星期四）下午在市人大常委会主任会议室（市行政中心四号楼四楼）召开立法建议项目分析会。会议主要内容是听取立法建议项目有关情况的介绍，对其立法必要性、可行性进行研究分析。

会议分段进行（相关安排详见附件），请提出立法建议项目的单位和其他参会单位根据议题安排提前组织研究，做好介绍情况、参与分析的准备。提出立法建议项目的单位在介绍情况时，应当着重介绍立法必要性和可行性，主要包括：（一）相关领域管理或者执法的基本情况及存在的主要问题；（二）当前国家和省在相关领域的立法情况，现行上位法规定能否满足管理或者执法的法制需求；（三）从问题导向出发，实践中哪些问题迫切需要通过制定地方性法规予以解决或者规范，拟采取哪些相对应的法律制度安排；（四）立法工作准备情况和下一步工作进度安排。

附件：立法建议项目分析会议题安排表

惠州市人大常委会办公室

2017 年 2 月 14 日

附件

立法建议项目分析会议题安排表

（2017 年 2 月 16 日下午）

时间	立法建议项目	提交主体	参会单位	备注
15：00—16：00	惠州市消防条例	李土恩等市人大代表	市人大常委会内司工委、法工委，市公安局、财政局、住建局、安监局、法制局、公安消防局	市公安消防局介绍情况
16：00—17：00	惠州市电力设施保护条例	广东电网惠州供电局	市人大常委会财经工委、法工委，市公安局、财政局、住建局、安监局、城管执法局、法制局	广东电网惠州供电局介绍情况
17：00—18：00	惠州市梅菜产业保护条例	惠州市梅菜产业产销协会	市人大常委会农工委、法工委，市财政局、农业局、外经贸、文广新局、旅游局、食药监局、法制局	惠州市梅菜产业产销协会介绍情况

三、地方立法项目库项目管理

地方立法项目库由地方人大常委会法制工作委员会实行动态化、开放式、发展型的管理模式，从而随着社会经济的发展变化而适当调整，紧扣社会发展的主旋律，为制订立法计划奠定基础。拟订立法计划时应当优先从地方立法项目库中选择立法条件成熟并且有法规草案稿的立法项目。立法计划公布后，预备项目如果不属于地方立法项目库项目的，地方人大常委会法制工作委员会应当纳入立法项目库进行管理。

示例 4 – 5：

惠州市地方立法项目库（2015 年）

一、城乡建设与管理方面（10 项）

1. 惠州市环卫设施和用地管理条例

2. 惠州市城乡规划建设管理条例

3. 惠州市查处违法建设条例

4. 惠州市城市供水用水管理条例

5. 惠州市保障性公租房管理条例

6. 惠州市加强管线建设管理条例

7. 惠州市市容市貌管理条例

8. 惠州市房地产开发项目停车位租售管理条例

9. 惠州市公园管理条例

10. 惠州市城市管理行政执法条例

二、环境保护方面（6 项）

11. 惠州市白盆珠水库水源保护管理条例

12. 惠州市畜禽养殖业污染防治条例

13. 惠州市桉树种植管理条例

14. 惠州市扬尘污染防治条例

15. 惠州市区饮食娱乐服务业环境管理条例

16. 惠州市农村垃圾处理条例

三、历史文化保护方面（3 项）

17. 惠州市非物质文化遗产保护条例

18. 惠州市传统乡土建筑保护管理条例

19. 惠州市历史文化名城保护条例

地方立法项目库由地方人大常委会法制工作委员会负责调整，基本每年调整一次。地方立法项目库的调整应当与拟订立法计划相衔接，并在立法计划公布后及时进行调整。地方立法项目库中的项目因上位法发生根本改变或者实际情况发生重大变化从而失去立法必要性的，由负责法规草案起草的单位向地方人大常委会提出撤销建议，经审查确实不需要制定的，地方人大常委会法制工作委员会应当及时从立法项目库中撤销。另外，地方立法项目库中的项目被列入年度立法计划审议项目的，地方立法项目库中也将不再保留该项目。以惠州市 2015 年的地方立法项目库为例，其中的《惠州市历史文化名城保护条例》因列入了 2016 年立法计划中的审议项目，经过调整在 2016 年地方立法项目库中此项目不再予以保留；《惠州市非物质文化遗产保护条例》因纳入市政府规章制订计划中，该项目也不再保留。

地方立法项目库采用的灵活纳入和退出机制能适时调整立法项目，提升立法的及时性、针对性和系统性，具有立法规划的前瞻性和预设性，适时把握立法选项的时机和立法项目的成熟度，既可以实现立法工作安排权威性与灵活性的有机统一，又可以体现人大在立项工作中的主导权。立法建议项目纳入地方立法项目库的，提出立法建议项目的单位和个人、法规的起草责任单位、有关委员会应当开展调查研究，进行必要的立法准备。

第五章　地方立法调研

　　没有调查就没有发言权，调查研究是做好一切工作的基础，地方立法也不例外。在地方立法的各个阶段，都需要根据不同的工作重点开展形式多样、有所侧重的立法调研工作。在制定地方立法规划和计划时，须围绕要解决的紧迫性问题和社会热点问题确定地方立法规划和计划项目，有针对性地进行立法调研；在起草地方性法规草案时要围绕法规文本和内容如何设计进行调研；在审议阶段要围绕草案中的各种问题或争议进行调研。总之，调查研究伴随着地方立法的全过程。

第一节　地方立法调研概述

　　地方立法调研是围绕立法开展的一系列调查和研究，是贯穿立法活动全过程的收集、整理和分析资料，得出结论的基础性工作。地方立法质量的高低，与是否针对地方当前实际问题进行制定息息相关。因此，地方立法工作离不开各行各业的人民群众的献言献策，需要深入开展地方立法调研工作。此外，在地方立法调研过程中，必须做到全面收集、科学分析、系统研究立法资料，才能实现科学立法、民主立法和依法立法，也才能立良善之法、可行之法和本土之法。

一、地方立法调研的概念

　　调查研究，又简称调研，是主体为了某一特定目的而开展的了解客观实际情况的调查、分析和研究等活动的统称。具体地说，它是调研主体为了获得对某一社会事物或现象的客观、理性认识，通过各种途径和方式，采用多种手段获得客观事物的资料信息，进行科学的分析、归纳、综合，进而得出结论的一系列活动。根据《立法法》第 39 条、第 56 条、第 74 条、第 87 条等规定，享有立法权的全国人大及其常委会，国务院及其部委，各级地方人大及其常委会，各级人民政府开展立法活动，应当通过座谈会、论证会、听证会等形式开展立法调研。这就使得《立法法》将地方立法调研纳入法律规范范围，成为包括地方立法在内的所有立法必须进行的一项法定活动。

所谓地方立法调研就是具有地方立法权的各级人大及其常委会、各级人民政府根据《立法法》的相关规定，以及地方立法的实际需要，由立法机关自身或者委托具有立法调研能力的机关（可能是地方政府及其部门，也可能是地方立法智库或者其他科研院所、独立法人等），围绕立法目的、立法所要解决的主要矛盾、主要问题及由此确定的法律规范等，通过调查问卷、座谈、访谈、实地考察等方式收集资料，并进行科学整理、分析和综合，从而得出地方立法结论的一系列活动。它是一个发现问题、寻求解释、解答问题的过程，可以从以下方面来理解。

第一，地方立法调研的目的是提高具体立法项目的质量。概括地说，地方立法调研是为了依法立法、科学立法、民主立法，使地方立法更切合实际，具有可行性、操作性和实效性。但具体到某一立法项目而言，地方立法调研都是在立法项目得以基本确定后开展的，其主要目的在于调查了解某一特定领域社会事务的现状，针对该领域社会事务发展中的现实问题以立法的形式予以规范的必要性、可行性，检验拟建立制定立法规范的科学性、可操作性等。即使有的立法调研是在情况不明的时候开展的摸底调查，进而掌握最新动态；或者为了通过立法调研这种形式向有关部门反映情况，以引起重视，并适时立法予以调整或改变。这些地方立法调研活动的目的也是具体的，是围绕着如何启动地方立法活动，掌握某一项地方立法项目的具体情况，提高此项地方立法的质量而开展的。

第二，地方立法调研的主体是具有地方立法权的各级人民政府、同级人大及其常委会。作为地方立法的法定环节，地方立法调研是地方立法程序中法律法规规定的必需环节，具有法定性。这就要求其主体必须是有地方立法权的相关人民政府、人民代表大会及其常委会。虽然具有地方立法权的各级人民政府、各级人民代表大会及其常委会常常将立法调研委托给同级政府部门、下级政府、所属的各县区人大常委会组织进行；或者采取政府购买社会服务的形式，委托给包括地方立法智库在内的社会组织进行。但是，不管受委托方是哪一个具体组织，立法调研依照委托合同均是由有地方立法权的主体确定其目的、内容、过程，并承担相关经费，相关地方立法调研活动既受委托合同约束，又接受委托机关的管理、指导和监督。所以，委托立法调研实质上主体仍然是具有地方立法权的各级人民代表大会及其常委会、各级人民政府。

第三，地方立法调研的对象是社会公众。地方立法调研对象的确定，是为了解决地方立法调研主体对谁进行调研，获得资料的问题。作为地方立法调研对象的社会公众，具体包括与立法项目相关的利益相关人、其他公民个人和专家学者，也包括与地方立法有关的职能部门、基层政府、基层人民代表大会及其常委会、企事业单位和社会组织等。

第四，地方立法调研的内容是社会事实。地方立法调研的内容所针对的是社会事实的具体状况，它主要解决调研什么的问题。地方立法调研的内容根据具体地方立法项目的实际状况而定，具体包括：相关地方立法项目所涉及项目对象现状、政府职能部门管理的现状；社会对相关立法项目的态度；需要地方立法解决什么问题，是否具有迫切性、本土性；当前上位法律法规的相关规定是怎么样的，上位法律法规是否得到有效执行，是否确实需要通过地方立法来创制或具体实施上位法；地方立法从哪些方面进行规定，这些规定是否能解决执法中存在的问题，立法后可能取得的效果和出现的新问题等。

第五，地方立法调研的方法和渠道。地方立法调研的方法是在研究过程中所使用的各种资料收集方法、资料分析方法以及各种特定的操作程序和技术。它主要反映地方立法调研主体通过什么样的方法向调研对象取得相关资料，并在此基础上进行分析、得出结论。地方立法调研的渠道包括问卷调查、立法听证、立法论证、立法座谈、实地考察、来电来信反馈意见、网络立法新闻评议、网络论坛讨论、自媒体发表意见等。通过这些立法调研的渠道，立法调研对象向立法主体或者受委托的调研机构反馈立法诉求。总之，地方立法调研的方法和渠道是把主体、对象和内容联系起来的中介和纽带，它把立法调研的各要素有机结合起来，形成一个完整的有机体系。

二、地方立法调研的特点

地方立法调研作为特定的调查研究类型，是一种实践性较强的科学探索活动，具有法定性、针对性、实证性和时效性。

（一）法定性

地方立法调研作为一种常用的工作方法，其目的在于了解情况，为地方立法起草、立法草案修改、立法审查提供依据和参考。随着中国特色社会主义法治建设的推进，立法调研已不再是立法过程中可有可无的一项工作，而是相关法律法规和规范性文件明确规定的立法程序中的必要环节之一，是科学立法、民主立法、依法立法的主要体现。它在《立法法》《行政法规制定程序条例》《国务院关于全面推进依法行政的决定》《全面推进依法行政实施纲要》《国务院关于加强法治政府建设的意见》等之中都有相关规定。因此，立法调研作为地方立法的一个法定环节，是地方立法中必须进行的一项活动，具有法定性。

（二）针对性

地方立法调研都是针对某个立法项目的实际需要而进行的，应当明确地方立法调研的目的、对象、最终成果运用等问题。进一步而言，地方立法调研还要针对不同阶段的重点、具体目的和不同调研对象来确定不同的调研方式方法。这些都要求地方立法调研体现出较强的针对性。因此，调研者在立法调研过程中，应当根据调研对象的特点以及本地客观实际情况和立法项目的需要，科学合理确定立法调研内容，选择具体的调研方法，安排调研的具体实施，使地方立法符合地方实际，符合立法项目所涉及的社会事务和社会矛盾的具体情况，具有较强的针对性。

（三）实证性

地方立法调研要具有实证性，这是检验地方立法是否具有科学性、本土性和可行性的重要标准。地方立法调研通常是以某一区域、某一领域的特定社会事务为主题展开的，其调研对象与调研内容都是客观存在的，经验、教训、问题也都来自现实。只有进行深入调研，才能充分、准确地以社会事实为根据，用客观事实说明问题，才能正确反映社会现实，找出社会现象出现的原因，也才能得出正确的结论，用以指导地方立法实践。因此，地方立法调研必须围绕立法，收集有关的已经发生或者正在发生的客观社会事件或事务的相关资料，全面、准确地反映社会事实，忠实地反映社会现象的本来面目，在调研报告中用事实说话。这样才能获得以事实为基础的材料，呈现出社会现象的真实面目，反映事物发展的客观规律，使立法调研具有实证性。

（四）时效性

地方立法调研主要是针对现实生活中迫切需要通过地方立法来解决的问题和矛盾，而现实生活中的问题和矛盾又是不断变化发展的，这就决定了地方立法调研及其结果的运用都具有时效性。地方立法调研报告不仅要全面、准确地反映社会现实和社会问题，还要及时地作出解释，并提出解决社会问题的对策。如果地方立法调研报告延误了时间，错过了时机，不能及时反映人们迫切需要解决的问题，不能及时对社会生产生活中存在的各种问题与矛盾提出应对之策，其效用就将大大降低。因此，地方立法调研必须注重时效性。

三、地方立法调研的基本原则

作为一种科学认识活动，地方立法调研必须采取科学的方法和态度，遵循科学研究的一般原则，以获得真实可靠的信息，得出符合客观实际的结论。其主要有以下基本原则。

（一）客观性与主观性相结合原则

客观性与主观性相结合原则是任何调研都必须遵循的原则。一方面，地方立法调研要求调研者对客观事实采取实事求是的态度，不能带有个人主观偏见，更不能任意歪曲或虚构事实，而应尽量保持中立客观。另一方面，地方立法调研主体的意见和建议会受到自身的社会经济状况、处境、知识、经历、行为习惯、态度倾向以及价值取向的影响，从而在调研中留下某种痕迹，不可避免地带有主观的烙印。例如，在采用观察法进行调研时，调研者通过对调研对象的直接观察来收集资料，不管是同步记录，还是事后追记，都难免在客观描述的基础上带有调研者自己的思想、感情、评价、认识、猜想、理解等主观内容；而且调研者的思想状况、情趣爱好、价值观念、知识修养等也会影响观察的深度和广度，决定观察的方向和重点，最终影响资料收集的质量。因此，在地方立法调研中，要将求实的客观态度与调研者的主观能动性有机结合起来，坚持主观性与客观性的对立统一。

（二）民主性与科学性相结合原则

我国《立法法》及其相关的法规规章和规范性文件都明确规定了在地方立法中，应当广泛听取有关单位和个人的意见和建议。这就要求在地方立法调研中必须贯彻民主原则，充分发扬民主、广泛听取意见：既要听取有关人大、政府和社会组织的意见，又要听取地方立法调整对象的意见；既要听取本部门、本系统的意见，又要听取其他部门和系统的意见；既要听取领导的意见，又要听取群众的意见。

科学性主要是指地方立法调研要采用科学的方法，分析研究及其结论要符合思维和逻辑原理。科学是建立在系统的经验观察和正确的逻辑推理之上的。科学结论所依据的事实应当是客观、全面的，具有内在逻辑关联。科学的结论还必须能经受实践的检验，并被反复证明是正确的。例如，观察到大量的黑色乌鸦得出结论说"所有的乌鸦都是黑的"，但是，一旦发现了一只乌鸦是其他颜色的，这个结论便会被推翻。

（三）系统平衡与重点突出相结合的原则

所谓系统平衡是说任何事物都是相互联系、相互影响的，在立法中要注意各个事物之间的内在联系及相互平衡，把事物分解为相互联系的各个部分、各个要素，然后从不同层次、不同侧面来分析其内在的联系，并保持各部分、各要素彼此之间的有机平衡。这就决定了地方立法调研不能停留在对个别事物、个别事件的分析和解释上，必须注意立法相关事物的整体，分析探究问题背后的原因，进而提出相关地方立法建议。

从立法规划到法规案起草、法规案审议、法规实施与评估，每个阶段都需要调查研究，但是不同阶段工作的内容不同，重点也有所不同。在立法规划和计划阶段，是对立法项目的选择进行调研，主要考虑的是地方立法项目的必要性、可行性以及时间进度；在法规起草阶段，主要围绕法规的规范范围、涉及内容、章节结构、权利义务及其平衡等方面进行地方立法调研；法规案审议阶段，主要围绕草案中行为规范、具体内容、矛盾焦点等问题进行调研；而在法规实施阶段，要对法规进行全面评估，这既需要对法规实施状况进行调研，以便于监督，又需要对法规实施后出现的新问题、面临的困境及其改进措施等进行调研，以利于检讨立法质量、总结立法经验教训，也便于今后对法规进行修改。总之，既要在不同阶段针对不同问题，研究其各个方面各个部分的特色与重点，又要从总体上把握地方立法的章节结构、规范功能、作用机制、运行方式、发展规律等，从而完整全面地认识客观事物。

（四）理论和实践相结合的原则

地方立法必须遵循马克思主义理论指导，有目的地开展调研，具体情况具体分析，认识事物发展的客观规律，才能使制定的地方性法规和政府规章符合客观规律。因此，地方立法调研既要掌握科学的调查研究理论，用马克思主义理论来指导实践，又要根据立法项目的内容和特点，有计划有目的地围绕立法中需要研究解决的问题进行系统周密的调研。诚如田家英同志所说："调查研究有两种，一种是科学态度的调查研究，一种是主观主义的调查研究。我们主张科学态度的调查研究，这就是要了解真实情况，并且如实反映；而主观主义的调查研究，摘取片段材料来证明自己的观点，或者为了迎合上级，这种调查比不调查更可恶。"① 所以，立法调

---

① 曾自：《人民的利益高于一切——记父亲田家英1961年浙江调查》，载《中国党政干部论坛》2004年第6期，第62—63页。

研要坚持从实际出发、尊重事实，着力了解地方立法中的真实情况、真实问题和真实矛盾，防止犯"经验主义"和"教条主义"两种错误。"经验主义"是简单地罗列现象，而不做理论分析，如有的调查报告中充斥着大量的统计数据或实例，而缺少对资料的整理、加工、分析和提炼，不能通过调查研究找出问题、分析问题和解决问题，得出结论。而"教条主义"是以一些空洞的原理或信条来解释现象，如有的调查报告借用了很多经典理论的概念，直接搬来相关理论，空泛地描述问题、提出对策，缺少具体事实来论证说明，不能使调查研究落地生根，解决实际问题。

四、地方立法调研资料收集、整理与分析方法

地方立法调研过程是指从地方立法调研决定开始，经过收集、整理与分析地方立法资料等阶段，进而撰写出地方立法调研报告的全过程。不管是在地方立法进程中的哪一个阶段的地方立法调研活动，都要根据此阶段的立法关注重点、需要解决的问题、立法活动相关内容和主题，了解现状、发现问题和提出对策建议。而要实现这一目的，必须采取科学、有效的方式方法。

（一）地方立法调研资料的收集方法

在地方立法调研中，资料收集是地方立法活动开展的前提，没有翔实可靠的资料，就不可能把握地方立法所要调整的社会状况及其面临的问题，也不可能提出有针对性的对策。以下根据社会调查研究方法的分类，介绍几种常用的资料收集方法。

1. 访谈法

访谈法也称访问法，是由调研者根据研究设计过程中所确定的要求和目的，按照访谈提纲，通过系统而有计划地与调查对象直接交谈获取信息和资料的方式。它是调研者（在开展访谈中调研者根据访谈主体关系状况，这时一般把调研者称为"访谈员"，而把调研对象称为"访谈对象"）根据地方立法项目所确定的调查要求与目的，按照调查提纲或问卷内容，通过面对面的访谈方式，有计划地收集资料的一种方法。

访谈法的特点主要有：

（1）它通过访谈员与访谈对象之间的直接交流来收集资料，所获得的资料更真实、具体、生动。

（2）它是访谈员与访谈对象双向互动的过程。访谈法最大的特点在于，整个访谈过程是访谈员与访谈对象相互影响、相互作用的双向信息交流过程。在访谈过程中，访谈员积极、有目的地影响访谈对象，努力掌握访谈过程的主动权。同时，访谈对象也通过回答问题等方式反作用于访谈员。访谈员根据访谈对象的反馈，及时纠正或者改变策略，消解其抵触情绪，消除其顾虑，按照预定计划完成访谈任务。

（3）成功的访谈需要访谈员掌握访谈技巧，进行过程控制。访谈员只有熟练掌握访谈技巧，善于人际交往，与访谈对象建立起基本的信任关系，有效地控制访谈过程，并根据对方实际情况采取恰当方式进行访谈，得到访谈对象的配合，才能使访谈对象积极地提供他所了解的情况，取得真实的访谈资料。

2. 问卷调查法

问卷调查法，是调研者通过运用统一设计的问卷向被选取的调查对象了解情况或征询意见来收集资料的一种调查方法。问卷调查法适合于较大规模的抽样调查，能够收集到其他调查法难以收集的大量、及时、真实的资料。对于一些不愿意接受访谈法或观察法的调查对象来说，这是一种比较不错的方法。问卷调查法有以下主要特点。

（1）便于获得真实的材料。一般的问卷调查都不需要署名，调查对象在没有其他人干预的情况下填写问卷，减少了调查对象的心理压力，避免人为原因造成的各种偏差，从而使收集到的资料较为客观真实。

（2）所获得的资料便于标准化处理和定量分析。问卷问题都是调研者把研究概念、变量操作化转变后所呈现的量化状态，具有统一标准，容易转换成数字，能够应用分析软件进行录入和分析。

（3）节约时间、人力和经费。问卷调查可以在较短时间内对大量的对象进行调查，不需要太多的调查人员；而且不受地理条件的限制，可以进行跨区域调查。

3. 观察法

观察法是指调研者根据一定的研究目的、研究提纲或观察表，凭借自己的感官或其他辅助工具，在自然条件下直接观察社会事物或现象，从被观察现场收集资料的一种调查方法。它是调研者（在运用观察法开展调查、收集资料时，调研者一般称为"观察者"）对选定的观察对象，运用耳听、眼看或者借助照相机、录音机、摄像机或其他仪器，去观察社会事物或现象是如何产生、如何发展，以及如何终结，并把这些情况忠实地记录下来以获得信息的一种调查方法。观察法有以下主要特点。

（1）它是观察者有目的、有计划的自觉认识活动。观察法是在特定的研究目的和理论假设的主导下进行的，需要对观察对象、观察目的和观察方法等制订详细的计划，并以此作为指引开展观察活动。

（2）必须借助一定的工具。科学的社会观察除了利用人的感觉器官如眼睛、耳朵以外，还经常借助科学的观察仪器，如照相机、摄像机、录像机、录音机、望远镜等，以便于将观察结果客观记录下来。

（3）观察样本小，难以进行量化分析。观察法是一种定性研究方法，它需要大量的准备时间，只能对少量观察对象在有限的时空中进行观察，且难以把资料进行量化处理。

（4）观察对象是正在发生的社会现象。采用观察法只能对正在发生、发展着的某一具体社会现象进行观察。观察者应尽量通过保持收集资料与观察对象的活动与发展的同步来获得丰富的感性材料。

（5）观察容易受人为因素的影响。观察过程及其结果受观察者的经验、知识、情感和心理素质等因素的影响。每个人感知的信息是有限的，是有选择性的，而且每一个人对不同信息的重要性的认识是不一样的，这就导致不同的观察者对同一事件的观察可能会出现不同的结果。

4. 文献法

文献法也称历史文献法，就是搜集、鉴别、整理各种现存的文献，并从中选取信息进行分析研究，形成科学认识，达到某种调研目的的方法。它不受时空限制，比较灵活，是最为基础的、最广泛的资料收集方法。其目的是通过检索、收集、鉴别、整理和分析研究这一系统化文献加工过程，分析、评论某一事物或社会现象现有研究成果或者特点，描述、分析其原因，从而实现对原有文献的重新组合、升华，找出事物间的新联系、新规律，形成新观点，创造出新理论。文献法有以下主要特点。

（1）不受时空限制。用文献法可以研究那些受地域或时代限制而无法接近的对象，对古今中外的研究进行横向和纵向的比较。

（2）不受研究对象"反应"的干扰。运用文献法进行地方立法资料收集，因为调研对象仅出现在文献之中，调研者是通过文献来了解"调研对象"对某一社会问题的态度和观点，而不直接接触，因而就避免了调研对象对问题的"反应"所造成的干扰。

（3）批判性和创新性相结合。在运用文献法进行资料收集、整理与分析过程中，调研者对思想和知识进行分析研究，必然要取其精华、去其糟粕，即根据研究目的来取舍文献信息，并对相关观点、结论进行研究批判，形成新观点和新理论。

（4）具有客观性。调研者运用文献法开展调查和研究，由于不参与文献形成的相关研究或实践，能跳出原有分析框架和视野，分析问题会更加客观。

（5）信息容量大、费用低。采用文献法进行研究，不需要进行大量活动安排，以及动员大量人力物力来进行，费用相对低廉。同时，文献信息量不受限制，只要能够收集到的文献资料，都可以作为研究对象予以收集、整理和分析。

（二）地方立法调研资料的整理方法

所谓整理资料，主要是指对文字资料和数字资料的整理。资料整理是根据调研目的，运用科学的方法，对调查所收集到的原始资料进行审查、检验、分类和汇总等初步加工，使之系统化和条理化，并以集中、简明的方式反映调查对象总体情况的过程。在地方立法调研中所收集到的资料往往是分散和零碎的，而不是集中和系统的；是反映个体的，而不是反映总体的。因此，必须对资料进行整理，这既是资料收集工作的继续，又是资料分析的前提。

资料整理是一项对理论性和技术性要求都很高的工作。它有以下要求。

（1）真实性。真实是指整理后的资料必须是确实发生过的客观事实，而不是弄虚作假、主观杜撰的情况。真实性是整理资料的最根本的要求。

（2）准确性。准确是指整理后的资料中事实要准确，尤其是数字资料更应当准确无误。如果整理出来的资料含糊不清，模棱两可，或者资料互相矛盾，那么要想作出科学的结论是不可能的。

（3）完整性。完整是指整理后的资料必须尽可能全面，以便能反映客观事实的全貌。完整主要指时间范围上的完整、空间范围上的完整和调查项目上的完整。

（4）可比性。可比是指整理后的资料应具有可比性。各种原始资料由于指标范围、口径、计算方法、计算单位等不同，不能进行比较。资料整理的目的就是将各种不可比的资料经过调整变成可比资料，以便进行分析。

（5）简明性。简明是指整理后所得的资料要尽可能简单、明确，并使其条理化、系统化，集中反映调查总体的情况。整理后的资料跟未加工整理的资料相比，最直观的特点就是整理后的资料条理清晰、一目了然。

（6）新颖性。新颖是指整理资料时，要尽可能从新的角度来审视资料、组合资料。只有按照实际情况从调查资料的新组合中发现新情况，才能为创造性研究打下基础。

（三）地方立法调研资料的分析方法

资料分析就是在资料收集与整理的基础上，对地方立法资料"去粗存精、去伪存真、由此及彼、由表及里"，从而形成系统化知识和结论的过程。它是资料收集和整理工作的继续和深度加工，并揭示事物本质和规律的过程。根据资料的类型不同，其具体的分析方法也有所不同。

1. 定量分析

虽然在地方立法调研中存在各种各样的定量资料，但是不同定量资料的分析方法的类型基本是一致的，通常有特征性分析、相关性分析和解释性分析三种类型。

（1）特征性分析，是对定量资料的个别样本或者总体的数量特征所进行的分析，它分为描述变量的数量特征分析（即描述统计）和由样本推断总体数量特征分析（即推断统计）两种方式。描述统计，是指用数量或者数值来描述定量资料中各变量的规律或特征的分析方式，它包括集中趋势和离散趋势两类。集中趋势分析，是指用一个具体的统计量反映一组数据向该统计量集中趋势的统计分析方法。它所表示的是一组数据集中的程度或水平。地方立法调研分析中，常用的集中统计量有平均数、众数和中位数等。离散趋势分析，则是反映各变量值远离其中心值的程度的分析方式。它的主要类型包括全距、方差和标准差、异众比率、四分位差等。研究对象之间总是具有共性和个性的，因此集中趋势和离散趋势对于研究来说是相互补充的，两者结合运用，可以更全面地认识统计数据的特征。

推断统计，是研究如何在对样本数据进行描述的基础上，对统计总体作出的以概率形式表述的总体数量特征的方法。它是在描述统计的基础上进行的。在进行推断统计时，调研者需要结合具体情况和研究要求，对研究可以接受的偏差程度和风险大小进行全面考虑、合理确定。推断统计有参数估计与假设检验这两种基本形式。

（2）相关性分析，即通过特定的统计分析方法确定变量之间的相互影响关系，以数量化关系确定测量变量之间的关系密切程度的一种分析方法和手段。这里仅对常用的皮尔逊相关分析和因子分析这两种方法进行介绍。皮尔逊相关分析，它是用来衡量事物之间或变量之间线性关系程度的强弱，并用适当的统计指标来体现的资料分析方式。它通过给出定距变量间两两相关的相关系数，对两个或两个以上的定距变量之间的相关关系进行分析，从而得出两个变量联系的紧密程度如何的结论。

因子分析，它是通过考察一组变量之间的两个变量的总体误差或相关系数结构，将这些变量用少数的几个因子来描述的资料分析方式。被描述的变量是可以观测的随机变量，即显变量，如人的年龄、教育水平、平均收入等。而因子是不可观测的潜变量，如人的态度、能力等。因子分析就是用少数几个潜变量（因子）来解释多个观测变量的一种分析工具。

（3）解释性分析，即通过特定的统计分析方法对变量之间的因果关系进行阐释分析。它包括回归分析和结构方程模型分析。回归分析，侧重于考察变量之间的数量伴随关系，并通过一定的数学表达式描述这种关系，进而确定一个或多个变量的变化对另一个特定变量的影响大小。在回归分析中，被预测或被解释的变量，称为因变量，用 Y 表示；用来预测或解释因变量的一个或多个变量，称为自变量，用 Z 表示。回归分析可以给出自变量 Z 为任意数值时因变量 Y 的预测值，对 Z 与 Y 的因果关系作出描述。

结构方程模型分析，用来解释一个或多个自变量与一个或多个因变量之间的关系。结构方程模型有四种变量：外生显变量、内生显变量、外生潜变量和内生潜变量。其路径图包含测量模型和结构模型这两个逻辑上密不可分的部分：测量模型描述显变量和潜变量之间的关系，表明一个潜变量是由哪些可观测的显变量来测量的；结构模型则是描述潜变量彼此之间的关系以及潜变量关系的误差（潜变量之间关系的有无、大小与其允许的关系误差相关）。

2. 定性分析

定性分析是调研者对调研对象的性质、特点和发展变化规律作出的分析。它是调研者通过收集到的原始资料来证明或者证伪原来假设命题，进而不断进行修正的研究过程，故其是一个开放式的分析结构，得出的结论不仅仅与收集到的资料相关，也与采取的具体分析方法密切相关。这里介绍四种常用的定性分析方法。

（1）连续接近法，是指调研者通过不断反复和循环研究，从开始时的比较含糊的观念，杂乱、具体的资料细节，逐步达到具有概括性的综合分析结果的一种定性分析方法。首先，调研者从所研究问题的概念与假设框架出发，通过阅读和探查资料，寻找各种证据，并分析概念与证据之间的适合性，以及概念对资料特性的揭示程度。其次，调研者通过对经验证据进行抽象来创造新的概念，或者修正原来的概念以使它们更好地与证据相符合。最后，调研者从资料中收集另外的证据，来对前面研究中所出现的尚未解决的问题进行探讨。调研者不断重复此过程，使证据与理论之间不断地进行相互塑造和修正。这一过程就被称为"连续接近"。

在从经验证据到抽象概括的过程中，可能会受到某些条件和偶然事件的影响，调研者使用连续接近法，能不断修正概念，以及修正概念与证据的连接关系，从而使概括更好地反映证据。这样经过多次的反复循环，修改后的概念和模型更加准确，也几乎"接近"了所有的证据。

（2）举例说明法，是指调研者将某种理论应用于某一具体事件或背景中，或者根据先前存在的理论来组织具体资料，并用经验证据、具体资料来说明或者论证理论的分析方法。它以先前存在某种理论提供的分析事物框架结构为基础，调研者用收集的资料作为证据去填满和充实这个分析框架结构。在具体操作上，它有两种方式：一是理论模型如何说明或解释了某一特定的个案或现象，为此调研者要列举相关个案或现象的证据。二是对理论模型的"平行说明"：调研者平行列举多个不同的个案或现象，来说明这种理论模型可以应用于多个不同的个案或现象，或者解释或说明多个个案的情况；或相反，调研者采用来自多个平行的个案或现象来共同说明、论证理论模型。

（3）比较分析法，是自然科学、社会科学及日常生活中常用的分析方法之一。它通过事物异同点的比较，区别事物，而达到对事物的深入认识，更深刻地把握事物。在对调查资料进行分析的过程中，当需要通过比较两个或者两个以上事物或者对象的异同来达到某个事物的认识时，一般采用比较分析法。

比较是这种资料分析方法的中心过程。19世纪的英国哲学家J. S. 米尔提出的一致性比较和差异性比较的方法，是定性资料分析中比较分析法的基础。目前，比较分析法分类依然采用这一标准。一致性比较法，将注意力集中于各个不同个案中所具有的共同的特性上，并通过运用一种排除的过程来进行。其基本思想是：调研者先找出不同个案所具有的某种共同特性，再比较各种可能作为原因的特性。如果某种被看作原因的特性不为所有个案所共有，那么调研者就将这种特性排除掉，而剩下的原因则为所有个案原因所共有的特性作为共同特性的原因。

差异性比较法，是一种比较不同个案组别中的不同的特性及其不同原因的分析方法。其基本思想是：首先，调研者先找出那些在许多方面相同，但在少数方面不同的个案，形成个案组别，并在此组别的个案中找出共同的个案特性和原因特性。其次，在那些不属于此组别的个案中，找出那些特性与原因不属于此组别的个案，组成新的组别。再次，对新组别中的个案，找出具有相同的个案特性及其原因特性。最后，比较两组个案组别，查找那些没有出现在彼此组别中的个案特性及其原因特性。这样，调研者就可以判定组别的差异性，而在彼此组别中没出现的原因特性就是组别差异性的原因。

（4）概念图方法，是在定性资料分析中，把一些概念用简单的符号连接起来，以显示概念彼此之间的逻辑关系的分析方法。概念图既可以保存在纸质媒介上，也可以保存在黑板、电子文档或者其他媒介上。通过概念图或者流程图，调研者依据概念历史发展、概念间逻辑关系、概念的时空异同等标准，对定性资料进行直观、简明的描述。这种定性分析方式的最大好处是能够很好地展现事物发展变化的过程和概念彼此之间的逻辑关系。

前述四种常用的定性分析方法，基本可以满足调研者从地方立法调研所获得的经验材料中识别地方立法具体项目或者领域的社会互动和社会关系状况的需要。在分析研究中，要把具体的、特别的经验或数据资料进行加工、抽象，使其成为一般概念在具体社会生活中的展现，理解彼此之间如何相互影响、相互印证，体现出什么规律性特征，从而决定在地方立法调研报告中提出什么建议、如何调整权利义务关系、规范人们行为。

五、地方立法调研的意义

地方立法调研是立法工作的基础和重要组成部分，是掌握客观情况，发现问题、分析问题和解决问题的基础性工作，也是地方立法反映客观实际需求、汇集民意、掌握社会发展规律和提升地方立法成效的基本途径。重视调查研究是党和政府在革命、建设和改革各个历史时期做好工作的法宝。毛泽东曾说过："没有调查就没有发言权。"习近平总书记指出："调查研究是谋事之基、成事之道。没有调查，就没有发言权，更没有决策权。"① 地方立法调研对地方立法工作同样具有重要意义。

（一）立法调研是立法为民的必然要求

地方立法既是为了人民，又要依靠人民。地方立法要真正反映广大人民的共同意愿，充分保障人民的根本利益和各项权利。《立法法》在总则中也明确规定立法应当体现人民意志。法不察民之情而立之，则不成。一部地方性法规有效与否及其效用大小（即质量），最根本的检验标准是能否以及在多大程度上顺应广大人民的意愿，维护广大人民的利益，使其成为增进人民福祉、增进社会认同的最大公约数。地方立法调研可以及时倾听人民的呼声，使人民群众的意愿、利益和观点得到全面、充分表达和汇集；可以使立法真正深入人民群众，准确回应人民群众的殷切期盼，满足人民群众的现实需求，维护人民群众的根本利益；可以全面掌握社会实际情况，集中人民智慧和力量，最大限度凝聚社会共识，防止出现地方立法脱离实际、背离以人民为中心等问题。

（二）立法调研是提高地方立法质量的重要保障

地方立法调研是立法机构和立法工作人员提高地方立法质量的重要保障。是否符合社会发展规律，是否符合中国特色社会主义法治体系建设的内在规律、法律发展的规律和地方立法工作规律，是衡量地方立法质量特别是其社会效用的又一个重要指标。地方性法规、地方政府规章等规范与人民群众的切身利益更加密切相关，人民群众也最为关注，是整个国家制度体系中具有基础性的制度设计，对经济社会发展直接起着规范引导和推进保障的作用。地方立法是为解决经济社会发展中的实际问题，确保经济社会有序运行和顺利发展服务的。做好任何地方立法工作，都必须以认真调查研究，把握客观事物的实际状况为前提。地方立法调研可以使地方立法机关和立法工作人员全面、深入了解具体立法项目所要调整和规范的领域所涉相关问题、主要矛盾，提出切实可行的立法对策，使地方立法更具有针对性，有效提高地方立法质量。具有地方立法权的各级人民代表大会

---

① 《习近平：调查研究是谋事之基、成事之道》，载《人民日报》2014 年 7 月 17 日第 12 版。

及其常委会、各级人民政府正确的、有针对性的、可行的地方立法，来源于正确的、深入的地方立法调研。在地方立法规划阶段，通过立法调研可以准确把握社会生活对立法的客观需要，对立法工作作出科学合理安排，以保证立法规划或立法计划符合社会实际需要。在地方立法起草阶段，通过立法调研可以了解地方性法规或地方政府规章的起草背景、起草经过，把握地方立法具体项目所设计的重点和难点问题，找准立法切入点，为地方人大及其常委会审议和通过地方性法规，或者地方人民政府审查和审议通过的地方政府规章夯实基础。在地方立法审议阶段，通过立法调研可以对审议中遇到的重大问题和争议问题进行反复协商，确定以事实和上位法为依据有效消解分歧，提高认识、达成一致，为提高立法质量做好充分准备。在地方立法评估阶段，通过立法调研可以有效检验地方立法质量和社会效果，为下一步修订和完善地方立法提供参考和依据。系统周密的立法调研是贯穿于地方立法的全过程，是地方立法的基础，也是地方立法高质量的重要保障。

（三）立法调研是公民参与地方立法的重要途径

地方立法是用来调整与人民群众密切相关，甚至直接涉及其权益的社会关系的，直接影响着人民群众的权利和义务，最终也必须获得人们的赞同和遵守，增强地方立法的合法性。可以说，地方立法调研中人民群众的参与状况如何，直接影响着立法机关能否坚持从实际出发，能否有效反映人民群众的利益和诉求，是地方立法民主性的试金石。同时，人民群众参与到地方立法之中，如实反映自身所体验和觉察到的社会事务的基本状况，反映自己的利益和诉求，用法的形式予以维护和保障自身的立法诉求和利益，才能减少立法后执法的阻力，确保地方立法的有效实施。这就要求地方立法必须以人民群众有序有效参与为前提，而立法调研是公民参与地方立法的有效途径。

人民群众如实反映社会实际情况，反映自己的立法诉求，都需要通过调查研究来收集、整理和加工分析。要让公民有序参与地方立法，就要坚持立法公开，实行"开门立法"，面向群众、面向基层、面向实践，了解真实情况、研究解决实际问题，掌握地方立法的第一手资料。通过地方立法中人民的参与，可以有效调动人民群众参与地方立法的积极性，丰富和拓宽公众参与地方立法的渠道，充分发挥人民在地方立法中的作用，让人民群众成为地方立法的主动参与者，使其感受到地方立法是体现了包括自身意见在内的全体人民的共同意见，即使自己的立法诉求没有被采纳也得到认真考虑并说明了理由。进而使得地方立法调研中的公众参与成为普及法律知识，树立法治权威，促进法规规章的贯彻实施与遵守执行的过程，同时还增强了公民对地方立法的认同感，增强公民守法、用法的自觉性。

第二节　地方立法调研的实施

地方立法调研作为一项重要的地方立法活动，应当根据地方实际与特色，结合具体立法项目来实施。与国家层面立法调研相比，地方立法调研涉及的事项更加具体，与当地人民群众的切身利益更为密切。因此，在实施地方立法调研时更要贯彻民主性、科学性和合法性的要求，严格按照立法调研的科学步骤来推进。

一、拟定实施方案

地方立法调研实施方案是具体承担地方立法任务的机构所拟定的关于地方立法项目的目的、内容、主体分工、研究对象和时间进度等事项的专题性调研计划。它是具体组织实施地方立法调研的行动计划，即它意味着对一系列地方立法调研活动的人、财、物、事以及时序等事项的安排。因此，地方立法调研实施方案必须明确为什么要进行立法调研、调研主题与调研目的是什么、如何开展立法调研活动，安排好立法调研经费、调研时限、规模大小、调研方式、时间进度以及过程控制等问题。同时，为了增强地方立法调研实施方案的操作性和有效性，要把具体调研任务根据人员分工和时间进度安排两个维度进行详细分解，使有关人员清楚各自的调研任务要求和责任。值得注意的是，地方立法调研实施方案具体安排也要留有余地，对调研活动的具体时间、经费、人员等安排要有适当调节、变通的空间。此外，地方立法调研也要根据调研目的、调研内容、调研经费等具体情况，量力而为、统筹安排、突出重点，注意投入与产出的效益问题，尽可能节约费用，有效完成地方立法调研任务。

同时，地方立法调研实施方案是地方立法调研活动的一个分工实施、进度安排实施系统。它除了需要调研对象的积极配合外，更需要制定者、实施者、协助者及其他相关人员理解与接受，需要将调研活动分工落实、具体分解到每个人并明确责任。因此，为了方便方案的制定、理解与实施，除了要对具体活动的人员分工和时间进度进行详细安排外，还必须符合实际需要。符合地方立法调研实施方案的基本结构包括以下内容。

（1）标题。一般由具体立法项目名称（适用范围）、主题以及文种三部分组成，如《〈惠州市国家历史文化名城保护条例〉立法调研方案》《关于开展〈惠州市罗浮山保护条例〉立法调研工作的实施方案》。

（2）开头。说明制定立法调研实施方案的缘由、目的和指导思想。开头与主体往往用过渡句承上启下。

（3）主体。说明立法调研实施方案的地点、人员、费用、具体内容、方法和措施、实施步骤及其时限要求，解决"做什么""怎样做""何时做"的问题。写作时要求做到内容明确、责任清楚、措施有力、步骤得当、时限合理。结构上一般采用序号法将其内容安排成"分列式结构"。

（4）结尾。或突出重点，或强调有关事项，或提出简短号召，也可不写结尾。

（5）制定机关。由于实施方案的标题一般不写制定机关，因此落款处应当注明制定机关。

（6）制定日期。

示例 5 – 1：

×××立法调研工作实施方案

一、调研工作的原则和指导思想

……

二、调研地点

......

三、调研对象

......

四、调研人员

......

五、调研内容

......

六、工作要求

......

七、时间安排

......

×××机构

×年×月×日

二、收集地方立法项目资料

收集资料是地方立法调研的重要内容，也是立法调研的主要环节之一。立法调研中，一般都采用社会学中的问卷调查法、访谈法、观察法和文献法等来收集立法项目相关资料。

（一）访谈调查的实施

访谈调查的实施是指开展访谈调查的具体行动，包括访谈的准备、进入访谈、做好访谈记录和结束访谈这四个环节。

1. 访谈的准备

如要顺利、成功进行访谈调查，就得从认真准备开始。在此阶段，应当做好以下工作：

（1）选择适当的访谈方法。如果访谈的目的是验证假设或获得多数人的反应，以便于比较，就要选择标准化的结构式访谈；如果是探索性或者实验性的访谈调研，则要选择非结构式访谈。在确定访谈方式之后，还要对结构式访谈列出详细的访谈提纲，对非结构式访谈确定基本主题并用简要提纲确定大致的访谈范围。

（2）了解访谈对象的情况。包括访谈对象的姓名、年龄、职业、文化水平、兴趣爱好等，以便事先能正确地准备访谈问题，选择恰当的访谈方式和灵活地运用访谈技巧。

（3）选择合适的访谈时间和地点。方便的时间、适当的地点，能保障访谈不被打扰或者中断，有利于访谈对象准确、流畅地回答问题，保持访谈的连贯性。

（4）接触访谈对象并建立信任关系。由于访谈是一种社会交往过程，只有与访谈对象建立起相互信任、相互理解的友好关系，才能使访谈对象反映自己的实际情况和真实想法，有效地收集到相关资料和信息。

2. 进入访谈

访谈员开始正式访谈时，要注意有效控制访谈节奏。提问是访谈调查的主要实施手段，在访谈中处于十分重要的位置。从一定意义上讲，访谈技巧也就是提问技巧。访谈过程中提出的问题可以分为实质性问题和功能性问题。实质性问题是指为了所要了解的实际内容而提出的问题，功能性问题是为了创造有利的访谈氛围而提出的问题。在初步了解访谈对象的基础上，访谈员灵活运用各种功能性问题可以为实质性问题的回答创造一个良好氛围，促进访谈顺利进行。在访谈中，访谈员不仅要根据提纲提问，还需要根据回答情况对访谈对象进行引导与追问，以帮助访谈对象正确理解和回答问题，帮助访谈员自己准确、完整理解访谈对象的回答。

3. 做好访谈记录

记录访谈内容是进行访谈的重要工作。访谈记录的内容不但包括访谈对象的谈话，还应包括其重要表情、手势，谈话时的环境、时间等。值得注意的是，随着访谈时间的延续，访谈对象的注意力也会逐渐降低；如果时间过长，则会使其不耐烦。而当场记录访谈内容会耗费较多时间，故有经验的访谈员往往采取事后补记的办法：在访谈现场采取记要点和关键的办法，即记录应着重于重点问题和材料的关键词，对一些异常的行为或者表情记录下提示性的词语；而具体内容的记录则事后补记，并根据要点和关键点来回想、补充访谈细节，从而形成完整、准确的访谈记录。当然，为了事后能检查、补记相关记录的详细内容，使用录音、录像等手段能更保证访谈内容记录的客观、真实、有效。但如果要使用录音、录像设备，应当事先取得访谈对象的同意。

4. 结束访谈

成功的访谈必须注意掌握好访谈的时间长短。时间过长，会让访谈对象疲倦、反感，从而产生抵触情绪，降低回答的积极性。时间过短，则会造成访谈无法深入，访谈对象对问题不能展开，访谈员也无法在回答问题的基础上继续追问，深入了解具体情况、收集相关信息。所以，访谈员要主动把握好访谈的时间长短，在适当的时候结束访谈。在结束时，访谈员一定要对访谈对象的合作及其提供的信息再一次诚恳地表示感谢。

（二）问卷调查的组织实施

问卷调查是一个动态的、有组织的系统工程。其活动开展不仅前后不同环节的工作内容不同，而且不同环节之间还有互为前提的时序要求。因此，在问卷调查的组织实施中，必须考虑到不同环节的不同工作内容与要求的影响，有针对性地开展立法调研活动。问卷调查主要包括以下环节。

1. 设计调查问卷

设计调查问卷不只是列出一组问题和答案以构成调查表格这么简单，它还涉及调查目的、调查内容、调查经费、调查时间、样本性质以及问卷的使用方式等问题。在内容上，调查问卷包括封面信、指导语、问题及答案、量表、编码及其他几个部分，所以具体设计调查问卷时一般也据此来分别进行：

（1）封面信。封面信，即给调查对象的一封短信。它的作用在于向调查对象介绍调研者身份、调查目的和意义、调查内容、调查对象的选取方法以及对调查结果的保密措施等。封面信一般印在调查问卷的封面或封二，200字以内为宜。调研者能否让调查对象接受调查，使他们认真如实地填写问卷，在很大程度上取决于封面信的质量。封面信的语言要简洁、中肯，文笔要亲切，切忌啰唆。在信的结尾处，一定要真诚感谢调查对象的合作与帮助等。下面以一份实际调查问卷的封面信为例。

示例 5 - 2:

　　关于罗浮山风景名胜区保护的调查问卷（游客）的封面信

尊敬的女士/先生:

　　您好, 美丽惠州需要您的参与! 为全面了解罗浮山风景名胜区的保护现状和存在问题, 我们很抱歉地耽误您几分钟时间, 请填答下面的调查问题, 非常感谢您的支持!

惠州市地方立法研究中心

2016 年 11 月 10 日

　　(2) 指导语。指导语即用来指导调查对象正确填答问卷的各种解释和说明, 其作用是对填表的方法、要求、注意事项等作出说明。指导语有卷头指导语和卷中指导语之分。卷头指导语一般以"填表说明"的形式出现在封面信之后、正式调查的问题之前。主要是向调查对象介绍填答问卷的具体方法及注意事项。举例如下:

示例 5 - 3:

填表说明:

(1) 请在每一个问题后适合自己情况的答案号码上画圈, 或者在_____处填上适当的内容。

(2) 问卷每页右边的数码及短横线是计算机用的, 您不必填写。

(3) 若无特殊说明, 每一个问题只能选择一个答案。

(4) 填写问卷时, 请不要与其他人商量。

　　卷中指导语一般是针对某些特殊的问题所作出的特定说明。分别放在某些较复杂的问题后面的括号里面, 其作用主要是指导调查对象填写该问题, 如"可多选""请按重要顺序排列"等。

　　(3) 问卷问题。问题与答案是问卷的核心内容, 也是调研者必须花时间精心设计的重要内容。在设计问题时，不仅要关注问题本身，还需要注意问题排列的先后顺序。由于调查对象的注意力是逐渐分散的，所以重要的问题应该排列在前面，不太重要的问题往后放，分清主次、依次排列。同时，对于问题和答案的设计，要表述准确、客观，不带倾向性，不进行诱导和暗示；文字要浅显易懂，问题和所给出的答案要协调；设计的问题不能超出调查对象的能力，包括识别和理解的能力、知识的范围和水平等。

问卷问题一般有以下几种表述方法。

①简单询问法。即用一句简短的疑问句将问题直接表述出来。

示例 5 - 4：

您对目前罗浮山风景名胜区的管理的满意程度为：

A. 完全满意　　　　　B. 比较满意　　　　　C. 一般

D. 比较不满意　　　　E. 完全不满意

②简单陈述法。就是将问题用简短的陈述句表达出来。

③释疑法。在问题前加一小段解释性文字，消除调查对象的疑惑或帮助其正确理解题意。

④假定法。即用一个假言判断作为问题的前提，然后询问调查对象的看法。

⑤转移法。将他人的回答作为答案，请调查对象作出评价。这样可以降低问题的敏感性和减轻答题者的被威胁感。

⑥情景法。这种方法就是设计一个情景，将调查的意图隐藏在问题之中，让调查对象设身处地地表露自己的看法和意图。

（4）问卷答案。问卷答案的设计一般分为以下形式。

①开放式。所谓开放式回答，是指对问题的回答不提供具体答案，也不规定回答范围，由调查对象根据自己的情况，以自己的想法和态度自由回答。简言之，就是只提问题不给答案。例如：您对加强罗浮山风景名胜区的保护和管理有什么建议？

②封闭式。封闭式回答就是在提出问题的同时，还给出若干个答案，

要求调查对象根据实际情况选择一种或几种答案作为回答。它又分为单项选择式、不定选择式、多项选择式、排序式、等级式等。

③混合式。又称为半封闭、半开放式，这是将开放式和封闭式结合的一种方式，是指在封闭式答案的最后加上一项"其他"，由调查对象自由表达与该问题相关的未尽内容。

（5）量表。在地方立法调研中，问卷设计中的问题如果涉及人们的主观态度，常常使用量表。它由一组问题构成，用以精确地测量人们对某一事物的主观态度或观念。而量表中最常使用的则是利克特量表，它由一些陈述句组成，每一陈述句都与调查对象对某一事件（或人物）的态度相关联，并在每一陈述句之下为调查对象提供了可选择的表示不同态度层次的一系列回答。可供调查对象选择的答案通常是 5 个或 7 个，5 个包括完全同意、同意、不一定、不同意、完全不同意，这一系列表示赞同程度的序列。为了结果分析的方便以及统计上的需要，通常对这 5 个选择赋予一定的数值。如在肯定式陈述句中，"完全同意"为 5 分，然后以 1 分为单位递减，至"完全不同意"为 1 分。根据每个调查对象对各题回答的分数加总得出总分，回答总分所占满分的百分比，说明了这一调查对象的态度强弱。根据所有调查对象对某个单一选项的回答分数总和，所占单项分数满分乘以回答问卷人数所得单项满分的百分比，则为所有调查对象对单项问题的态度强弱。而所有调查对象对全部选项的回答分数总和，所占全部选项分数满分乘以答卷人数所得全部选项满分的百分比，则为所有调查对象对全部选项的总体的态度强弱。例如，调查社会公众对某一地方立法机构的年度绩效状况的量表如下。

示例 5－5：

问题答案选项（请在您选择的答案后打钩）

1	贯彻落实中央重大决策和重要会议精神情况	很差	较差	一般	较好	很好
2	立法机构领导班子和公务员队伍建设情况	很差	较差	一般	较好	很好
3	立法机构廉政建设情况	很差	较差	一般	较好	很好

（6）编码及其他。在地方立法调研的统计调查中，常常采用以封闭式问题为主的问卷。这就需要将调查对象的回答转换成数字，以便输入计算机进行处理和定量分析，即对回答结果进行编码。所谓编码就是赋予每一个问题及其答案一个数字作为它的代码。编码一般放在问卷每一页的最右边，有时还可用一条纵线将其与问题及答案分离开来。

编码可分为预编码和后编码。预编码是指在问卷设计的同时就把答案的每一个种类设计指定好编码值。预编码适用于已经给出了答案，要求调查对象在给定的答案中选择一个或若干个答案的问题，即封闭式问题。这种编码的优点是处理资料时比较简单，省时省力。缺点是对于自由回答的问题即开放式问题，事先无法知道所有的答案，无法进行编码。

示例 **5－6**：

您的性别：男　　女　　　　　　　　编码：男－1　　女－2

后编码指的是在问卷回收后，调研者每发现一种答案，就给这个答案指定一个编码，直到所有的答案都有了编码。这种方式一般在开放式问题中使用。但采用开放式问题会造成答案非常多，有限的几个编码不能穷尽所有的答案。为了便于分析，往往把相似的答案并为一类，指定一个编码；同时将回答人数较少的答案纳入"其他"一类，并为此指定一个编码。

在实际地方立法调研中，采用预编码已成为比较通行的做法。因此，预编码也就成了问卷设计的一部分。需要注意的是，编码如果是阿拉伯数字的话，这些数字没有任何数学上的含义，它们只代表某一个变量的一个取值，这个值代表的是某一类别，如调查对象的性别，"1"代表男性，"2"代表女性，这里的"1"和"2"分别代表了两种不同的性别，没有任何数量上的意义。

（7）结束语。结束语一般放在问卷的最后面，用来简短地对调查对象的合作表示感谢，还可以用来征询调查对象对问卷设计和调查本身的感受。例如，采用实地调查就可以在结束部分设计有关调查过程的问题，了解调查对象对调查本身的态度。

2. 调查员的挑选与培训

通常而言,因时间和精力等原因,调研者不可能独自承担调查问卷的发放和收集工作,临时聘请调查员就成为完成调查问卷发放、收集和输入等工作的有效途径。因此,地方立法调研中,临时聘请的调查员是调查研究中资料收集工作的主要承担者。问卷调查实施得怎么样,很大程度上取决于调查员的素质、能力和调研水平,这就使得挑选和培训调查员也是调研者在调查研究中的一项重要任务。培训前,调研者必须依据调查所需挑选调查员,在地方立法调研中,对调查员的基本要求主要有以下方面。

(1)诚实与认真,即指不弄虚作假,能够客观地、实事求是地对待调查的结果,认真完成地方立法调研任务。

(2)感兴趣且有能力开展调查工作。

(3)勤奋负责,即具有不怕困难、不怕吃苦的精神,具有努力做好调查工作的责任心。

(4)谦虚耐心,能充分尊重调查对象,在访谈中耐心聆听调查对象的回答。

此外,还要注意依据研究的主题、社区的性质、被访对象的特点来选择一些具备某些特殊条件的调查员。例如,从研究主题来考虑,调查有关政治、经济问题时,应选择男性调查员为主,而在调查婚姻、家庭问题时则选择女性调查员更合适。从调查对象的特点来考虑,当调查对象为青年时,应尽量选择青年调查员;而当被访对象主要为年龄较大、资历较深、影响力较大的中老年人时,则应选择年龄较大的调查员。从社区的角度来考虑,所选择的调查员最好是当地的,甚至是同社区的、同民族的、同宗教的人,这样的调查员由于熟悉调查对象的风俗习惯、文化传统、语言特点等,往往能够顺利开展访谈和问卷调查。总之,所选的调查员在年龄、文化程度、住址、社会地位等背景条件与调查对象越接近越好。

挑选了适当的调查员,作为调查问卷活动主持人的调研者还必须对调查员进行培训。因为问卷调查往往要求调查员同时具有三种角色:一是听众角色,友好的、善解人意的、值得信任的听众角色有利于调查对象如实回答调查问题。二是教师或指导者的角色,指导调查对象放松心情,以自己的真实情况与想法来填写问卷，回答问题。三是资料收集者或记录者的角色，这是调查员最根本的工作任务。所以，需要对调查员进行培训：

（1）问卷调查的主持人（负责主持调研的调研者）向全体调查员介绍该项调查研究的计划、内容、目的、方法，及其与调查项目有关的其他情况，以便调查员对该项工作有所了解。同时，对调查的步骤、要求、时间安排、工作量、报酬等具体问题进行说明。

（2）介绍和传授一些基本的和关键的调查交流技术。例如，如何自我介绍、如何快速取得调查对象的信任、如何客观地提出问题、如何检查回收问卷等。同时，要组织调查员弄清楚调查问卷的全部内容、提问方式、填写方法、注意事项等，以便于调查员在具体调查时对调查对象进行指导。

（3）进行模拟调查。在小范围内，让每个调查员都按正式调查的要求和步骤，从头到尾实际操作一下，从中发现问题，并通过讨论或讲解，及时解决这些问题。

（4）建立起相互联系、监督和管理的办法，保证正式调查工作的顺利开展，包括组织管理、指导监督、复核检查、总结交流等。

3. 合理组建调查队伍

要使整个调查过程有条不紊，调查员保质保量地按照调研方案和计划开展调查工作，还需要对众多调查员进行有效组织、合理分工。通常的做法是，在挑选好调查员以后，要建立起相应的调查小组，小组的规模以4—6人为宜，并注意男女比例的搭配，尽可能做到小组中男女各半。每个小组指定 1 名小组长，并授权小组长对其组员进行管理与监督。调查任务的布置和实施要以小组为单位，而不以单个的调查员为单位。

4. 联系调查对象

在问卷调查中，调查员首先要迅速地同每一位调查对象建立起暂时的联系。故如何使调查员为调查对象所接受，是每一项调查研究都必须面临和解决的问题。结合我国地方立法调研的实际情况，可以考虑以下各种不同的途径。

（1）争取党政机关的支持或者共同参与。调研者如果有条件取得党政机关的认可，通过其从上到下的组织系统来联系和接触调查对象，那么调查工作就会十分顺利。例如，历史文化名城立法保护状况调研，如果能获得地方人大常委会的发函支持或者共同参与，就会得到地方政府及其职能部门的配合，抽取调查样本就比较容易，能保证调查顺利开展。

（2）获得企事业单位的支持和配合。并不是每项调查都会得到党政机关的认可和支持，那么就只能用其他替换方式，取得调研对象所属的企事业单位的支持和帮助。例如，在历史文化名城立法保护状况调研无法得到党政机关的支持的情形下，可以与所抽取的调查对象所在的居委会或者企事业单位直接取得联系。只要居委会或者企事业单位的负责人积极支持和配合，也能保证立法调研的顺利进行。

（3）借用私人关系开展调研。对于党政机关或者企事业单位而言，问卷调查总是个"额外的事"，不支持是十分正常的。在这种情况下，调研者还可以设法去找各种熟人、朋友、同学、亲戚，甚至通过熟人的熟人、朋友的朋友，以打通与调查对象联系，争取其支持。

（4）与调查对象直接联系，争取支持。这是在前述渠道都行不通时必须努力尝试的办法。当然这样做需要调查员耗费大量精力，去寻找到适当的调查对象，并争取对方支持。这样做的时候，调查员要注意：一是要带有所在调查机构（例如大学、研究所）的证件和介绍信，以让调查对象了解自己身份、单位性质和调研事项；二是在态度上应自然、平和、礼貌、友善；三是要注意联系的合适时间，避免在晚上、学校考试期间及之前、吃饭时间等去联系和开展调查。

5. 发放调查问卷及其管理

问卷的发放主要有报刊发行、邮寄、实地送发、个别调查等形式。其中，实地发放问卷和通过报刊发行这两种形式在地方立法问卷调查中使用最为普遍。通过报刊刊发问卷，让调查对象把填好的问卷及时寄送回调查单位，需要调查事项与调查对象的利益密切相关，且对符合要求的回复问卷的调查对象进行有效激励，如送阅刊发调查问卷的副刊、增刊或者今后一定时期的期刊，或者通过购物券、电话费等奖励措施，才能保障调查问卷的填答质量和回收率。

虽然现在网络调查问卷形式大量采用，但在立法调研中，其适用于网络中比较年轻的活跃的网民，因而显得代表性不足，不适用于较少上网的市民。所以，比较普遍采用的仍是实地发放调查问卷的方式。进行实地发放调查问卷时，最好是利用调查对象集中的机会。实地问卷调查还应征得有关单位或组织的同意，获得支持和配合，以保障调查取得成功。

调查设计时，调研者可能已经设计好抽样方案，一些调查中也可能已经抽出调查的样本。但在许多情况下，样本的抽取或多或少地要由调查员在实地中进行。例如，对城市居民进行入户调查时，调查前的抽样工作进展到居委会一级比较容易，但是从居委会中抽取居民户则是一个比较困难的环节。在得不到居委会的居民户口登记表的情况下，通常只能由调查员根据事先设计的抽样方案和方法（例如，街区抽样方法、楼房抽样方法、门牌抽样方法等）在实地进行抽样，并对抽样样本缺乏时使用备用抽样方案。这是一件非常复杂的工作，也经常会出现抽样规则和方法培训中没有涉及的新情况，因此要保证实地抽样的质量，还必须加强在实地调查的具体指导，授权调查员实地灵活处理。

当实地调查工作开始后，调研主持人或者管理者应该积极主动了解每一位调查员的工作情况，及时解决他们所遇到的问题。调查主持人或者管理者要争取亲自到现场发放调查问卷，作一些必要的解释并指导问卷的填写；要参与到发送问卷或结构访谈的实际工作中，亲自做一两份访谈；要分别观察或陪同不同调查员进行一次调查，以掌握每位调查员的调查能力、调查质量。只有这样，调研主持人或者管理者才能不断提高问卷的填答质量和回收率，才能了解和体验调查中可能出现的问题，才能了解和体验调查员容易出现的遗漏、偏差等，以便于及时进行提醒和指导。

6. 问卷回收和实地审核

问卷的回收率是影响问卷调查质量的一个关键问题，回收率太低会严重影响问卷调查的结果，有可能影响整个研究的实施和结论。影响问卷回收率的因素有：调查组织工作的严密程度，调查员的工作态度和负责精神，问卷填写的难易程度，问卷现场的回收可控制程度。一般要求当场就进行问卷资料的审核，这要求，每个调查员在收回问卷时，要检查问卷填答是否完整，有关问题回答是否符合特定要求，及时发现问题，向调查对象解释含义与要求，必要时要求其重填，并在检查合格的问卷上面签上调查员的姓名及调查地点和时间。同时，每个小组的组长要再次对调查问卷进行检查，并签上组长的名字及时间。调研者也应随时抽查收回的问卷，及时发现调查问卷中存在的问题，并进行补救。

（三）观察调查的实施

观察调查是一种具有很强目的性、计划性和系统性的调研方法。为了使观察调查做到循序渐进，操作方便，开展有序，保证观察调查的科学性、合理性和有效性，一般从以下方面依次开展。

1. 确定观察目的，制订观察计划

地方立法调研中的观察调查总是围绕着某一课题，为实现某一特定的目标任务而进行的。确定观察目的首先需要确定整个地方立法调研中观察调查与其他方法在收集资料方面的分工和衔接。只有观察目的明确了，在具体的观察过程中，才能使观察目的渗透、内化、贯穿于观察调查的始终，保证观察调查的针对性、规范性和持续性。

在明确观察目的的基础上，要制订观察计划。观察计划是对整个观察过程的纸上作业，它包括确定观察对象、观察内容和范畴以及选准观察的时间和场合等。

（1）确定观察对象。社会中的事物或现象具有纷繁复杂、动态多变的特点，为了使观察调查结果具有典型意义，应该选择那些条件比较单纯，具有一类事物或现象共同特点的典型对象作为观察调查的对象。

（2）确定观察的基本范围和主要内容。观察范围和内容应该根据调查目的、研究问题来确定。但一般包括以下五个方面：第一，现场的情境，即观察对象活动的舞台及其背景，包括自然条件和社会环境。第二，观察对象的角色、地位、身份、数量及其彼此关系等。第三，目的、动机、态度，即对观察对象的某种行为是否有明确的目的，在表面的目的后面有什么深层动机，观察对象行为目的、价值观、态度是否是一致的。第四，社会行为的类型、产生与发展过程，行为的性质、细节以及影响等。

比如，在工作、学习、娱乐、生活中观察对象所表现出来的言谈举止、行为习惯、喜怒哀乐是如何引起的，又产生了什么样的后果等。第五，事物或现象发生的时间、出现频率、持续期间等。

（3）选准观察的时间和场合。社会中的事物或现象都不是静止不动的，而且每一种具体的事物或现象的形成又是与周围的环境有密切联系的。在不同的时间、不同的场合对同一社会事物或现象进行观察，其表现具有偶然性，往往会发现表现迥异，进而得到不同的观察结果。因此，观察之前要选择与确定观察对象表现充分的最佳观察时间与观察场合。

2. 进行理论准备和实践准备

理论准备包括在进入观察现场前要查阅理论文献，了解前人的研究和理论观点，从而选取一定研究角度和观察角度或将观察范畴操作化，确定观察指标和分类系统。而实践准备包括制作观察卡片、记录提纲，选用技术设备、培训观察人员等。进行理论准备和实践准备主要包括以下方面。

（1）确定观察指标和分类系统。观察指标和分类系统是在确定观察目的与范围、制订观察计划的基础上建立起来的。具体来说，调研者应通过对于符合观察目的的各种事物或现象进行甄别，建立一个分类系统，同时制定相应的概念范畴来解释各种事物或现象。这些概念范畴要符合逻辑，并能形成指标体系。标准化的指标与分类可以使观察的资料比较集中，找出那些对于研究工作有意义和重要的信息。再者，标准化的观察指标和分类系统可以使不同的观察者在不同的情境中，都以同样的框架和标准观察、记录社会事物或现象。

（2）制定观察卡片。在正式观察之前，一般预先制定专门的观察卡片。观察卡片没有统一的格式，要根据观察内容来设计。一般要求是，根据基本内容确定相关变量，列出一系列问题项目，项目下明确列出各种详细、具体、数量化的指标，形成明确的等级或层次。在进行观察调查时，观察人员只需在相应的表格内进行标记，并详细注明观察的时间、地点即可。这既可提高观察记录的速度和质量，又有利于分类整理和量化分析，做到可靠、易行、准确。

（3）选用技术设备。虽然最基本的观察工具永远是人的感觉器官，但由于各种感觉器官的感知能力是有一定限度的。所以，现在越来越多地使用照相机、摄像机、望远镜、显微镜、录音机等科学仪器辅助观察人员进行观察，以便准确、全面获取观察资料和信息。

（4）培训观察人员。观察调查对观察人员提出了较高的素质要求，具体包括观察人员要有敏捷的思路、广泛的知识、较强的判断能力以及严格的纪律性等。观察人员要具有一丝不苟的态度，对观察对象有较强的感知能力，熟练掌握并能具体运用观察知识和技术方法，灵敏地捕捉到最重要、最需要的内容。因此，培训观察人员应坚持注重实践，根据"缺啥补啥"的原则有针对性地开展。

3. 进入或获准进入观察现场

在观察调查中，各种被调查研究的事物或实地场所的开放程度是不同的。有的观察调查在公共场所进行，如流浪者聚居地、公园和公共汽车站等，不存在需要正式批准的问题，直接进入观察现场即可。但是，有的观察调查需要在封闭半封闭的场所进行，它们是不对观察人员开放的。这种情况下，观察人员要开展观察调查，获准进入观察现场是必不可少的前提。针对封闭或半封闭型社区或者组织，最好的办法就是得到有关部门的支持、委托，或设法找到并通过"关键人物"或"中间人"，获得许可进入，并由其"带入"观察现场。当然，观察人员如果能表现出谦虚、谨慎的态度，争取当地组织和有威望的人物的支持信任，利用他们的社会关系扩大接触面，是非常有利于观察调查的。应当注意的是，获准进入观察现场只是获得了在所研究的社区或群体组织中的"公开身份"，它离真正进入社区或群体组织还有相当的距离。因此，尽快与观察对象建立友好关系，是进入观察现场后观察人员要解决的首要任务。具体来说，观察人员应当了解并尊重实地场所的语言、风俗、生活习惯、道德规范，如饮食、起居、服饰、礼节等。此外，观察人员还要学习使用实地场所的方言、俚语，与观察对象共同生活，能和观察工作对象一起工作，增进同观察对象之间的了解，从而使观察对象消除抵触情绪、感到放心。

4. 进行观察、记录及资料归集

进入观察现场并取得观察对象的支持和配合后，就要进行观察。一般而言，在前面各项准备工作的基础上，观察人员要根据调研的需要，结合观察调研指标、重点和观察卡片，对观察对象进行逐项观察、判断和记录。但根据观察对象的实际情况，对于不属于指标体系或不符合原有预计的观察要素所表现出的独特性也要客观记录下来。

因此，认真做好观察现场同步记录，把观察得来的信息变成文字记录，是保存整理资料最可靠的办法，也是观察中不可或缺的环节。应当注意的是，应当尽量进行详尽的记录，避免信息丢失、失真。但在记录时要做到"不引人注目地记录"，即记录动作要小，记录的速度要快，记录的时间要尽可能短，不吸引观察对象的注意力，以免影响观察对象改变行为表现。此外，在不适宜同步记录的场合，如观察内容属敏感问题，当场记录会引起观察对象的疑虑或反感时，就需要改用记忆记录的办法，进行事后补记。

如果是采用团队或者分组进行观察的，还会面临着一个资料归集的问题，即不同观察人员在实施了观察法对某一事物或者社会现象进行了观察，并当场或者事后做好了观察记录后，还需要把各自的观察记录归集在一起，以便于调研之用。在地方立法中，因为调研往往以组织机构或者团队的形式来承担调研任务，不止一人，故更常见的做法是对不同的观察记录通过电子文档或者纸质文件进行备份或者共享，使地方立法项目团队的每个成员都能熟悉彼此观察的内容及其重点，以利于彼此协作互补，形成较为完整、全面和客观的认识。

（四）文献资料的收集

文献资料收集有四个基本环节，分别是确定主题，选择检索工具阶段、检索并收集文献阶段、积累与鉴别阶段和初步整合文献阶段，这里进行简要介绍。

1. 确定主题，选择检索工具

此阶段包括分析研究课题，明确自己准备检索的课题要求与范围，确定课题检索标志。在确定检索标志的基础上，进一步明确所需文献的作者、文献类号、表达主题内容的词语和所属类目等，从而选定适当的检索工具、找到恰当的检索途径。

2. 检索并收集文献

文献检索就是根据研究目的查找所需要的文献，以满足研究的要求。文献检索的途径和方法分为两大类：手工检索和计算机检索。手工检索通常是根据文献的作者名、书名（或论文名）、代码等外表特征和分类体系、主题词等内容特征，利用目录、索引、文摘等检索工具来查找和获得所需要的文献。但是，利用计算机网络检索信息是目前更为普遍使用的检索方式。计算机网络是以共享资源为主要目的而连接起来的若干计算机系统的集合。检索的基本步骤如下：第一步，确定需要检索的问题和范围，在检索的过程中，可以根据实际情况进行调整，如果检索到的文献资料过多，则可以缩小检索的范围，反之则扩大范围。第二步，选择要检索的数据库，根据不同数据库选择适当的检索方式。在查询过程中，可能会有多个数据库可以使用，这时应当根据资料的权威性、新颖性等标准进行筛选，确定合适的数据库。选择用来检索的主字码，并根据主字码的要求输入具体内容进行检索。一般而言，主字码有作者名、书名或篇名、关键词等，其中关键词检索最为常见和便捷。第三步，选择需要收集的文献资料。通过主字码检索获得相关参考文献的数目、发表日期、刊载期刊等基本信息后，再根据文献的刊登期刊的权威性、发表日期等信息选择确定需要收集的资料。第四步，保存文献资料，即通过下载、复制或打印等方式保存文献。

3. 积累与鉴别文献

积累文献是收集文献的必然结果，收集文献必然是一个不断积累文献的过程。文献积累在内容上尽量全面，这就要求调研者不仅收集课题所涉及的内容，还应收集由不同的人从不同的角度对同一问题的同一方面的记载或评论的文献，同时也要收集不同的，甚至是相反的观点，不能轻易否定或忽视与自己相左的观点。积累文献可以把文献完整地保存下来，也可以通过写读书笔记、做卡片、摘记等方式，有重点地采集与自己课题有关的部分。

积累文献后就要鉴别文献的真假及质量的高低。通常对文献内容、文献属性、文献来源等情况进行鉴别，排除有疑问的作者、来源不明的或浮夸的文献。而对数据型文献资料，要进一步检查数据测量尺度、分组状态等是否与自身研究项目保持一致等。这样，根据调研目的而对文献的可利用价值进行筛选分析、判断其质量高低，使文献资料达到真、新、全、准的标准。

4. 初步整合文献

文献整合是指调研者对自己积累、鉴别后的文献进行资料转化、排序、分类等工作以便于对其进行初步分析加工的过程。它是文献调查的最后一个环节，基本步骤有：首先，将文献转化为可读的书面材料。有些文献保存在电脑里，还有一些是以录音、录像、胶卷等形式保留的，在整理过程中，应该把它们转化为可读的书面材料。其次，对资料进行分类排序。可以根据文献的结构和从属关系对文献进行分类，并加上说明性标题和简短的类别说明。然后，按照不同类别资料相互间的逻辑关系，从研究需要出发将其排序。最后，建立资料索引系统。对文献的分类和排序工作完成后，可以按照顺序、类别、主题，形成资料索引系统。

三、整理与分析资料的具体实施

整理和分析资料是连接资料输入和资料输出的一个环节，是收集资料与调研报告撰写的中间环节。整理与分析资料在地方立法调研中往往借用社会学的整理与分析方法，并结合立法调研的实际加以灵活运用。这里为了论述方便，把其分为定量资料整理、定性资料整理和资料分析三个方面来介绍。

（一）定量资料的整理

整理资料状况如何，直接影响着分析资料的质量，也影响着地方立法调研报告质量的高低。所以对如何具体实施资料整理必须给予高度重视，严格按照地方立法项目所需和资料整理的基本要求，针对定量与定性资料的不同特点进行，这里首先介绍定量资料的整理。

1. 审核资料

对定量资料主要审核以下方面。

第一，完整性。资料的完整性包括资料总体的完整性和单份资料的完整性两个方面。前者如检查抽样调查中的样本数目是否达到要求、问卷的回收率如何等。如果样本数目没有达到要求或问卷回收率很低时，则要在后面分析原因，评估其对调查结果的影响。后者如检查审核每份问卷是不是该填写的项目都填写了，如果有遗漏的项目，最好请调查对象及时补上；如果结构式访谈时得到"不知道"或"无可奉告"等回答，则必须原封不动地登记。

第二，统一性。检查所有问卷设置的填报方法是否统一；同一指标的数字所使用的量度单位是否一致等。前者如在对年龄项的填写中，一部分填写的是出生年月，而一部分却填写的是年龄，填报方法就不一致。后者如某镇村工业总产值为 2000 万元，生态公益林补偿款额为 250000 元，其度量单位就不符合要求。

第三，合格性。资料的合格性审核主要包括提供资料调查对象的身份是否符合调查要求的规定，所提供的资料是否符合填报要求，所提供的资料是否正确无误。

2. 资料的转换

资料的转换是资料录入的前提和基础工作。地方立法调研中的问卷调查或者结构性访谈，一般都采用预编码的形式，即给一个数字作为每个问题及答案的代码。资料转换就需要把调查对象选择的问卷编码录入专门的转换录入表中，再把这些转换的数字编码直接输入电脑。但有时资料转换又往往和输入是同步进行的，即省去把调查对象选择答案编码录入转化录入表，而是直接把调查对象的选择答案根据编码输入电脑。前者作为一个典型的资料转换，调研者需要根据编码，将调查对象的回答转换成可供计算机识别和统计的数字或者其他字符。

示例 **5 - 7**：

您的性别：男　　女　　　　　　　　　编码：男 -1　　女 -2

调查对象填答为：您的性别：男√ 女　　　　则转换成的数字为：1

通过这种方式，调研者就能把调查对象对某个问题的回答转换成数字，以利于计算机识别和统计。需要注意的是，表格式问题的答案进行转换时要特别注意其方向性保持一致。

3. 资料的录入与汇总

在实践中，为了减少出错的可能性，资料录入往往不采用先将问卷上的答案录入表上，再输入计算机的方式，而是直接把问卷上已编好的编码输入电脑。但这样一页一页地翻动问卷，录入的速度较慢，输入效率较低。数据录入电脑时，都有一个用何种软件来输入，以及建立一个什么样的数据文件进行统计分析的问题。目前比较常用的统计分析软件主要有SPSS、SAS、SYSTAT 等，尤其是 SPSS 使用更为广泛。

采用电脑软件录入，每一份问卷的所有答案就形成了一份文件，问卷编号就是文件名。而各份问卷对同一个问题的答案组成了数组，编码组号就是数组的名称。所有问卷输入后，各文件、数组都在规定的位置上对齐，形成一个数据矩阵，同一横行为一份文件，每一纵行为一个数组。矩阵中每个空格就是不同答案转化成的编码或英文字母。资料输入完毕，电脑也就自动完成了汇总。

4. 资料的清理

在数据资料的录入过程中，无论组织安排得多么仔细，工作多么认真，还是难免会出现差错。因而在进行计算机统计分析之前，应仔细地进行数据清理工作，不让有错误的数据进入运算过程。

数据清理工作通常采用下列方法：（1）有效范围清理。对于问卷中的任何一个变量来说，它的有效的编码值往往都有某种范围，而当数据中的数字超出了这一范围时，可以肯定这个数字一定是错误的。例如，如果在数据文件的"性别"这一变量栏中，出现了数字5 或者7、8 等，就马上可以判定这是错误的编码值。因为根据编码手册中的规定，"性别"这一变量的赋值是1 = 男，2 = 女，0 = 无回答。凡是超出这三者范围的其他的编码值，都肯定是错误的。检查不符合要求的编码值状况，只要用

SPSS 软件（或其他软件）执行一条统计各变量频数分布的命令，就能直接显示各变量的数字，从中发现错误的数码值。（2）逻辑一致性清理。逻辑一致性清理的基本思路是依据问卷中的问题相互之间所存在的某种内在逻辑联系，来检查前后数据之间的合理性。例如，在《罗浮山风景名胜区保护条例》立法问卷调查中，对"您对目前罗浮山风景名胜区的管理是否满意？"选择了"非常满意"，而又对接下来的问题"如不满意，原因是？"选择了"不够人性化，管理松散"。很显然，既然满意，对不满意的原因应当是"缺省值"，否则这个数据就是前后逻辑不一致。（3）数据质量抽查，即数据本身没有错误，但是在输入时有输入错误的情况，这就需要数据质量抽查来排除。例如，录入数据时把"文化程度"变量输错了，问卷上填答的答案是 1（小学及以下），编码值也是 1，但数据输入时却输入了 2（初中）。对此，可采用双输入排错法，即每份问卷由不同的人输入 2 次，只有当某一份具有特定编号的问卷输入完全一样的时候，才作为输入正确的数据；否则，就必须根据其编号，再次查找，发现错误并进行纠正。

（二）定性资料的整理

定性资料整理因为与定量资料整理具有不同的特点，在资料整理的具体内容和要求上也有所不同，主要包括以下几个环节。

1. 资料的审核

定性资料的审核是对原始资料进行审查与核实的过程，其目的是消除原始资料中的不符合要求（如虚假、差错、短缺、冗余等）的成分，以保证资料的真实性、准确性和适用性，从而为下一步整理分析做好准备。

（1）真实性。真实性是资料审核中最起码和最根本的要求。要对收集到的定性资料，根据实践经验和常识进行辨别，看其是否真实可靠地反映了调查对象的客观情况；一旦发现有疑问，就要根据事实进行核实，排除其中的虚假成分，保证资料的真实性。

（2）准确性。收集到的定性资料与调研目的、调研内容是否一致，对分析研究问题的效用大小、对于事实的描述是否准确等都要进行判断、审核，把那些离题太远、效用不大或与目的不一致的资料予以清除，以保证资料的准确性，特别是有关的事件、人物、时间、地点、数字等都要反复核实，确保准确无误。

（3）适用性。这主要是判断定性资料是否适合分析与解释，具体包括资料的分类是否合适，资料的深度与广度如何，资料是否集中紧凑、资料是否完整等。

2. 进一步整理资料并建立档案

在定性研究中，通过文献收集、非结构式访谈、实地观察等方式，调研者得到的是一堆凌乱、无结构、无顺序的资料。所以，对杂乱无章的定性资料需要进行条理化和系统化。条理化，即对资料进行归类整理，使之合理有序、分门别类，为进一步分析创造条件。系统化，即从整体上考察现有资料满足研究目的的程度，有没有必要吸收补充其他资料。条理化是从对个别事物归纳分类着手，系统化是从整体综合角度考虑问题。在地方立法调研中，随着计算机技术的广泛采用，定性资料的分类工作得到了简化，效率也大大提高。除了分类框架的确定、类别和代码的设置等工作仍然必须由调研者来做以外，其他工作都可以利用计算机来进行。用计算机来辅助分类工作，通常的方式是先将各种定性资料信息全部输入计算机，这要求做到完全按照实地记录本上的内容和文字录入，不要做任何的修改，使得输入计算机后所形成的文本与原始记录在内容、文字、时间、前后顺序、各种记号等方面都完全一致，就像是实地记录的照片或复印件一样。存入磁盘后，这些资料就可以随时调用、不断复制、任意组织和反复处理了。

在此基础上，调研者要着手建立资料档案，以便于今后查阅和使用。一般而言，调研者应当建立以下类型的资料档案。

（1）背景档案。这种背景档案主要是针对与调研项目相关的政治活动、立法活动、社会活动或重大社会事件进行定性研究。

（2）参考书目档案，即将资料分析过程中，甚至整个研究过程中所查阅、记录下来的各种书目、文献资料都系统地整理和归档。

（3）分析档案，即根据分析的主题将各种资料分别集中，这是资料分析过程中最主要的档案类型。

3. 编码、分类与汇总

编码与分类是根据研究对象的某些特征将其进行编码，区分为不同种类。它对于全部资料而言是"分"，即将相异的资料区别开来；对于各份资料而言是"合"，即将相同或相近的资料合为一类。调研者将原始资料组织成概念类别，创造出主题或概念，然后用这些主题或概念来分析资料。它是将杂乱堆放的原始资料编码、分类和缩减，使其成为便于管理的有序有机的整体的工作过程。只有调研者不停地将资料进行编码、排列和分类，从而发现某种模式或者规律时，才算是形成初步的分析思路，为分析资料做好准备。

资料的汇总是将分类后的定性资料按一定的逻辑结构进行汇总和编辑。分类资料进行汇总和编辑时，应根据研究的目的、要求和客观情况，确定合理的逻辑结构，使汇总和编辑后的资料既能反映客观情况，又能说明研究问题。汇编资料一般要求以下几个方面。

（1）完整性，对所需要汇编的资料进行全面的汇总编辑，不能遗漏。

（2）系统性，汇编的资料之间应有一定的逻辑性，大小类要井井有条、层次分明，能系统完整地反映研究对象的面貌。

（3）简洁性，要使用尽可能简洁、清晰的语言，说明研究对象的客观情况，并注明资料的来源和出处。

（三）资料分析的基本过程

资料分析所使用的方式方法与社会学调查研究的方法是一致的，故本章概述中涉及的资料分析方法都能适用。特别是定量资料分析，现在基本采用分析软件来进行相关定量资料分析。对此，调研员在分析中更多的是决定应该选择何种分析数据以更为符合地方立法调研的需要，以及对数据分析结果如何进行解读。所以，这里仅仅介绍定性资料分析。尽管定性资料分析的过程可以说是贯穿于整个研究的始终，但主要还是在资料收集、整理结束后，其大致可分为以下阶段。

1. 初步浏览和回想阶段

先对整个观察记录、访谈记录或者其他文字、图形、视频等定性资料粗略地浏览一遍，其目的是对全部资料的整体有所了解和熟悉，同时也可以重新回想起许多实地参与中的情景和感受。这种浏览实际上使得调研者在对原始资料进行各种处理时更加心中有数，起到了提供某种研究背景和分析基础的作用。

2. 撰写分析型备忘录

分析型备忘录是调研者对定性资料分析中的想法和观点进行记录，以备分析之用的一种备忘录。它是写实笔记或各种观察访谈记录的一个特殊类型，只是给调研者自己看的一种笔记。调研者把收集的资料、对研究方法策略的看法、对某些人物和事件的评论都记在笔记中，以方便自己学习和加工，这就是分析型备忘录的基础资料。同时，调研者根据每一个主题或者概念，包含对这一概念或主题的相关记录，就形成一个单独的粗略的理论笔记，这就形成了分析型备忘录的开端。此外，调研者必须对资料主动加工思考，并不断将这些加工思考添加到备忘录中，打通具体资料、粗略证据与抽象理论思考之间的通道，使二者连接起来，形成完整的分析型备忘录，进而为研究报告的资料分析奠定基础。

分析型备忘录的写作方式可以是多种多样的，每个调研者都会采用自己所习惯的方式。有经验的调研者会将相关记录资料复印几份，并根据不同标准裁剪内容，添加某些评论和思考，形成不同的分析型备忘录。事实上，高质量的分析型备忘录经过修改，往往成为最终报告的重要组成部分。

3. 形成概念

概念形成是定性资料分析的有机组成部分。严格说来，概念形成从资料收集时就已经开始逐渐明确、清晰和体系化。因此，概念化是定性资料分析过程中根据资料来概括含义的过程，这往往需要调研者通过对资料提出并回答评论性问题来进行概念化或者形成概念。提出并回答的问题可以包含一些抽象术语，如"这是历史文化名城保护中社会矛盾的一个例子吗？""这种举措会限制公民的合法权利吗？""这是政府及其职能部门权责冲突的一种表现形式吗?"等;或者来自逻辑,如"同一历史建筑产权人众多,无法有效维护修复的原因是什么?""这一事件的后果是什么?""这一事件在此时此地发生与在彼时彼地发生的方式有何不同?""这些是相同的或者不同的个案吗?""这些是一般的或特殊的现象吗?"等。这样在尝试回答这些问题过程中,就已经将资料作为概念化进行处理。

然而,专门作为资料分析环节的概念化,是在原有概念化及其他分析的基础上,明确概念,形成一个完整的、符合逻辑的分析概念,为定性资料的进一步分析提供坚实基础和基本框架。具体来说,调研者基于某种主题、概念或特征的类别来对资料进行分析,形成新的方式方法和角度去定义概念,从而发展出新概念,并考察概念间的关系,最终使概念相互衔接,有效整合到理论中去,形成新理论。

4. 深入分析、提炼和抽象阶段

这一阶段是在前述工作的基础上,调研者重新开始逐段逐行地仔细阅读每一段实地观察记录、访谈记录和备忘录,深入分析和加工每一段资料内容。调研者要重读,根据自己的想法、观点等进行加工,以标签的形式注明各种具体事例、行为、观点的核心内容或实质,并将其归入所属的各种不同主题或概念备忘录中,形成整理后的、具有更为清晰的内容框架的资料。调研者仔细审阅和思考资料中所做的各种记号,思考和比较各种不同的主题及分析型备忘录,看看哪些东西反复出现,哪些资料中存在突出差异,并从中归纳或抽象出解释和说明现象、社会矛盾的主要变量、关系和模式。

分析抽象阶段的关键环节是从大量的经验材料中识别那些构成更大的社会结构的社会互动和社会关系,找出事物的本质。因此,不能把在实地观察、访谈或者备忘录记录的互动和关系仅仅看作具体的、特别的行为,同时也要把它们看作更为抽象、更为一般的概念在具体社会生活中的例证,考察这些行为和关系是如何相互联系并形成社会结构的一种特定类型。

第三节　地方立法调研报告的撰写

地方立法调研之后，应当通过撰写调研报告把地方立法调研的过程、地方立法调研获得的基本情况、发现的问题及其对策建议都呈现出来，以支撑和辅助地方立法。严格说来，撰写调研报告是调研实施的部分，即呈现调研过程、调研内容与研究结果的最后一部分实施活动。所以，在开展翔实的地方立法调研之后，调研主体都要通过撰写地方立法调研报告，把调研成果呈现出来。但因其为深度加工后，依据报告形式呈现出调研全部内容，又作为公文的结构要求，内容复杂，故在此单独作为一节来介绍。

一、地方立法调研报告的基本要求

调研报告是以文字、图表等形式将调查研究的过程、方法和结果等调研成果展现出来的一种书面报告。它的目的是告诉有关读者，立法调研主体对研究项目是如何进行研究的、取得了哪些成果、这些成果对于认识和解决某一问题有什么理论价值和实际意义等。地方立法调研报告往往以了解社会现实立法需求，解决实际立法执法中所存在的问题为主要目的。因此，地方立法调研报告对于具有地方立法权的各级人民代表大会及其常委会、各级人民政府了解立法执法的实际状况、分析立法执法所存在问题、制定新的地方立法或者修改原有立法都有着重要作用。一般而言，根据地方立法调研的目的与用途，立法调研报告除了要体现出地方立法调研的针对性、时效性、实证性之外，还要做到以下方面。

（一）客观性

调研报告必须以客观的事实资料为基础和依据，其内容必须真实、客观。调研报告的一切研究分析都必须建立在客观性的事实基础之上，确凿的事实是调研报告的价值所在。因此，要尊重客观事实，用事实说话，这是调研报告的最大特点。只有用事实说话，才能提供解决现实问题的经验和方法，研究结论才能有说服力。所以，调研报告必须客观反映事实，涉及的时间、地点、事件经过、背景介绍、资料引用等都必须准确、客观、真实，均出之有据，既不能夸大，也不能缩小，更不能歪曲事实。这样，实事求是地分析评价，才能得出符合客观实际的结论。

（二）简洁性

调研报告，是对某一事物或某一问题进行调查研究后，将调查得到的材料和结果，以书面形式表达出来的关于调研的报告。简洁性要求地方立法调研报告的语言要简洁明快，用简明朴素的语言报告客观情况，少用专业术语，在充足的材料基础上加少量议论，以能说明问题，能让人看懂为原则，在适当的地方可用统计数据或图表来说明问题。周恩来总理在1961年写的调研报告《关于食堂和评工记分等问题的调查》只有600多字，却反映了当时全国人民关心的、党内争论激烈的4个重大问题。

（三）叙述性

从调查研究中概括出观点，夹叙夹议，以叙为主，这是调研报告写作的主要特色。因此，要在正确思想指导下，用科学方法经过"去粗取精，去伪存真，由此及彼，由表及里"的过程，对材料进行研究，抓住起支配作用的、本质的东西，运用最能说明问题的材料并合理安排，做到既要弄清事实，又要说明观点。这就需要在对事实叙述的基础上进行恰当的议论，表达出调研报告的主题思想。虽然辅以必要的议论，对主题思想的表达有着非常重要的作用，但结论和意见必须是从叙述性材料中得出的，而且必须注意，叙述调查所得的材料和结果才是调研报告的重点。所以，它必须以叙述为主，体现叙述性。

二、地方立法调研报告的具体实施

地方立法调研报告的撰写已经成为地方立法调研的最后一个重要环节。立法调研报告的写作过程主要在于把握好四个环节，即确定主题、选择材料、拟定提纲、撰写报告。

（一）确定主题

调研报告的主题是调研报告所要表达的中心思想，是调研报告的宗旨和灵魂，是作者说明事物、阐明道理所表现出来的逻辑思路的完全展现。主题是否明确和有价值，是否能引起人们的重视，对研究报告具有决定性的意义。确定调研报告的主题主要考虑三个方面的因素：一是最初的调研目的。在许多情况下，立法调研报告的主题是由上级机关或委托立法调研的有关部门事先确定的。对于地方立法调研而言，其最初的调研目的就是全面掌握特定领域社会事务的现状，为制度调整和创新提供现实依据。二是调研所获得的实际材料。调研报告的主题，不论是领导机关确定的，还是自己拟定的，或者在调研阶段酝酿而成的，最后都要根据调研所获得的实际材料来确定。有时事先确定或者酝酿好主题之后，调研所获得的实际材料却与之不完全一致，甚至完全相反。这时，就要对原来的主题加以必要的修正、补充或深化，甚至重新确定主题。三是要紧密联系现实中迫切需要解决的问题。这是调研的任务决定的，同时也是调研报告的意义和作用所在。确定地方立法调研报告的主题时，应当紧密联系该特定领域中实际存在的突出问题，紧扣立法项目拟调整和创新的主要制度。

（二）选择资料

通过调查所获得的全部资料，仅仅是"调查资料"，而只有通过取舍，用于调研报告写作的调查资料才能作为"材料"。调研报告要用充分的调查材料来说明问题，用材料证明观点。所以，调查资料很多，不能全部都写进报告，必须进行取舍，合理用"材"。

这就要求确定了调研报告的主题之后，调研者要全面分析和研究调研所得的全部资料，并且精心选择那些能够表现主题、论证主题的调查资料，以满足撰写调研报告所需。选择时要注意以下几个方面：一是分析鉴别资料。对调查资料中所反映的现象和本质、主流和支流、成绩和缺点等要辨别和认识清楚，从中找出规律性的东西，去粗取精，去伪存真，确保材料有效性和真实性。二是区分典型资料和一般资料。一般资料反映事物的总体面貌，是证明普遍结论的主要支柱。而典型资料则是深刻反映事物本质的具有代表性的资料。因此，只有把两者有机地结合起来，才能充分说明事物的总体情况。三是运用对比资料和排比资料。对比资料是通过新与旧、好与坏、先进与落后、历史与现实等对比，使调研报告的主题更加突出，给人以更强烈、更深刻的印象。排比资料则是通过一组不同的资料，从不同角度、不同侧面多方位阐明主题，使主题更深刻、更有说服力。四是重视统计资料的作用。统计资料包括绝对数、相对数、平均数、指数、系数等。统计数字具有很强的概括力和表现力，有的问题、有的观点用文字难以表达清楚，而用一些简单的统计数字，就可以使事物总体面貌一目了然。因此，在写作调研报告时，要重视运用统计资料，以增强调研报告的科学性、准确性和说服力。

（三）拟定提纲

在确定了主题，取舍了材料后，就可以拟定一份写作提纲。写作提纲的作用是搭起研究报告的"骨架"，以便把调查和分析的结果按要求"填"进去，层次分明地表达材料和作者的观点。立法调研报告的主题是否突出，表现主题的层次是否清晰，材料的安排是否妥当，内在的逻辑关系是否紧密等，都可以在拟定提纲时解决。提纲的内容包括四个方面：一是本次报告的论题；二是说明论题的材料；三是报告结构及各层次内容的安排；四是每部分标题及内容概述。

（四）撰写报告

地方立法调研报告是一种以叙事为主、叙议结合的说明性文体。在拟好研究报告提纲以后，可以按照提纲的纲目进行选"材"和科学抽象，也就是通过对素材的"去粗取精、去伪存真、由此及彼、由表及里"的加工制作，从中引出规律性的东西。在写作过程中，要根据主题，依照拟好的提纲，合理使用调研得到的资料；在语言的运用方面，还应力求做到准确、简洁、朴实、生动。

虽然有学者认为各种调研报告在结构上通常可以分为导言、方法、结果、讨论、小结或摘要、参考文献、附录等部分。但对地方立法调研报告而言，一般认为其基本框架结构大致有以下部分。

1. 标题

对于一篇调研报告来说，标题是引起读者注意的关键因素。标题要力求生动、明确、针对性强。但是从目前大量立法调研报告的标题来看，根据地方立法调研的实际情况，立法调研报告标题比较固定，采用"单位（或地域）＋事项＋立法调研报告"的格式组成，如《〈北京市社会信用条例〉立法调研报告》。

2. 导言

导言也称引言、绪论，是调研报告的开头部分。在这部分主要介绍调查的内容、调查的目的及调查的方法。在地方立法调研中，导言部分的具体写法主要是联系所调查的现象，说明调查的主要目的和意义，然后介绍调查的范围、内容和方法。这是目前地方立法调研报告常见的一种写法，它的主要特点是有利于把握调研的主要宗旨和基本精神。

3. 主体

调研报告的主体部分是研究报告的心脏部分，它是展开论题，对问题进行分析描述、对现象进行解释，以表达调研者见解和研究成果的中心部分。所以，它所占的篇幅最大、内容也最多，在结构上必须进行精心安排，根据调研的具体内容来确定。一篇调研报告只有想法、主张是不行的，必须经过科学严密的论证，才能使别人承认，才能确认观点的合理性和科学性。主体部分要为"表现什么样的资料，说明什么样的问题"的中心服务，一般采用立法涉及事项的社会状况、相关事项治理或者执法工作情况、治理或执法所存在的问题、针对问题应当采取的对策及其立法建议这一基本固定的结构来开展。对于一项具体的调研项目来说，由于研究问题涉及的选题、方法、工作进程、结果表达等有很大的差异，所以正文结构不能作为固定不变的教条，而应根据调查研究项目的实际情况进行构思与写作。但是，无论如何，主体部分写作都必须实事求是、客观真切、准确完备、合乎逻辑、层次分明、简练可读。

4. 结尾

结尾，也称结论、小结，是调研报告的总结，即问题解决答案的描述，是在调研报告全文的基础上，经过推理、判断、归纳等过程而得到的新的总体观点。它是对调研报告前面几个部分的主要内容进行纲要式的总结，并从先前的陈述、已有的研究结果中得到的各种结论和推论，以及根据这些结论所进行的更为广泛的讨论等。在地方立法调研报告中结尾的作用主要有两个：第一，小结调查研究所得到的结果，并根据这些结果提出调研者的建议，以供立法机关决策时参考。第二，通过对调查结果的深入调查分析，说明某一现象或问题的社会危害性，以便引起地方立法机关的注意和重视。在写法上，结尾部分要简明扼要，抓住调查结果中最有价值、最关键的结论，画龙点睛地给读者留下鲜明印象。

5. 致谢与参考文献

调研报告的最后是致谢，一般而言，它是不可缺少的。其内容包括：调研项目的支持来源（项目支持单位、项目编号及名称）；感谢在调研中所给予项目支持的重要人士，包括专家、导师、领导等；感谢同事，一般为陪伴工作但无法列入作者的人；感谢与调研者讨论相关问题及措施的人；以及感谢其他与研究有关的单位和人士等。

凡在研究报告写作或研究过程中起过参考作用的文献资料，都属于参考文献之列。在报告最后列出重要的参考文献目录，既表示对他人劳动成果的尊重，又可加大报告的信息量，提高报告的学术价值，他人也能够以此为线索追索查阅资料，便于对同一课题或相关课题作进一步研究。参考文献部分必须另页右页开始，并标明顺序号。参考文献的书写格式需要按照 GB 7718—87《文后参考文献著录规则》的规定执行。

6. 附录

在调研过程中遇到的一些情况，立法调研报告容纳不了或者没有说到而又需要附带说明的资料，或者立法调研报告所依据的佐证材料，调研者把这些情况写出来，并附在立法调研报告正文之后，这就指的是附录。它是立法调研报告的附加部分。这部分的内容一般包括调查报告有关材料的出处、调查中使用的测量表和其他工具、调查统计图表的注释、说明与旁证材料等。

（五）撰写地方立法调研报告应注意的问题

要写好地方立法调研报告，除了了解调研报告相关知识，深入理解和加工立法调研资料，遵循调研报告写作基本框架格式外，还应当根据实际情况，注意以下问题。

1. 内容充实具体

立法调研报告，在文字简练、内容精练的基础上，内容要充实，论证和结论必须要有数据和其他资料支撑。为了使调研报告具有可读性，要注意使用生动活泼的语言，适当采用一些具有群众特色话语；为了更好地说明问题，也要使用一些浅显生动的比喻，增强说理的形象性和生动性；在用具体的例子来解释说明所涉及的技术性概念时，要把它同读者自身的经验和已有的知识水平联系起来。这样，立法调研报告不仅能回答读者关心的问题，还能有血有肉、充实具体，还可以为后来的调研者提供可靠的资料。

2. 使用第三人称，避免主观臆断

地方立法调研报告要尽可能地摒弃一切感情用事的成分，用客观的行文、准确的语言，避免主观臆断和个人感情色彩的影响，不使用主观或感情色彩较浓的语句。叙述中最好使用第三人称或非人称代词，如"作者发现""笔者认为"，或者用"这一结果表明""这些数据说明"等；尽量不用第一人称，如不使用"我认为""我们发现"等。行文时，应以一种向读者报告的口气撰写，而不要表现出力图说服读者同意某种观点或看法，更不能把自己的观点强加于人。因为读者阅读报告时，所关心的主要是作者研究得到的客观事实，是作者的研究结果和发现，而不是作者个人的主观看法。尽管在研究结论的阐述中离不开作者个人的主观分析和思考，但各种研究结论的得出却不能是作者个人主观看法的延伸，而只能是研究资料和客观事实的逻辑结果。

3. 思路和对策具体可行

地方立法调研报告是一种可操作的政策性调研报告，其根本在于提出具体解决问题的办法或方案。只有这些办法或方案经过论证是可行的，才可能通过地方立法转化为地方性法规或者地方政府规章，付诸实施。而解决问题的对策是在提出问题、分析问题的基础上产生的，故问题要提得鲜明，不能似是而非，要用说服力很强的事实来证明问题存在的状况和解决的紧迫性。这就要求作者对问题的分析要丝丝入扣，合情合理，对策或思路也要面对具体情况，解决实际问题，符合最广大的人民群众的根本利益和基本意愿，不能闭门造车。

第六章　地方立法起草

地方立法起草，主要分为地方性法规起草以及地方政府规章起草，通常包括草案起草、草案征求意见、草案审查、草案审议及法规案形成等环节。地方性法规起草作为地方立法的重要组成部分，也是本章的重点阐述内容。

地方立法起草，就是运用立法技术，将地方立法的目的、指导思想、立法原则和所要确定的行为规范以条文的形式表达出来。[①] 从立法过程来看，地方性法规起草属于立法准备阶段的一个重要环节，虽然不属于正式的立法程序，却是制定地方性法规所必经的一个环节，是地方立法的一项基础性工作，也是确保地方立法质量的第一关。因此，要提高地方性法规的质量，就要从源头入手，提高地方性法规起草的质量。如果地方性法规起草的质量不佳，则很难打造出地方立法精品。

第一节　地方性法规起草模式概述

地方性法规案是否能够提交审议并获得通过，很大程度上取决于起草的质量，而地方性法规案的质量与起草模式息息相关。根据立法实践中的不同情况，地方性法规的起草主要分为地方人大负责起草和地方政府负责起草两种模式，在这两种模式下，地方人大和地方政府根据地方性法规的实际情况，可以具体采取不同的起草方式，如地方人大可采取指导起草，地方政府相关部门可采取共同起草等方式。选择何种起草模式和方式没有固定的公式加以套用，应该根据不同的地方性法规的性质、内容、专业性

---

① 黄龙云主编：《广东地方立法实践与探索》，广东人民出版社 2015 年版，第 56 页。

的强弱等情况进行选择而定。但是无论采取什么样的起草模式及方式，都应该坚持人大或政府在起草过程中的主导作用，坚持走群众路线、广开言路，汲取公众的意见和建议，使地方性法规或地方政府规章的制定代表民意、真正为人民服务。

另外，一部重点领域的地方立法，往往涉及多领域、多部门，需要集思广益、协同合作完成立法工作。此时，成立立法专班起草法规，聚焦特定立法任务，集合专业、实践人才队伍，统筹立法执法重点难点，优化地方立法进程，成为首要选择的工作方式。目前，全国各地正在探索建立健全"立法工作专班"机制，有效整合立法资源和力量。例如，在北京，街道办事处条例、物业管理条例、促进科技成果转化条例、文明行为促进条例、生活垃圾管理条例等多部法规获得通过，立法专班的作用举足轻重。2019 年，北京市人大常委会紧紧围绕首都治理急需、群众期盼强烈的重要立法事项，探索"专班制"推进地方立法，配置"双组长"，最大程度缩短立法周期，制定务实管用的法规。[①]

一、地方人大负责起草

党的十八届四中全会决定明确提出，要健全有立法权的人大主导立法工作的体制机制，发挥人大及其常委会在立法工作中的主导作用。发挥人大在立法中的主导作用，除了制定立法规划和立法计划之外，地方性法规起草也是其中一个重要环节。从实践中看，由地方人大负责起草的主要是综合性或者不适宜由地方政府部门负责起草的地方性法规。

（一）地方人大负责起草的类型

根据地方性法规规范事项的不同，地方人大负责起草可以分为地方人大单独起草、地方人大组织起草、地方人大指导起草三种类型。

1. 地方人大单独起草

地方立法权是地方人大及其常委会最基本也是最重要的一项职权，由地方人大及其常委会起草地方性法规是行使地方立法权的重要体现。地方人大单独起草，就是由地方人大有关专门委员会或者常委会工作机构独立

---

① 李小健、周誉东：《地方立法的新探索新趋势》，载《中国人大》2021 年第 24 期。

完成地方性法规起草工作任务。实践中，地方人大单独起草的地方性法规比较少，一般涉及立法制度、监督制度及人大自身建设等事项的，才由地方人大单独起草完成。例如，大部分规范设区的市地方立法程序的立法条例（即"小立法法"）是由地方人大单独完成的。

2. 地方人大组织起草

党的十八届四中全会提出"建立由全国人大相关专门委员会、全国人大常委会法制工作委员会组织有关部门参与起草综合性、全局性、基础性等重要法律草案制度"。《立法法》第 57 条第 1 款也对此作了规定："……综合性、全局性、基础性的重要法律草案，可以由有关的专门委员会或者常务委员会工作机构组织起草。"这并不是要限制地方人大专门委员会、常委会工作机构组织起草法规的范围，而是进一步强调地方人大有关专门委员会和常委会工作机构应当加大对具有综合性、全局性、基础性等重要法规草案的组织起草工作力度，充分发挥人大在立法中的主导作用。地方人大组织起草一般由地方人大专门委员会或者地方人大常委会工作机构来组织起草小组，如人力不够、知识不足的，可以吸收社会力量和政府机构的专家参加。但起草小组组长必须是地方人大专门委员会的同志或者工作机构的同志，这就在不同意见的取舍方面体现了主导权。例如，珠海市人大常委会在人大组织起草地方性法规方面进行了积极探索和实践。在制定《珠海经济特区住宅小区治理创新规定》的过程中，为提升立法质量与效率，珠海市人大常委会牵头成立专项立法工作专班，专班实行"双组长制"，"双组长"分别由珠海市人大常委会分管领导和珠海市政府分管副市长担任，成员单位包括珠海市委政法委（综治工作室）、市文明办、市人大常委会法工委、城建环资工委、市司法局、市住房城乡建设局、市城市管理综合执法局等 16 个单位。各成员单位将按照分工起草条文，由法工委汇总形成法规草案初稿，后续将进一步开展调研、草案修改、审议等工作。①

---

① 广东人大微信公众号，《【市县人大】16 个单位组成专班！珠海人大拟立法：解决住宅小区治理难题》，https：//mp. weixin. qq. com/s/6tF_QPBwY_oweOVWTRkhqw，最后访问日期：2023 年 10 月 30 日。

3. 地方人大指导起草

发挥人大在地方性法规起草工作中的主导作用并不需要全部由人大组织起草，由人大指导起草也是其中一个重要手段。地方人大指导起草就是人大通过加强对政府部门地方性法规起草工作的指导，从而达到避免部门利益法制化、提高法规起草质量的目的。实践中，人大指导地方性法规起草通常都是通过提前介入的方式来实现的。例如，《东莞市制定地方性法规条例》第17条第1款对此也作出了规定："有关的专门委员会、常务委员会有关的工作机构应当提前参与有关方面的地方性法规草案起草工作；综合性、全局性、基础性的重要地方性法规草案，可以由有关的专门委员会或者常务委员会有关的工作机构组织起草。"可以说，提前介入是发挥人大及其常委会在地方性法规起草过程中主导作用的具体体现。

（二）地方人大负责起草的优势

人大是民意代表机关，而且熟悉立法业务，由人大负责起草地方性法规能够保证立法质量。人大负责地方性法规起草可以从制度设计层面防止行政权力部门化、部门权力利益化、部门利益法制化，使立法体现并保障社会公众的利益和意志，这也成为人大负责立法的方向和价值所在。此外，由人大负责地方性法规起草，可以充分发挥人大在起草中的组织协调功能，从宏观、整体层面把握地方性法规中的利益分配协调、职责分工、不抵触上位法，防止政府部门越权立法、重复立法等现象发生。克服政府部门组织地方性法规起草中的行政化倾向、"部门利益保护"倾向，确定地方人大在立法体制中的主体地位和主导作用，是新时期提高立法质量的重要保证，是实现科学立法、民主立法的必然要求。当前，对于地方人大及其常委会来说，应当顺势而为，充分发挥人大在立法中的主导作用，逐步提高人大牵头起草地方性法规的比例，改变目前主要由政府部门单一起草的模式。

（三）地方人大负责起草的不足

尽管由地方人大牵头地方性法规起草有一定优势，但是单独依靠地方人大进行地方性法规起草并非最佳选择，因为地方人大有其自身的局限性，如对某一领域的了解不够深入和缺乏行政管理事项的经验积累等。在这种情况下，如果依靠地方人大起草地方性法规，很难达到政府部门寄托于地方性法规的期望值。这容易导致这些政府部门不全力配合的现象，也就不能制定出最贴近实际的地方性法规。另外，由于地方立法任务繁重，地方人大不仅要负责地方性法规的起草工作，还要负责立项、审议、表决、公布等事项，加上人员配置上的不足，使其在起草过程中力不从心。

二、地方政府负责起草

多年来，在我国立法实践中，地方性法规的起草主要都是由政府负责起草。

（一）地方政府负责起草的类型

根据立法实践情况，地方政府负责起草可以分为地方政府主管部门起草、地方政府相关部门共同起草，以及地方政府法制机构组织起草三种类型。

1. 地方政府主管部门起草

对于规范事项内容单一、主要涉及一个政府部门的地方性法规草案，通常做法是，属于哪个领域的事项或者涉及哪个部门就交由相关政府主管部门负责起草工作。实践中，由地方政府主管部门负责起草的地方性法规占大多数。例如，《佛山市河涌水污染防治条例》根据部门职责分工，主管部门是佛山市生态环境局，因此，这部地方性法规交由佛山市生态环境局负责组织起草。

2. 地方政府相关部门共同起草

地方性法规草案的主要内容涉及 2 个以上部门职责或者比较复杂的，可以由地方政府指定一个部门组织起草，其他部门参与，共同负责起草工作。例如，《惠州市历史文化名城保护条例》（2016 年 12 月 19 日公布）根据部门职责分工，主要涉及惠州市住房和城乡规划建设局与惠州市文化广电新闻出版局，惠州市政府指定由惠州市住房和城乡规划建设局组织起草，惠州市文化广电新闻出版局参与，共同负责起草工作。

3. 地方政府法制机构组织起草

对于规范事项较为综合、复杂或者存在多个部门职能交叉的地方性法规草案，可以由地方政府法制机构组织起草，相关部门参与起草。这种模式需要强化地方政府法制机构的统筹意识，广泛听取有关部门的意见，保证地方性法规草案在部门职责上不交叉。实践中，由地方政府法制机构组织起草的地方性法规草案仍比较少。

（二）地方政府负责起草的优势

地方性法规绝大多数涉及政府行政管理事项，地方政府部门直接行使行政管理权限，其作为一线工作的实践者、地方性法规最直接的适用者，清楚行政执法中存在的问题，更了解立法需求，知道需要通过立法解决什么问题，实践中也积累了许多行政管理的经验。因此，由地方政府部门起草地方性法规草案有利于发挥其熟悉行政管理和专业的优势，突出地方性法规的针对性和专业性。此外，由地方政府部门起草地方性法规能够调动其参与地方立法的积极性，充分发挥政府的资源优势。

（三）地方政府负责起草的不足

虽然由地方政府部门起草地方性法规具有一定的优势，但是这种起草模式的不足同样非常明显。一方面，难以保证立法的公正性。地方政府部门起草地方性法规往往单纯从本部门利益或者方便本部门工作的角度考虑问题，较少考虑行政管理相对方的权利，容易造成"重权力轻责任、重管理轻服务"的情况发生，也容易造成部门利益法制化。比如，有的大量增设行政审批权，有的随意增设处罚权，有的则随意加重行政相对方的义务等。另一方面，难以保证地方性法规的协调性。地方政府部门起草地方性法规不可避免地会站在本部门立场上考虑问题，很难从全局考虑问题。如果该地方性法规涉及多个政府部门的职责和权限，由单一部门起草，相互间协调配合不够的情况下，难以兼顾相关部门的需要。这就容易造成地方性法规之间在同一职权的设定上出现交叉、重复现象，从而导致多头执法，增加行政管理成本，也会因为争权力、推义务，而出现管理上的"真空地带"。

实践中，随着地方立法实践的不断深入，地方性法规的内容越来越丰富，也出现了由地方党委部门、地方县（区）人大，包括地方人大代表负责地方性法规起草的情况。

三、委托第三方起草

不管是地方人大、地方政府或者其他主体，在起草法规的过程中委托有关机构、组织或者人员开展具体起草工作是一种较为常见的做法。委托第三方起草地方性法规是推进科学立法、民主立法，提高立法质量的一种重要方式。在繁重的立法任务面前，由于时间或自身能力有限，许多重要的立法，由于内容复杂或技术性较强，地方人大和政府部门法制工作机构的力量，明显地表现出难以胜任的窘状，需要借助第三方的协助来完成艰巨、繁重的地方性法规起草任务。例如，惠州市人大常委会开始行使地方立法权以来，积极探索采取委托第三方起草的方式，不仅在《惠州市制定地方性法规条例》第10条第2款明确规定，"……专业性较强的法规草案，可以吸收相关领域的专家参与起草工作，或者委托有关专家、教学科研单位、社会组织起草"。在立法实践中，《惠州市制定地方性法规条例》等地方性法规就委托惠州市地方立法研究中心起草，这也是惠州市科学立法、民主立法进程中的一次大胆尝试。

（一）委托第三方起草的类型

委托第三方起草地方性法规的类型有许多种。根据委托对象的不同，可以分为委托一位或多位专家起草，或者成立专家起草组，委托教学科研单位起草（如高校、研究机构等），以及委托社会组织起草（如律师事务所、律师协会、法学会等）。例如，2001年2月28日，重庆人大法制委员会委托重庆市索通律师事务所起草《重庆市物业管理条例（草案）》，开启了律师事务所起草地方性法规之先河。从委托任务来说，又可以分为委托起草整个地方性法规、委托起草部分内容以及一个地方性法规委托多个主体起草。再如，《广东省信访条例（草案）》，广东省人大常委会就分别委托了中山大学、暨南大学和广东外语外贸大学3家高校的地方立法研究评估与咨询服务基地独立起草。

（二）委托第三方起草的优势

委托第三方起草地方性法规是对立法民主性要求的回应，是避免部门利益倾向的需要，也是解决专业性、技术性较强的地方性法规起草工作的有力举措。委托第三方起草地方性法规的优势在于专家学者、高校、科研机构、律师事务所等团体具有很强的专业素养，立场相对中立，立法技术比较高，最重要的是可以有效避免部门立法的痕迹，有利于立法决策的科学性和民主性。具体来说，委托法学专家起草往往理论性强、思路比较开阔，有助于立法理念的提升，有助于法规制度设计的专业化，在起草过程中也容易做到对管理者、被管理者及各部门的要求进行适宜的调整，使各种利益得到协调；委托律师事务所起草的话，由于律师职业的原因，更了解现行法律的缺陷和漏洞，可以较好地解决地方性法规不实用、缺乏操作性的问题，同时律师在办案过程中，能接触各方面的当事人，对各方面的情况都有一定的了解，使得律师在立法过程中有平衡各方面利益的能力，相对于行政主体来说，律师更有理性，更会用法律思维对待行政事务，提出的立法建议也更中肯。

（三）委托第三方起草的不足

由于第三方起草主体大都缺乏具体行政管理工作经验，与具体从事一线工作的政府部门相比，掌握的立法信息相对不足，和实际情况脱节，其所起草的地方性法规容易将一些过于"超前""先进""理想化"的立法理念融入地方性法规之中，有时甚至过于抽象化，难以被大众所接受。另外，第三方主体接受委托后，在起草过程中，不可避免地要借鉴其他省市，甚至国外的做法，使得所立之法往往具有一定的前瞻性。这本身不是坏事，但若不符合现实，起草的地方性法规就算勉强通过，也经不起时间和实践的考验，往往造成立法质量不高、实施效果不佳的困境。鉴于委托第三方起草所存在的缺陷，地方性法规的起草不宜全部委托第三方，只能将技术性、专业性要求较高的地方性法规委托第三方起草，汲取第三方的专业技术和智力优势，解决立法过程中的专业难题。同时，为了避免这种委托起草模式中存在的不足，委托方不能当"甩手掌柜"，需要明确委托第三方起草不是单一的雇佣关系，而是合作共事的关系，双方要互相合作、取长补短、优势互补，方能达到预期的效果。

第二节　地方性法规起草提前介入机制

《立法法》第 57 条第 1 款规定："全国人民代表大会有关的专门委员会、常务委员会工作机构应当提前参与有关方面的法律草案起草工作……"这一做法就是通常所说的提前介入，是人大发挥立法主导作用的具体体现。多年来，地方立法实践中对提前介入早已开始尝试，但是还不够制度化、规范化，对于提前介入的时间、介入过程中的主要关注点等相关内容还没有形成比较固定、完善的制度机制。不管采取哪种模式起草地方性法规，地方人大有关专门委员会、常委会工作机构都应当适时、适度提前介入，充分发挥主导和指导作用。尤其是对一些由政府部门或者有关单位负责起草的地方性法规，地方人大专门委员会、地方人大常委会工作机构更要做到提前介入，严格把关，从立法的必要性、法规体例的合理性、法规内容的合法性和可行性、法规语言的规范性等方面进行全面的研究和论证，把大量的工作做在地方性法规起草过程之中，把一些矛盾和问题解决在地方性法规草案提交人大常委会审议之前。例如，2022 年，惠州市人大常委会探索成立立法工作专班，制定出台立法工作专班方案，对于立法审议项目和立法调研项目，以立法工作专班开展立法工作，提前介入、全程参与、统筹协调、督促推进，有效发挥惠州市人大常委会法工委及相关专委、工委的统筹协调作用，强化凝聚各部门、各方面的立法工作合力，进而保障立法质量和提升立法效率，取得良好的立法效果。《惠州市文明行为促进条例》工作专班成立后，惠州市人大常委会法工委、惠州市人大社会委、惠州市文明办等部门全程参与立法的起草修改工作，共同推进条例立法工作。《惠州市养犬管理条例》工作专班成立以来，解决了主管部门不明确等问题。[①]

---

① 惠州人大微信公众号，《【工作巡礼】市人大常委会扎实做好立法工作，为经济社会发展提供法治保障》，https://mp.weixin.qq.com/s/dIDU8PfapmvqF2XCYi_WwA，最后访问日期：2023 年 10 月 30 日。

一、提前介入的意义

地方人大及其常委会、地方有关专门委员会提前介入，对保障地方立法工作的高质量具有重要意义。

（一）及时掌握法规起草进展情况，确保按时提请审议

地方性法规项目列入人大常委会立法规划或者年度立法计划以后，进展情况如何、能否按时提请审议，人大有关专门委员会、常委会工作机构可以通过提前介入机制及时了解掌握有关情况。对于进展缓慢的地方性法规项目，可以适当进行督促、指导，使其尽快完成地方性法规的起草工作任务，确保地方性法规案按时提请人大常委会审议。同时，通过提前介入可以全面掌握起草主体的意图和地方性法规草案的内容，便于人大常委会进行有针对性的审议，有利于加快审议和表决的进程，从而提高效率。

（二）及时了解各方诉求和分歧，协调解决重大分歧问题

彭真同志在担任全国人大常委会委员长时说过："立法就是要在矛盾焦点上砍一刀。"地方性法规在起草过程中，不可避免要面对不同的利益诉求和矛盾、分歧。人大有关专门委员会、常委会工作机构通过提前介入地方性法规起草工作，可以及时了解各利益相关方不同的诉求和矛盾、分歧所在，可以更加清晰地了解存在争议的问题，从而进一步掌握立法的重点、难点问题。对于其中的重大分歧问题，做到早介入、早发现、早协调、早沟通，及时协助地方性法规起草部门协调处理，理顺各部门、各环节之间的关系，避免起草前沟通不够。

（三）提出立法技术方面的建议，提高法规起草质量

虽然政府部门熟悉行政管理业务，清楚需要通过立法解决什么问题，但是由于立法是一项技术性很强的工作，政府部门一般对地方性法规名称要求、语言表述规范、体例结构形式等立法技术内容了解不够。人大有关专门委员会、常委会工作机构可以通过提前介入充分发挥熟悉立法技术方面的优势，积极提出意见建议，从而使政府部门起草的地方性法规文本更加规范，提高地方性法规起草质量。

二、提前介入的方式

地方人大专门委员会、地方人大常委会工作机构通过什么方式提前介入有关方面的地方性法规起草工作，各地的做法不一，实践中主要有以下方式。

（一）召开专题会议

为了及时了解地方性法规起草进展情况，可以组织召开立法规划或年度立法计划推进会、立法项目通报会、座谈会等专题会议。采取这种提前介入的方式可以便捷、直观了解有关部门起草地方性法规的进展情况。例如2023年6月份，惠州市人大常委会组织召开了2023年立法项目年中推进会，详细听取了有关立法项目立法调研、论证、起草等工作进展情况的具体汇报，了解并督促立法项目承办单位抓紧完成地方性法规起草等工作，确保立法计划严格落实。

（二）组织专题调研、论证

对一些专业性较强、社会关注度较高的地方性法规草案，可以在提请审议前主动组织常委会组成人员或者人大代表开展专题调研、论证，以便尽早了解有关情况，掌握立法重点、难点问题。例如，2004年，广东省人大常委会创新常委会组成人员提前介入机制，对一些专业性较强的地方性法规草案，在常委会审议前，组织常委会组成人员进行专题调研、论证，使常委会组成人员尽早熟悉了解地方性法规所要调整的社会关系的性质、状况及其发展变化，掌握立法的重点、难点问题，以及需要采取的相应法律手段，为审议地方性法规做好充分准备，不断提高审议质量和效率。

（三）参与调研、论证

地方人大专门委员会、地方人大常委会工作机构为了掌握第一手资料，全面了解地方性法规起草情况，可以派人提前参与地方性法规起草部门组织的有关调研、论证工作，这是提前介入地方性法规起草最主要、最常见的方式。这种方式可以避免地方人大专门委员会、地方人大常委会工作机构就相同问题进行重复调研、论证，从而节约立法资源、提高立法效率。

（四）提出意见建议

地方人大专门委员会、地方人大常委会工作机构提前介入有关方面的地方性法规起草工作，既要了解掌握起草工作进展情况和立法重点、难点问题，同时也要为地方性法规起草提供立法技术帮助，对草案涉及的合法性、可行性以及关系群众利益等重大问题提出意见建议，为今后法规的审议做好充分准备。例如，惠州市人大常委会法制工作委员会对惠州市公安局提出的《惠州市社区安全管理条例》，通过提前介入了解有关立法意图、法规所要调整的社会关系等基本情况后，考虑到法规名称过于宽泛、涉及内容较广、针对性不强，建议进一步缩小范围，增强针对性和可操作性，惠州市公安局经研究后，将法规名称修改为《惠州市住宅小区治安防范条例》。

（五）协调解决重大分歧

对于地方性法规起草过程中遇到的利益冲突和矛盾分歧，立法项目的承办单位应当及时研究解决。对其中的重大分歧问题承办单位难以协调解决的，地方人大专门委员会、地方人大常委会工作机构应当尽力帮助协调处理，为地方人大常委会审议法规扫清一切障碍，这也是提前介入的一项重要任务。

三、提前介入的注意事项

经过多年的地方立法实践，地方人大专门委员会、地方人大常委会工作机构在提前介入有关方面的地方性法规起草工作中积累了一些比较好的经验做法，取得了积极成效，但还需要进一步探索完善，同时注意把握好以下问题。

（一）把握提前介入的时机

对地方性法规起草工作的提前介入并非法定程序，具体何时介入比较适宜并没有统一的要求。一般来说，如果介入太早，地方性法规起草部门尚没有开展实质性的起草工作，介入太晚，则不了解前期工作情况，都无法达到预期目的。因此，对于提前介入时机的把握就显得尤为重要。由于地方人大法制委员会和其他专门委员会在协助地方人大常委会审议方面承担着不同的工作职责，提前介入的时机和要求也应有所不同。地方人大有关专门委员会的介入应当早些、深些，在立法计划确定后，即可介入起草工作，为在地方人大常委会一审前形成审议意见报告做准备；地方人大法制委员会的介入可以晚些，有选择、有针对性地介入起草工作中的重要调研、论证活动。

（二）明确提前介入的目的

地方人大专门委员会、地方人大常委会工作机构提前介入地方性法规的起草工作主要目的在于把握方向，了解情况，适时参与和指导，明确立法所需要解决的主要问题，把握地方性法规的合法性和合理性，为今后法规的审议做好充分准备。需要注意的是，提前介入不是为了参与起草的具体工作，更不是仅仅为起草工作提供劳动力，在这个过程中要避免"喧宾夺主"，应以"参与而不干预、参谋而不越权、指导而不包办"为原则，扮演好起草工作的指导者和监督者的角色。

（三）突出提前介入的重点

地方人大专门委员会、地方人大常委会工作机构提前介入指导地方性法规起草工作，主要从立法的必要性、法规体例的合理性、法规内容的合法性和可行性、法规语言的规范性等，进行全面的研究和论证，保证地方性法规草案的起草质量。具体来说，重点应放在三个方面：一是充分了解情况，把握并宣传立法的宗旨、思路；二是收集相关资料，掌握立法的重点、难点以及制度设计要解决的主要问题；三是在立法技术方面提供咨询意见，使立法语言明确、准确、简洁、精练，力争在立法技术上比较成熟和完善的基础上形成地方性法规草案。

第三节　地方性法规起草流程

地方性法规的起草是一项艰巨而烦琐的工作，科学、规范的起草流程既可以保证起草工作有条不紊地推进，还可以提高起草的质量和效率。因此，多年来各地对地方性法规的起草流程都进行了积极的探索和实践。总结起来，地方性法规的起草流程大致如下。

一、组建起草班子

地方立法项目确定后，特别是已列入地方人大常委会年度立法计划的审议项目或者预备项目，负责组织起草的部门要高度重视，专门组建起草班子，确保地方性法规起草工作的顺利推进。例如，为了确保高质量立法，浙江省人大常委会组建立法工作专班，由浙江省人大各专（工）委和相关厅局共同组成法规草案起草小组，部分重要法规草案还实行"双组长"制，由浙江省人大常委会联系相关专门委员会的副主任委员和浙江省政府分管副省长共同担任组长，以确保起草工作中的及时协调、有序推进。2021 年的立法计划中，就有 6 部法规采取了"双组长"制。①

（一）组建起草领导班子

起草领导班子有的地方叫领导小组，一般由负责组织起草部门的分管领导和参与部门的分管领导组成。领导班子或者领导小组的组长通常由负责组织起草部门的领导同志担任，地方人大专门委员会、常委会工作机构、政府部门联合组织起草的地方性法规，由人大常委会领导同志或者专门委员会、常委会工作机构负责同志担任组长。领导班子或者领导小组的主要职责是，拟订起草工作方案，定期召开会议，明确工作进度、责任和要求，协调解决起草工作中遇到的重点、难点问题，确保起草工作按时、高质量完成。例如，《惠州市西枝江水系水质保护条例》的立法过程中，成立了以惠州市人大常委会城乡建筑与环境保护工作委员会主任为组长，惠州市人大常委会法制工作委员会主任、惠州市政府副秘书长、惠州市法制局局长为副组长的起草领导小组，成员单位还包括惠州市环保局、水务局、林业局、农业局等。

---

① 《浙江公布年度立法计划　从 49 件立法项目里看力度热度温度》，https：//mp. weixin. qq. com/s/0mIglPZ6F_ztbHmfBDHYKw，最后访问日期：2023 年 10 月 30 日。

（二）组建起草工作班子

起草工作班子负责承担具体的起草工作任务，拟订起草工作计划，收集资料、梳理问题清单，组织开展相关立法活动等。起草工作班子一般由负责组织起草的部门和参与部门的业务骨干组成，人员不在多而在精，结构要合理。针对涉及综合性、全局性的地方性法规，起草工作班子的人员构成更要全面，可以包括熟悉行政管理事务的实际工作者、熟悉立法实务的立法工作者，还可以吸收个别专家参与。需要强调的是，为了保证起草工作的成效，整个起草过程中，起草工作班子的成员应当保持稳定，最好能够组织集中封闭专门从事起草工作。

例如，《惠州市西枝江水系水质保护条例（草案）》的起草，专门成立了由惠州市人大常委会法制工作委员会、惠州市环境保护局、惠州市水务局、惠州市法制局及有关县（区）业务骨干参加的起草工作班子，全体成员脱离原单位工作，采取集中封闭的形式进行法规起草工作。

二、开展起草基础工作

地方性法规起草的基础工作，包括了收集基础资料、梳理问题清单、开展调查研究、明确立法意图、拟订草案框架。

（一）收集基础资料

与地方立法项目相关的基础资料的收集是否全面、准确，各方面情况是否摸得准、吃得透，直接影响着地方性法规起草工作的质量。因此，在正式启动起草工作之前，收集相关基础资料的工作必须做得扎实、有效。一是法律法规及其他规范性文件，即与立法事项有关的法律、法规和规章等上位法资料，省内外同类地方性法规、地方政府规章及国家、省、市出台的相关规范性文件。在此基础上，汇总形成立法资料汇编，作为地方性法规起草工作的重要参阅文件。二是主要经验与做法，包括本地在立法事项方面的成功经验、创新做法、特色和亮点，以及国内外具有借鉴意义的相关做法和经验。三是存在的主要问题，既包括立法立规问题、执法问题、管理问题、司法问题，也包括社会反应比较强烈的热点、难点问题，还包括立法需求状况等。

（二）梳理问题清单

针对问题立法，通过立法解决实际问题，是起草工作必须始终遵循的基本原则。要在掌握大量一手资料的基础上，通过认真分析研究、系统梳理出立法问题清单。包括需要立法的事项当前存在哪些问题。这些问题当中，哪些是执法解决的问题，哪些是社会规范和道德规范解决的问题，需要通过立法解决的主要问题和达到的主要目标是什么，立法目的和依据是什么，现行法律法规存在的缺陷和不足有哪些等。

（三）开展调查研究

梳理出立法问题清单以后，应当就相关问题有针对性地开展广泛深入的调查研究。调查研究可以采取召开座谈会、论证会、实地考察、走访、专题咨询等方式进行。没有调查就没有发言权。调查研究要着重搞清立法的重点和难点问题、法规草案涉及的利益关系、本地和外地的做法和经验等。在调查研究的基础上提出解决问题的方案或者建议，撰写立法调研报告，作为立法决策的重要依据。惠州市人大常委会高度重视调查研究工作，要求所有立法项目承办单位在正式起草法规之前，都要组织开展广泛深入的立法调研，并撰写内容翔实的立法调研报告，作为法规起草的基础资料，供常委会组成人员审议时参考。例如，惠州市在制定《惠州市西枝江水系水质保护条例》时，为了把西枝江水系水质保护存在的问题找准、把解决问题的办法研究透，惠州市人大常委会先后多次组织工作居住在惠州的全国人大代表、省人大代表、部分市人大代表和常委会组成人员、相关部门及县（区）负责人到西枝江流域视察和调研，梳理西枝江水系水质保护工作的经验和做法，查找存在的问题和不足。同时，委托环境科研机构开展西枝江流域经济社会发展状况、环境质量状况的摸底调查，分析存在的问题，提出政策建议，撰写立法调研报告。在此基础上，总结确定了西枝江水系水质保护立法的总体思路和方向：针对西枝江水系水质保护存在的突出问题，坚持"上游治山、下游治污"理念，重点解决"治什么、怎么治、谁来治"3个关键性问题。

（四）明确立法意图

在摸清楚问题、找出解决问题的思路以后，就要进一步明确立法意图。所谓立法意图就是指立法的目的、立法的主旨。地方性法规的起草工作必须始终围绕着立法意图设计。负责组织起草地方性法规的部门务必要明确立法意图，同时要将立法意图详细、准确地传递给起草工作班子每一位成员，使具体负责地方性法规起草的工作人员明确立法的目的和重点解决的问题。对于法规起草的工作人员来说，应当准确把握和领会立法意图，在具体起草法规过程中加以体现。

（五）拟订草案框架

拟订地方性法规草案的框架就是按照立法技术规范的要求，拟出地方性法规草案的基本结构，确立起草思路和方向，这是起草地方性法规条文的基础和前提。为了保证地方性法规草案框架的科学、合理，不偏离正确方向，草案框架拟定以后，一般要征求有关方面的意见建议，并经起草领导班子研究确定。地方性法规草案框架主要包括法规名称、体例结构、立法目的和依据、适用范围、主体内容等。

三、起草草案文本及其说明、条文注释稿

起草地方性法规的草案文本及其说明、条文注释稿，是开展地方立法工作的重要内容，其文本内容质量高低决定着地方性法规的质量。

（一）起草法规草案文本

在地方性法规草案框架确定之后，即可着手法规草案文本的起草。具体的起草工作可以由一个人根据集体讨论的意见执笔起草，也可以根据各自的特长和优势分工负责起草。无论采取哪种方式，这项工作都不是一次性能够完成的，需要仔细推敲、逐字逐句反复讨论修改，既要凝聚集体智慧，还要充分发扬精雕细琢的工匠精神。同时，起草地方性法规草案过程中，还要坚持精准务实原则，注重每一条、每一款的内容都要充分反映和适应本地的实际情况，不照抄、照搬上位法，注意解决本地突出的而上位法没有或者不宜解决的问题，坚持为需而立、立以致用。

（二）起草法规草案说明

地方性法规草案起草完成以后，还要起草地方性法规草案说明。地方性法规草案的说明是用于列入人大及其常委会会议议程的法规案一审时，提案机关或者提案人向人大及其常委会会议说明的文本。地方性法规草案说明包括以下构成要素。

1. 名称

例如，《关于〈××市××条例（草案）〉的说明》。

2. 报告时间及会次

例如，"×年×月×日在××市第×届人民代表大会（常务委员会）第×次会议上"。

3. 说明人

例如，××市××（说明人所在单位）××（职务）××（姓名）。

4. 称谓

例如，向代表大会作说明的，称谓写"各位代表"；向常委会作说明的，称谓写"主任、各位副主任、秘书长、各位委员"。

5. 开始语

例如，"我受××（提案主体）的委托，就《××市××条例（草案）》作如下说明：……"

6. 主要内容

（1）立法的必要性、可行性；

（2）立法的主要过程；

（3）立法的依据；

（4）法规的主要内容；

（5）需要说明的有关问题，如法规草案起草的思路，设定数额较大的罚款或者给予实施处罚较大自由裁量权的依据和合理性，设定行政许可进行论证或听证的情况、重大分歧意见的协调处理情况等。

7. 结束语

例如，"以上说明和条例草案，请予审议"。

（三）起草条文注释稿

条文注释稿就是地方性法规草案文本的立法依据，包括每一条内容的注释、上位法依据及参考依据等。条文注释稿采取条旨说明和条文诠释相结合的方式，其作用在于比较直观地帮助了解、掌握地方性法规文本的立法依据，确保地方性法规的合法性。通常起草条文注释稿的工作，与起草地方性法规草案文本的工作同时进行，而且尽量与起草地方性法规草案文本的分工保持一致，这样有利于提高工作效率。

四、征求各方意见

党的十八届四中全会决定提出，"拓宽公民有序参与立法途径"。《立法法》第6条规定："立法应当坚持和发展全过程人民民主，尊重和保障人权，保障和促进社会公平正义。立法应当体现人民的意志，发扬社会主义民主，坚持立法公开，保障人民通过多种途径参与立法活动。"为了实现立法的民主化、科学化，地方性法规草案文本完成以后，要广泛征求各方面对草案文本的意见。通过征求意见了解各方面对草案文本的看法、态度和反应，发现草案文本存在的不足和问题，以便进一步修改完善。

（一）征求意见的对象

征求意见的对象要尽可能做到广泛、全面，地方性法规草案文本形成以后，一般首先在本单位、本系统内征求意见。除此以外，征求意见的对象还包括法规草案涉及的相关部门和单位、人大代表、政协委员、专家学者、利益相关人及社会公众等。凡是与人民群众利益相关的地方性法规草案，都应当采取座谈会、论证会、听证会，或者向全社会公布草案等方式向社会公开听取意见，尊重多数人意愿，充分反映最广大人民群众的根本利益。

（二）征求意见的形式

1. 书面征求意见

一般情况下，征求有关部门和单位、人大代表、政协委员的意见，通常采取发函的形式，书面征求意见。

2. 会议征求意见

可以通过召开座谈会、论证会和听证会等形式，直接听取有关方面的意见。例如，东莞市在 2019 年起草《东莞市养犬管理条例（草案）》过程中，围绕对严格管理区内居民养犬数量限定，养犬人条件限定，对限养犬只类型是否合理、可行，对犬只免疫登记、收费等规定是否合理、可行，对犬只外出要求、犬只禁止外出情形、犬只禁入区域、犬只活动区域等规定是否合理、可行，对犬只接收、领养、流浪犬处置等规定是否合理、可行，对违法养犬行为设定的处罚是否合理、可行 5 个议题组织了立法听证会，广泛听取意见，受到社会的高度关注和好评。

3. 网络征求意见

随着网络信息技术的进步和社会信息化程度的不断提高，利用各类门户网站公布地方性法规草案文本，征求社会公众意见的形式越来越普遍。通过这种形式征求意见方便、快捷、对象广泛，逐渐成为各地开门立法的主要渠道。

（三）对意见的处理

征求意见工作结束以后，要对征求到的各方意见进行综合整理、认真研究，能够采纳的，应当在立法中予以体现，没有采纳的，要积极通过适当的形式进行必要的答复和说明。对其中的意见分歧，需要进行统筹协调。属于原则性的问题应当坚持，而非原则性问题可以调和、妥协。重大的分歧意见，则应当及时向负责组织起草地方性法规草案的部门报告，由其出面进行协调。在此基础上，对地方性法规草案文本进行研究修改。

五、报送送审稿并进行审查

地方性法规草案送审稿形成以后，一般由负责组织地方性法规草案起草的部门将地方性法规草案文本及其说明、条文注释稿、立法调研报告、相关法律法规和政策文件汇编等资料报送审查机构进行审查。

（一）审查机构及程序

由于提出地方性法规案的主体不同，对地方性法规草案送审稿的审查机构及审查程序也有所不同。一般分为两种情况，一种是针对政府提出的地方性法规草案，由负责组织起草的政府部门先报送政府法制机构进行统一审查。政府法制机构根据需要，也可以通过购买服务的形式委托高等院校、科研机构、律师事务所或者社会组织审查，政府法制机构应当对审查任务完成时间、质量等提出要求。政府法制机构应当将起草单位报送的地方性法规草案送审稿通过政府门户网站、法制机构门户网站等媒体向社会发布公告征求公众意见，时间一般不少于 30 日。政府法制机构审查地方性法规草案送审稿时，应当进行调查研究，广泛征求有关行政主管机关、管理相对人和社会各方面的意见，涉及重大问题及其他争议较大的问题，还应当通过召开座谈会、论证会、听证会等形式，广泛听取公民、法人及其他组织的意见。经市政府法制机构审查修改完善，并协调统一各方面的意见后，提出审查报告，报市政府常务会议或者全体会议讨论决定。另一种是针对由人大有关方面组织起草或者提出地方性法规草案的，地方性法规草案送审稿则由人大常委会主任会议讨论研究，然后由有权提出地方性法规案的主体提出地方性法规案。如主任会议、人大专门委员会或者常委会组成人员 5 人以上联名。

（二）审查的重点内容

对地方性法规草案送审稿审查的重点内容包括：一是立法的合法性。是否符合立法权限，是否与上位法相冲突，有无违法设定行政处罚、行政许可、行政强制等措施，有无违法限制公民、法人或者其他组织的权利或者违法增设其义务。二是立法的合理性。是否体现职权与责任相统一原则，是否符合精简、统一、效能的原则，是否符合职能转变的要求，是否有利于维护社会公共利益，是否有利于保障公民、法人和其他组织的合法权益。三是立法的必要性。是否有利于贯彻实施上位法，是否有利于贯彻上级或者全市的决策部署，是否有利于保障改革发展稳定大局，是否有利于解决行政管理中的实际问题。四是立法的可行性。拟设定的主要制度和管理措施是否有利于改进行政管理，是否方便操作，是否有利于公民、法人和其他组织行使权利、履行义务，立法时机是否成熟。五是立法的规范性。地方性法规草案的结构体例是否科学、完整，内在逻辑是否严密，条文表述是否严谨、规范，语言是否简洁、准确，是否符合其他立法技术规范。六是立法的公开性。有无按照规定征求相关行政机关、行政管理相对人以及其他公众的意见，有无采纳各方面提出的合理性意见和建议，有无充分协调相关行政机关的意见分歧。

（三）协调解决不同意见

对地方性法规草案送审稿中涉及的主要措施、管理体制、权限分工等重点问题，有关部门之间或者人大有关专门委员会、常委会工作机构之间有不同意见的，应该进行沟通协调，达成一致意见。属于政府部门负责组织起草的地方性法规草案，由政府法制机构负责进行协调，达成一致意见；不能达成一致意见的，应当将主要问题、有关部门或者机构的意见和政府法制机构的意见报政府研究决定。属于人大方面负责组织起草的地方性法规草案，一般由人大常委会分管领导出面协调，达成一致意见；不能达成一致意见的，应当将主要问题、有关部门或者机构的意见和人大有关专门委员会或者常委会工作机构的意见报主任会议讨论决定。对政府部门职能分工、机构设置等较大行政管理事项，应当转交政府研究决定。

六、形成正式议案

地方性法规草案正式稿及其说明，经过一定程序讨论后，形成正式地方性法规案，由提案人向地方人大或者地方人大常委会提出。以设区的市为例，政府部门负责组织起草的地方性法规草案，须经市政府常务会议或全体会议讨论通过后，由市政府市长签署，然后形成正式地方性法规案。主任会议提出的地方性法规草案，由主任会议讨论同意后，形成正式地方性法规案；人大专门委员会负责组织起草的地方性法规草案，由人大专门委员会全体会议审议通过后，形成正式地方性法规案；人大常委会5人以上联名提出的地方性法规草案，由5名以上常委会组成人员一致同意并署名后，形成正式地方性法规案；常委会工作机构负责组织起草的地方性法规草案，由主任会议讨论同意后，形成正式地方性法规案。

　　向地方人大或者地方人大常委会提出地方性法规草案，应当同时提交地方性法规草案文本及其说明、条文注释稿，并提供立法调研报告、相关法律法规和政策文件汇编等参阅资料。修改地方性法规的，还应当提交修改前后的对照文本。

第七章　地方立法论证与听证

地方立法论证与听证是提高地方立法质量的重要途径。通过开展地方立法论证与听证，积极促进立法公开，保障各行各业的人民群众有序参与立法，有利于广泛听取民意、汇聚民智，切实保障人民民主。

第一节　地方立法论证与听证概述

提高地方立法质量是地方立法工作的关键，故而，地方立法有赖于社会各方的参与。为保障社会各方有效参与地方立法，保证科学立法，应当以地方立法论证与地方立法听证为主要方式，让社会各方为立法者的地方立法积极建言，协助其制定出高质量、高水平的地方性法规、规章，进而使地方立法过程成为满足人民需要、扩大人民参与、接受人民监督的重要民主实践。

一、地方立法论证概述

为保障科学立法、民主立法的有序推进，论证是地方立法工作必不可少的活动。通过书面论证、召开论证会等形式，对地方立法过程中所涉及的重大问题、专业性问题进行论证研究，将立法工作建立在坚实的民意基础上，提升地方立法的质量。

（一）地方立法论证的概念和特征

明确界定地方立法论证的概念，了解地方立法论证的特征，这是研究地方立法论证的理论基础。

1. 地方立法论证的概念

"论证"一词，就其字面的意义上讲，是论述与证明，是对某一个问题或某种行为符合目的性提供论述与证明。简单地说，论证就是一个证明过程，它包含论题、论据、论证方法三个基本要素。其中论题，是论证的对象；论据，是判断论题是否正确或正当的依据；论证方法，是连接论据与论题的桥梁。论证方法通过一定的推理形式来使论据与论题产生联系，论证的目的在于对论题的正当性进行证明。

立法论证是指一定的主体在立法活动中依据一定的有效信息，通过论辩、听证等形式，最终得出立法结论是否成立的过程。"一定的主体"就是指拥有立法提案权的人或机关、立法机关的起草部门、参与立法活动的各利益群体以及立法机关邀请的专家学者。而"一定的有效信息"则是指法律自身的形式内容与实质内容，包括法律语言规范与否、法律内容是否符合合理性要求等一系列信息。地方立法论证可以表述为，地方立法机关依据一定的有效信息，通过论辩等形式，最终得出立法结论是否成立的过程。

2. 地方立法论证的特征

与地方立法听证、评估工作相比，地方立法论证具有以下特征。

（1）地方立法论证主体的特定性。一般来说，地方立法论证的主体是立法提案人、立法起草机关以及立法机关邀请的有关专家、学者。

（2）地方立法论证目的的针对性。地方立法论证是为地方立法机关进行立法或进行立法决策提供依据或参考，是对立法的必要性和可行性的论述与证明。其中必要性主要包括两个方面的问题：一是该项立法是否属于对某种社会关系调整的最合理的手段；二是这种社会关系的立法是否具有迫切性和必要性。而可行性问题，则是该项立法是否具有宪法或法律依据，立法机关有无立法权限，立法的主要制度设计是否符合地方经济社会发展需要，立法条件、立法时机是否成熟。

（3）地方立法论证内容的说理性。地方立法论证要求所有利益相关者将各自提出的利益主张在有理有据的证明和合理的理由陈述的基础上进行说理。

（4）地方立法论证过程的阶段性。立法过程是一个渐进性的系列活动，它分为若干个阶段，不同的阶段有不同的任务。而且，在不同的阶段论证的重点又有所不同。例如，在地方立法规划和立法计划阶段，主要论证是否有必要和能否立法的问题；在起草阶段，主要解决如何科学设计立法规范的问题；在审议阶段，则要解决条文规范的内容是否合理、可行的问题。

（二）地方立法论证的法律依据

《立法法》第 39 条第 2 款明确规定："法律案有关问题专业性较强，需要进行可行性评价的，应当召开论证会，听取有关专家、部门和全国人民代表大会代表等方面的意见。论证情况应当向常务委员会报告。"许多省级人大常委会十分重视立法论证工作，纷纷出台了立法论证工作规定，立法论证成为制定地方性法规的必经程序。

以广东省为例，《广东省地方立法条例》第 58 条明确规定，"地方性法规案有关问题专业性较强，需要进行可行性评价的，应当召开论证会，听取有关专家、部门和省人民代表大会代表、本省选出的全国人民代表大会代表等方面的意见。论证情况应当向常务委员会报告"。此外，《广东省人民代表大会常务委员会立法论证工作规定》也是广东省设区的市地方立法论证的主要依据。

（三）地方立法论证的目的和方式

清楚地方立法论证的目的，了解开展地方立法论证工作的各种方式，有利于进一步加深对地方立法论证内容的研究。

1. 地方立法论证的目的

立法论证是近年来各地人大积极探索的一种行之有效的立法工作制度，是对立法资源进行有效调控的重要手段和形式。地方立法论证的目的主要是：增强地方立法的科学性，保证地方性法规的质量，以及保证地方立法的有效实施。

2. 地方立法论证方式

目前，地方立法论证的方式主要是会议论证，必要时也可以采用书面论证或网络论证等方式。会议论证就是由主持论证的机关召集专家、学者和相关领域的实务工作者等，通过面对面沟通、交流、辩论的方式进行论证。会议论证方式，参与人员的观点表达比较充分，对于相关问题的辩论也比较充分，便于立法机关对各方观点权衡和考量，从而更加有利于增强地方立法的科学性。例如，广东省的地方立法论证主要采取会议论证的方式，会议论证在推动科学立法方面发挥着非常重要的作用。

书面论证是指受邀的有关部门或组织负责人、相关领域专家学者等，以书面形式就法规草案需要论证的问题表达意见或者建议的一种论证方式。书面论证主要有两个优点：一是可以邀请更多的专家学者、实务工作者等参与论证，能够最大限度地集思广益；二是相比会议论证而言，程序比较简单，成本更为节约。而书面论证的主要缺点则是缺乏面对面的沟通和辩论，论证者之间无法形成思想观点的碰撞。由于缺乏直面交流以及言词的辩解与论争，书面论证者只能从自身的立场和理解提出论点和论据，不易达成较为统一的意见或建议。这也是书面论证形式较少采用的原因。网络论证是一种新型的立法论证方式，其利用网络平台进行论证，在网络论证过程中各位论证陈述人可以充分陈述意见，并在陈述的基础上进行说理，网民也可以借助网络平台充分发表意见。

（四）地方立法论证功能和意义

地方立法论证的功能和意义，两者的侧重点有所不同。地方立法论证功能，是指地方立法论证在地方立法工作中发挥的作用。地方立法论证意义，则强调在地方立法工作中实施地方立法论证后所带来的效果，从地方立法实务工作的角度看，目前地方立法论证意义主要在于提高地方立法质量。

1. 地方立法论证的功能

功能意指事物或方法所发挥的有利作用、效能。地方立法论证在立法中的功能主要有以下方面。

（1）启动立法的功能。任何立法开始时首先考虑的一个问题是要不要立法的问题，而对立法的必要性经过科学的论证，得出立法必要性肯定的结论以后，立法才能正式提上日程。

（2）确保条件的功能。解决立法必要性的问题以后，就要对立法的可能性进行论证。例如，有没有宪法或者法律的依据，国外有没有相关的立法可供借鉴，国内有没有相关的实践经验可以总结。一项立法成功与否，很大程度上也取决于它的可能性的科学论证。

（3）促进立法进程的功能。在进入正式的立法活动以后，还会出现一系列的问题，而这些问题在立法过程中都必须解决，否则立法便不能顺利进行。对立法过程中出现的问题进行论证，从而为立法提供科学和准确的解决方案。

（4）保障立法实施的功能。从过程来说，一项立法的启动到法案的起草再到法案的公布生效，立法便结束了。但是完整的立法论证的任务还没有终结，因为立法之后，法律就进入实施阶段，而立法论证还将伴随法律实施继续发挥保障功能。

2. 地方立法论证对提高地方立法质量的意义

地方立法论证是近年来各地人大积极探索的一种行之有效的立法工作制度，是对立法资源进行有效调控的重要手段和形式，对于增强立法科学性、保证法规的质量和有效实施至关重要。实践证明，作为地方立法重要的工作制度，地方立法论证对提高地方立法质量具有举足轻重的意义。

第一，有利于破解立法中的重点、难点问题，促进立法进程。地方立法论证在立法的不同阶段发挥着不同的作用。在立项阶段，地方立法论证旨在对法规草案一些重要问题、制度和规范进行必要性和可行性的充分论证，为起草和审议工作奠定扎实的基础。在起草和审议阶段，地方立法论证则是破解难点、重点问题的重要途径。每项法规都可能有难以解决的关键问题，这些问题往往成为立法进程中的"拦路虎"，是否能妥善解决将直接影响立法的质量。通过开展地方立法论证，有利于充分研究并妥善解决这些"瓶颈"问题，推动立法工作顺利进行。例如，佛山市在制定《佛山市养犬管理条例》时，饲养犬只数量限制问题一直成为该部地方性法规立法进程中的"拦路虎"，因此，佛山市地方立法部门专门对此问题进行多次论证，以破解立法中的难点问题。

第二，有利于收集专业性的立法意见，为立法提供智力支持。立法是专业性较强的活动，涉及经济、政治、文化、社会和生态文明建设的各个领域，需要立法工作者具有相应的专业知识储备和经验积累。开展地方立法论证，既能吸收相关领域的专业意见，帮助立法工作者迅速解决地方立法过程中遇到的技术性难题，也能吸收来自实务工作专家的地方实践经验，使法规的制度设计更加符合实际，弥补了立法机关在专业性和实践经验上存在的不足。专家、学者能充分发挥"智囊团"的作用，和立法工作者形成合力，推动立法工作的顺利开展。

第三，有利于增强法规的可执行性，提高立法质量。提高立法质量是立法工作的核心。增强法规的可执行性是提高立法质量的重要途径。开展地方立法论证，一是有助于确保法规制定的必要性和可行性。二是有助于把握住地方性法规中的关键条款。地方性法规中关键条款涉及的问题关系所立法规的导向和基本价值，是立法过程中的重点和难点问题。增强法规可执行性，就要善于抓住法规中的关键内容，将此作为起草和审议环节论证的重点。通过地方立法论证，妥善解决关键问题，增强法规的可执行性，保证地方性法规的实施效果，也更好地体现地方性法规的地方特色。三是有助于提高法规的规范性。立法是为守法和执法服务的。在立法过程中，要从方便于执法主体和相对人理解、掌握的角度去设定法规条款。通过开展地方立法论证，对法规用语、法规结构等立法技术规范进行修正和调整，使得出台的法规更易于理解和操作，从而增强法规的可执行性。[①]

第四，有利于提高地方立法科学化。立法科学化，是指立法活动要从实际出发，积极探索和掌握立法规律，立法科学化是对经验立法、政绩立法的否定。立法质量好坏，从某个意义上讲，就是地方立法科学化的问题。通过在立法活动中对地方立法是否具有宪法或者法律依据等方面的论证，能使制定出来的地方性法规更符合客观规律、更具科学含义。

[①]　黄龙云主编：《广东地方立法实践与探索》，广东人民出版社 2015 年版，第 198—199 页。

二、地方立法听证概述

2000 年《立法法》第 34 条第 1 款明确规定"列入常务委员会会议议程的法律案……应当听取各方面的意见。听取意见可以采取座谈会、论证会、听证会等多种形式",因此听证制度正式进入立法领域。地方立法听证是地方立法机关了解民意的有效途径,也是全过程人民民主的重要表现,有利于提高地方立法质量。

(一)地方立法听证的概念和特征

明确地方立法听证的概念和特征,是了解地方立法听证"是什么"的问题,这是研究地方立法听证的前提内容。

1. 地方立法听证的概念

对于立法听证的概念,无论是理论界还是各地在立法实践中制定的立法听证办法(或者规则),都有着不同的表述。如:朱磊认为"立法听证制度是指立法机关在立法过程中,为了收集、获取与立法有关的资料、信息,邀请有关政府部门、专家学者、当事人及与法律法规有利害关系的公民等到会陈述意见,为立法机关审议法律法规提供依据与参考的一种制度"[1];邓喜莲认为"立法听证是指立法机关在制定或修改涉及公众或公民权益的法案时,听取利益相关者、社会各方及专家的意见并将这种意见作为立法依据或参考的制度形式和实践活动"[2]。而一些地方在地方性法规中也对立法听证的概念作了不同的定义,如:《福州市人民代表大会常务委员会立法听证办法》第 2 条规定,本办法所称立法听证,是指市人民代表大会常务委员会在立法过程中,以公开举行会议的形式,听取、收集公众对法规案意见的活动。《广西壮族自治区人民政府立法听证制度实施办法》第 2 条规定,立法听证是指在政府立法工作过程中,由地方性法规、规章草案的起草部门或者审查部门以召开听证会的形式,公开听取与草案密切相关的管理相对人和其他利害关系人意见或者建议的活动。而地

---

[1] 朱磊:《开门立法助推立法民主化进程》,载《工会信息》2014 年第 35 期。
[2] 邓喜莲:《我国立法听证制度的现状及完善》,载《山东文学月刊》2009 年第 5 期。

方立法听证，可以表述为：地方立法机关在制定法律性文件的过程中，就该法律性文件内容涉及公民、法人或者其他组织切身利益的事项，通过听证会形式听取不同利益群体和专家意见的程序制度。

2. 地方立法听证的特征

相对于地方立法论证会或者其他立法座谈会，地方立法听证是一种更加广泛、更加公开、更加民主地获取民意的立法程序，具有以下四个明显的特征。

（1）听证选取的议题更具确定性。"一般来说，立法座谈会的主题比较自由，可以就整个立法情况，比如要不要立法、应当如何立法等进行座谈，也可以就立法过程中出现的某个具体问题进行座谈，座谈的议题没有限制，比较分散。"① 而地方立法论证则不同，实践中，地方立法论证的组织者往往事先就法案中专业性、技术性较强的问题确定若干论证议题，同时欢迎与会者对法案的其他问题发表意见。相对于地方立法论证会或者其他立法座谈会，地方立法听证的议题则比较确定，在听证公告发布以后，一般不会变化。

（2）听证的组织更具公开性。地方立法论证会或者其他立法座谈会一般由立法起草单位或者审议机关按照自己的意愿召开，邀请程序不公开，举行的会议也不公开，邀请对象由组织者内定，这可能导致征求的意见带有倾向性、片面性和不真实。听证在邀请程序上是公开的，听证会以公告报名的方式召集陈述人，公众参与立法也由被邀请变为主动报名参加，听证机构则按照不同观点的各方人数基本相当的原则确定陈述人，从而使支持和反对法案的人都有平等的参与机会，得出的结论也就更全面更真实。

（3）听证的意见陈述更具辩论性。地方立法论证会或者其他立法座谈会没有要求应当邀请支持和反对法案观点的人同时参加，发言时也只是各自陈述自己的观点，很少进行辩论。听证会的陈述人是自愿报名参加的，那些特别支持或者特别反对法案的人往往比较积极参加听证会，听证

---

① 汪全胜：《立法听证研究》，北京大学出版社 2003 年版，第 5 页。

组织机构遵循"持赞成观点的人数与持反对观点的人数基本相当的原则"确定陈述人。听证会在程序设计上往往要求陈述人就主要争议事项进行辩论,支持者与反对者交替发言,提问时也是支持者与反对者交替进行,从而使听证会具有很大的辩论性质,使正反两方的意见能够得到充分的展示。这样,法案中的矛盾必然会暴露得更加充分,意见更加全面。

(4)听证的程序要求更加严格。地方立法论证会或者其他立法座谈会一般由立法起草单位或者审议机关根据工作需要而召开,会议通知一般是提前发出,但发出的时间没有统一的规定。对论证会或者座谈会结束后是否应当形成报告也没有严格的要求,有的形成书面报告,也有的仅仅做些书面记录,基本视项目负责人的习惯或者部门负责人的要求而定。而听证会却有严格的程序规定,从全国各省市出台的地方立法听证办法来看,无论是听证会启动条件、批准主体、确定听证人、制订听证方案,到发布听证公告、遴选听证会陈述人,以及举行听证会和制作听证报告,每一过程都必须严格地按照一定的程序进行,也都有明确的时间要求。①

(二)地方立法听证的法律依据

地方立法听证的法律依据主要是《立法法》,该法第39条明确规定:"列入常务委员会会议议程的法律案,宪法和法律委员会、有关的专门委员会和常务委员会工作机构应当听取各方面的意见。听取意见可以采取座谈会、论证会、听证会等多种形式。法律案有关问题专业性较强,需要进行可行性评价的,应当召开论证会,听取有关专家、部门和全国人民代表大会代表等方面的意见。论证情况应当向常务委员会报告。法律案有关问题存在重大意见分歧或者涉及利益关系重大调整,需要进行听证的,应当召开听证会,听取有关基层和群体代表、部门、人民团体、专家、全国人民代表大会代表和社会有关方面的意见。听证情况应当向常务委员会报告。常务委员会工作机构应当将法律草案发送相关领域的全国人民代表大会代表、地方人民代表大会常务委员会以及有关部门、组织和专家征求意见。"

---

① 阮荣祥主编:《地方立法的理论与实践》,社会科学文献出版社2008年版,第292—293页。

以广东省为例，《广东省地方立法条例》第 59 条明确规定：地方性法规案有关问题存在重大意见分歧或者涉及利益关系重大调整，应当召开听证会，听取有关基层和群体代表、部门、人民团体、专家、省人民代表大会代表、本省选出的全国人民代表大会代表和社会有关方面的意见；听证情况应当向常务委员会报告。此外，《广东省人民代表大会常务委员会立法听证规则》和《广东省重大行政决策听证规定》也是广东省设区的市地方立法听证探索的主要依据。

（三）地方立法听证的目的和方式

明晰地方立法听证的目的，清楚地方立法工作中举行听证会的各种方式，这是进一步了解地方立法听证"是什么"的内容。

1. 地方立法听证的目的

立法听证是立法过程中广集民意、反映民智的一种形式，也是推进立法民主化、科学化和提高立法质量的重要举措。地方立法听证的目的在于促进立法的公开化和民主化、促进立法质量的提高、保证立法的科学性。

2. 地方立法听证方式

根据利益调整的程度和意见分歧的程度，地方立法听证可以分为大型听证会和简易听证会两种形式。例如，近年来随着互联网技术的发展，广东在地方立法方面也开始尝试网络听证的新方式，并取得了较好的效果。

（1）大型听证会。大型听证会是指立法听证事项涉及重大公共利益或多数人的重要利益，且意见分歧较大，需要由众多相对人参与的听证形式。大型听证会的听证过程对社会公开，相比其他的听证形式，大型听证会的听证程序最为严格，可以归入正式听证的范畴。

（2）简易听证会。以广东省为例，《广东省人民代表大会常务委员会立法听证规则》创设性地规定了立法听证的简易程序，规定适用简易听证的事项包括两类：一是涉及专业性、技术性较强的听证事项；二是仅涉及特定群体利益且社会影响较小的事项。

简易听证会在程序上有以下几个优点：①听证组织简单；②听证陈述人定向邀请；③听证流程简化。简化听证程序，有利于降低立法机关的立法成本，提高立法效率。①

（3）网络听证。网络听证是利用网络平台进行听证的新方式，在网络听证过程中各方可以充分地陈述意见，充分地辩论和举证，网民也可以借助网络平台充分地发表意见。

（四）地方立法听证的功能和意义

地方立法听证的功能和意义，在于明确地方立法工作中地方立法听证所发挥的作用及效果。

1. 地方立法听证的功能

地方立法听证在立法中的功能主要体现在以下方面：第一，地方立法听证可以在立法程序中获得立法资料，成为地方立法的信息来源；第二，地方立法听证有协调各种不同的立场和利益关系的功能，增强法律的社会接受度，从而增强法律的实施效益；第三，地方立法听证有减轻立法机关的立法压力功能，同时使重要的法律得以通过；第四，地方立法听证是实现法律正义的有效程序制度。②

2. 地方立法听证的意义

"立法听证制度之精髓在于以形式正义来保证实质正义，以程序公平来保证结果公平，从而体现民主政治的基本价值。听证制度的建立既是改善法制程序的需要，也是现代民主与人权价值的重要体现。而立法权的运用正是现代法治国家中一切权利产生和运用的基础，对社会各方面有着广泛和深刻的影响。"③ 因此，地方立法机关在立法过程中适当地运用听证制度，以召开听证会的形式直接听取各方面的意见，为法律、法规审议提供参考，对保障法律、法规的合法性和合理性有着重大的意义。

（1）听证是地方立法机构重要的信息来源。"立法从信息学的角度来讲，就是立法者在广泛收集信息的基础上进行决策的行为。信息是立法者进行决策的依据。信息的质和量影响并决定着立法决策的质和量。开明的

---

① 黄龙云主编：《广东地方立法实践与探索》，广东人民出版社 2015 年版，第 221—223 页。
② 李淑英：《立法听证制度的功能分析》，载《华东政法学院学报》2002 年第 4 期。
③ 谢章泸、林志和、余启良：《对地方立法听证运作的思考》，载法律图书馆网 2005 年 9 月 16 日，http：//www．law－lib．com/lw/lw_view．asp？no＝5900，最后访问日期：2023 年 10 月 30 日。

立法者应当更广泛地、多渠道地收集不同的信息，从中加以辨别和筛选。"① 对于我国立法机关来说，收集信息的方式多种多样，如立法调研、论证会、座谈会、视察、在媒体上公开征求意见等，而立法听证也是立法机关听取意见、收集信息的一种有效方式。"听证是某些政策制定者的一个重要的信息来源，否则这些政策制定者就可能无法预见基于个人知识所提出的立法动议的全部后果，来自公民与专家、官员与特定利益群体的陈述，给政策制定者提供了一个被扩展了的观察视角，很多详细的调查研究都是由感兴趣的公众进行的，并被制成纲要提交给政策制定者，使政策制定者对相关问题的了解更为广阔了。"② 因此，地方立法听证有利于立法机关收集有关团体组织、政府官员、专家学者、利害相关人等方方面面的意见，了解立法所要解决的问题，尤其是人民群众迫切要求解决的困难和问题，从而为立法决策打下坚实的基础。

（2）听证是地方立法公开化、民主化的重要体现。地方立法听证是一种让公众有机会就那些有争议的或者世人所瞩目的问题各抒己见的重要手段。"对于政治制度而言，通过各种各样的公共参与机制来进行制度设计是非常重要的，而听证有助于组织多元的、相互冲突的利益群体之间的辩论并为其注入活力，这一辩论可以使立法者和公众意识到不同的观点并践行自由言论，然后，立法者作为公众的代表，在辩论的基础上公开地、透明地做出决定。"③ 立法的根本目的就是要保护人民群众的长远利益和根本利益，因此立法必须充分反映民意，保障公众对立法陈述意见的权利。

地方立法听证，可以使地方立法机关听到各个方面的意见，包括法规内容涉及的利害关系人的意见，也包括有关行业的比较专业的意见。通过听证会经由各方陈述意见、辩论和举证，既反映事实，又体现民意，使立

---

① 汪全胜：《立法听证研究》，北京大学出版社 2003 年版，第 13 页。

② ［美］Leon G. Billings：《关于中国听证问题的讲演稿》，武欣译，昆明"立法听证国际交流研讨会"材料（内部资料），2001 年 11 月 4—6 日。

③ ［美］Leon G. Billings：《关于中国听证问题的讲演稿》，武欣译，昆明"立法听证国际交流研讨会"材料（内部资料），2001 年 11 月 4—6 日。

法机关可以更好地分析利弊得失，更加准确地预期决策的后果，进而有利于立法机关广泛集中民智，把各种好的意见、建议吸收到法规中来，转化为立法成果。听证同样有利于公众寻求一个质证和辩论的公开论坛，并利用这个论坛向立法机关反映人民的真实意愿。实践证明，立法工作尤其是设区的市的地方立法，涉及的城乡建设与管理、生态文明建设、历史文化保护、基层治理等方面与当地人民息息相关，正越来越受到当地群众的普遍关注，人民群众希望有机会与立法人员面对面地交换意见，并通过一定的方式直接或间接地参加到立法工作中来，立法听证制度的建立满足了人民群众参与立法的愿望。听证的过程不仅是收集利害关系人意见的过程，同时也是一个与社会各方面进行充分协商的过程，立法机关在听证的基础上根据各方面的要求进行充分的综合平衡，使所拟定的草案能最大限度地吸纳各方面的意见和建议，这对促进立法的公开化和民主化具有重要意义。

（3）听证是协调社会矛盾的重要机制。获得普遍遵守的法律才是成功的法律。"人们更乐于遵守这样的法律：它们是可以理解的，它们是合理的，它们是在公众的参与和支持下被制定出来的。""最好的政策是那些出于自愿接受而不是作为强制的结果而被尊重和遵守的政策，并且，公众更易于接受那些在一个公开的、代表制的过程中进行过辩论的政策，而不是那些秘密制定或者仅牵涉'特殊或直接受到影响的利益'，而这些利益又不能被认为代表了普遍的公众观点的政策，如果一种政策是令公众反对的，那么一个公开的制度就可以通过一个确定的程序重新评价这一政策。"①

从社会关系的角度来说，立法实质上是各种利益关系的分配和调整，是社会资源和权利义务的重新配置和划分。实践中，立法往往涉及不同利益群体之间的利益调整问题，如何将这种利益调整控制在一个恰当的界限内并为不同利益群体各方所接受就成为立法中必须解决的一个重大问题，而给予不同利益群体以表白和申辩的机会，给予不同利益群体以协调和整

---

① 罗传贤：《行政程序法基础理论》，五南图书出版公司1993年版，第185页。

合的机会就成了解决问题的最佳途径和方式。"为了给予不同利益和力量以制度性的表白途径，及使利益冲突能达成某种程度的共识，现代民主国家均设立法规听证制度，以公共和理性的沟通途径来化解冲突，尤其赋予利害关系人参与表示意见之机会，使人民能直接参与决策机制，实现人民直接民主。""立法听证制度设置的主要功能，就是能给予不同利益群体以表白和协调的机会。"①

例如，惠州市在针对惠州西湖风景名胜区进行地方性法规立法工作时，在"红花湖该不该禁止游泳"事项的听证过程中，代表各个不同利益主体的陈述人不仅发表自己的观点，还不断地为自己的观点作出辩护，同时也对相反的意见进行反驳与质证，在激烈的辩论中，矛盾得到充分显露，各个利益主体的立场与观点也得以充分展示。立法听证会主持人充当着中立者的角色，对代表着不同利益群体的持不同意见的陈述人给予平等的发言机会，这些不同甚至相反的意见将最终成为立法机关制定法规的依据。这是立法听证会的长足之处，也是其他征求意见的方式如立法座谈会、立法论证会所难具备的。

（4）听证是地方立法宣传的重要形式。美国学者戴维·杜鲁门认为：立法听证的第二个功能就是"一种宣传渠道，通过它使公众获悉，并使它的内容部分地得到巩固和强化"②。由于立法听证的公开性和严格的程序性以及公众的广泛参与性，使听证活动在听证会公告发布以后就一直处于广大民众的关注之中，人民群众参与和关注的过程，其实也就是法案内容的宣传教育过程。"对立法主体而言，立法听证实现了立法的民主化，尽可能地实现了立法的直接民主，是我国间接民主的有益补充；对广大人民群众而言，不仅实现了自己意愿的真实表达，而且还进一步了解了所立之法案，提高了自己的法律意识，增强了对法案的认同感。"③ 从地方立法听证的实践来看，听证过程不仅有听证组织者、听证人、陈述人、旁听人以及与听证有关的单位人员参与其中，更有多家媒体全程报道，使立法

---

① 汪全胜：《立法听证研究》，北京大学出版社 2003 年版，第 18 页。
② 汪全胜：《美国的行政立法听证制度探讨》，载《行政法学研究》2001 年第 3 期。
③ 汪全胜：《立法听证研究》，北京大学出版社 2003 年版，第 18—19 页。

活动的公众知悉度得到显著提高，这一点也是立法论证会或者其他立法座谈会所无法比拟的，一般情况下，立法论证会或者其他立法座谈会都不是公开举行，偶尔也有为宣传等需要，请一些记者前来采访报道，但无论规模还是效果都相距甚远。"立法听证过程一般以公开的方式进行，通过新闻媒介传播出去，使全体公民共同听证，既实现了代议政治条件下公民的知情权，又为公民行使参政、议政的权利提供了保障。"①

第二节　地方立法论证的组织实施

地方立法论证的组织实施，即明确在地方立法工作中如何开展地方立法论证。总而言之，明确开展地方立法论证的组织实施主体，进而了解地方立法论证的不同阶段和类型，最后掌握地方立法论证的组织实施过程内容。

一、地方立法论证的组织实施主体

地方立法论证的组织实施主体实际是回答地方立法应该由谁去组织实施论证的问题。在地方立法实践活动中，立法论证的组织实施主体主要有以下三种。

（一）提出立法动议的人或机关

提出立法动议的人或机关也就是地方立法提案权人。享有立法提案权的机关和人员在提出立法动议或法律草案的时候，都有可能或者必须在提出立法动议或立法草案的同时对所提的立法动议或法律草案进行论证。《立法法》第58条规定："提出法律案，应当同时提出法律草案文本及其说明，并提供必要的参阅资料。修改法律的，还应当提交修改前后的对照文本。法律草案的说明应当包括制定或者修改该法律的必要性、可行性和主要内容，涉及合宪性问题的相关意见以及起草过程中对重大分歧意见的协调处理情况。"

---

① 吴大英、任允正、李林：《比较立法制度》，群众出版社1992年版，第508页。

（二）立法机关邀请的有关专家学者

地方立法机关在进行立法之前或者在立法过程中，邀请有关的专家学者对立法的有关问题进行论证。如设区的市地方性法规主要对地方的城乡建设与管理、生态文明建设、历史文化保护、基层治理等方面开展立法活动；地方立法机关通过邀请有关的专家学者参与立法，对该立法的立项、制定等一系列的问题进行论证。这不仅有助于保证立法的质量，而且能够保证所立之法的合理性和实际的可操作性。

（三）立法起草机关

地方立法是由地方立法机关或其委托的立法机构负责起草的专门化活动，地方立法机关起草法规草案的时候也应同时对该法规草案进行充分的论证，换句话说，进行有关立法的论证工作是地方立法机关义不容辞的职责。

二、地方立法论证的组织实施阶段

地方立法论证组织实施的内容实际是解决地方立法论证的对象，即对什么进行论证或者论证什么的问题。从立法的过程来看，地方立法可以包括立项论证、起草论证和审议论证等几个阶段。立法的不同阶段，立法论证的内容和重点也不同。按照立法的进程，地方立法论证可分为三个阶段，各个阶段的内容有所不同。

（一）立项阶段的论证

地方立法的立项论证是指地方立法机关就某一事项是否需要以及有无可能建立法律制度所进行的论证活动。立项论证的结果直接关系法规项目是否能够进入正式立法程序。

地方立法立项论证是科学确定立法项目、编制立法规划和拟订立法计划的基础，是立法准备阶段的重要环节。在确定立法项目时，地方人大代表、地方人大常委会组成人员、地方各级党政机关、社会团体和组织、企事业单位以及公民个人均可以提出立项的相关建议。例如，《东莞市制定地方性法规条例》第 7 条第 2 款规定：一切国家机关、各政党和各社会团体、各企业事业组织、公民都可以向常务委员会提出制定地方性法规的建议。提出制定地方性法规的建议应当说明理由。

在论证组织方面，地方立法立项论证可由地方人大常委会和政府的法制工作机构组织进行，参与论证的人员则包括提出立项建议的地方人大和政府的法制机构负责人、有关社会组织的代表、提出立项建议的个人、人大代表、相关领域的实务工作者、立法咨询专家等。论证的依据是地方立法的必要性与可能性。

例如，中山市人大常委会在制定 5 年立法规划和 2017 年立法计划时是这样进行立项阶段的论证的。

示例 7 - 1：

从 2016 年 9 月开始，中山市人大常委会开始制定 5 年立法规划和 2017 年立法计划。发放 5200 份问卷征集规划项目。法规规划建议项目主要有 3 个来源：政府组成部门的建议项目由市法制局代为征集，并经市政府常委会议研究，最终确定建议项目 10 个；党群部门和其他社会组织的建议项目由市人大常委会法工委发函征集；社会公开征集项目由市人大常委会牵头，共收到规划建议项目 82 个。随后，中山市地方立法研究院作为受委托的第三方，对征集到的 82 个规划建议项目以随机问卷形式进行民意调查，共发放问卷 5200 份，回收 4970 份，最终形成调查统计报告，作为筛选项目的重要参考。经过论证筛选，中山市已确立了未来 5 年的地方性法规制定规划项目 15 个，包括三大类别：继续审议的法规项目《中山市电力设施保护条例》；计划审议的法规项目有 7 个，包括《中山市停车场管理规定》《中山市儿童托管机构管理条例》等；预备项目也有 7 个，包括《中山市养犬管理条例》《中山市地下综合管廊管理条例》等。

（二）起草阶段的论证

地方立法起草阶段的论证是指由地方立法起草机关对拟定出来的法规草案的合法性和合理性问题所展开的论证。与地方立法立项论证不同，起草阶段的论证内容主要包括三项：

（1）法规草案中结构体例设置的合法性和合理性的论证。

（2）地方性法规草案中涉及技术问题、专业问题，需要为解决这些问题提供科学依据和最佳方案的条款的论证。

（3）法规条款中较复杂、牵涉面广、涉及社会公众切身利益的问题的论证。如果起草的地方性法规，条款内容属于设定行政许可、行政强制、行政处罚或者其他涉及社会公众切身利益，且未通过听证会等其他方式公开听取意见的，则应当进行重点论证。

起草阶段的论证一般由组织法规起草的部门或者机构邀请有关人员进行论证。如果法规是由地方政府部门或者地方政府法制机构组织起草的，可以由该政府部门或者政府的法制机构组织论证；地方人大有关专门委员会、地方人大常委会有关工作委员会组织起草的，则由地方人大有关专门委员会或者地方人大常委会有关工作委员会组织论证，也可以根据立法的实际情况，委托高等院校、科研机构、行业协会等进行立法论证；法规草案起草部门委托第三方起草的，则由委托方或者受托方组织论证。参与论证的人员一般包括起草部门或机构负责人、地方政府法制机构负责人、人大代表、有关社会组织的代表、相关领域的实务工作者、立法咨询专家等。例如，《惠州市历史文化名城保护条例》在起草阶段，邀请了惠州地方立法研究领域的专家学者、建筑领域的专家学者，以及惠州市人大常委会法制工作委员会的专家，对草案初稿进行论证，论证重点是《惠州市历史文化名城保护条例》的结构体例；此后，由惠州市人大组织召开咨询会，邀请省内外的专家学者，再次对草案进行论证；总之，对《惠州市历史文化名城保护条例》的论证前后达5次之多。

（三）审议阶段的论证

地方立法的审议论证是由地方人大常委会组织相关人员对进入常委会会议审议环节的地方性法规草案展开的论证。审议阶段的论证一般包括一审阶段的论证和二审阶段的论证。一审阶段的论证是针对整部法规草案的必要性、合法性和可行性进行论证，通常由地方人大有关专门委员会组织进行。

（1）必要性论证。立法的必要性论证主要解决为什么要立法的问题。法律作为社会控制方式的一种，当与其他社会控制方式相比较过程中，法律对这种社会关系的调整更具合理性、妥当性与有效性时，立法才是一种有效方式的选择，或者说，将对这种社会关系的调整提上立法的日程才具有必要性。

（2）合法性论证。合法性论证主要解决两个问题：一是该项立法是否具有宪法、法律依据。二是该项立法能否以地方性法规的形式出现。

（3）可行性论证。可行性论证主要是要求立法机关论证该项立法出台以后，能否被人们接受和遵守，以及有无相关的配套制度保障其实施。可行性论证主要包括该地方性法规是否合乎民情、民意，是否充分考虑、尊重人心，是否充分考虑、尊重民众的习惯、风俗、信仰、价值观等诸多因素。

另外，在一审阶段，地方立法机关应该对地方性法规内部结构形式进行论证。对地方性法规内部结构形式的论证主要是论证该项立法所必备的要素是否具备。法的要素包括：法律规则、法律原则、法律概念。法律规则又包括三个要素：假定条件、行为模式和法律后果。尤其是在论证过程中，要对地方性法规所规定的法律后果进行重点论证，不仅要论证法律后果的规定是否欠缺，更要论证其所规定的法律后果是否合理、合法。

在二审阶段，主要是对一审中争议较大的问题、社会公众反映意见较为集中的重点、难点问题进行有针对性的论证。它通常由地方人大常委会法制工作机构组织进行。其主要范围可以包括：其一是对法规草案拟规定的主要制度和措施，以及这些制度措施所包含的国家机关职权职责和公民、法人和其他组织的权利义务等内容的合法性进行论证。法规草案的主要制度和措施应当总体上具有科学合理性，即能够为大多数社会成员所接受和自觉遵守，能够为执法机关所执行，新的法律秩序的建立所花费的成本能够被社会所承受，否则法规将难以施行。其二是对法规拟设定的管理主体的职权职责以及公民、法人和其他组织的权利义务的可行性以及专业性比较强的问题等进行论证。

三、地方立法论证的组织实施过程

地方立法立项论证、起草论证和审议阶段的论证，虽然因论证阶段不同，论证的重点有差异，但论证组织实施的方式和程序，却有相通之处，在地方立法论证的组织实施的实践探索中，有相互借鉴的作用。

地方立法论证主要是采取会议论证的形式，召开论证会主要的过程包括以下内容。

（一）制定论证会的工作方案

论证会的工作方案内容主要包括以下三个方面。

1. 确定论证会议题

一般来说，创设性立法、重要的民生领域立法、社会争议较大或公众关注度较高的法规条文都可以考虑作为立法论证的议题。同样，上位法规定必须进行论证的事项，也应该纳入论证的议题。根据行政许可法、行政强制法的相关规定，地方性法规拟设定行政许可、行政强制内容的，这类条文应该首先拿出来进行论证。此外，对其他涉及社会公众切身利益的规定也应该进行论证。

2. 选定论证会参加人员

地方立法论证会的参加人员一般由论证会举办单位负责人，相关领域的专家、学者，相关领域的实务工作者，地方人大有关负责人和人大代表以及地方政府法制机构、地方政府有关部门人员等专业人员组成。

3. 确定论证会的日期和地点

论证会举办单位应当提前将论证会议题、时间、地点、参加论证会的具体要求及相关材料等，通过电子邮件或者书面材料等方式送交参加论证会的人员。论证会举行的日期或地点变更的，组织单位应当及时通知有关人员。

（二）论证准备

为了使参与论证的人员做好论证准备，组织论证会的工作人员应当提前为参与论证的人员准备会议材料，包括法规文本、论证提纲等。发言人需准备发言材料，由于发言影响着论证会的效果，因此尤其要提前精心准备，反复斟酌。

（三）召开论证会

召开论证会是会议论证的核心环节，其为参与论证的人员营造了良好的氛围并提供了一个建言献策的平台。论证会可以参照以下程序进行。

（1）主持人宣布论证会开始，介绍论证会参加人员、论证议题和议程，说明论证会的目的。

（2）有关单位负责人或者主持人对有关问题和情况予以说明，并提出论证的重点。就起草阶段的论证而言，起草单位的负责人首先要对立法的必要性、起草的总体思路、草案的主要内容等进行简要说明，立法论证也是围绕这些内容而展开。与起草阶段的论证相比，审议阶段的论证尤其是由地方人大常委会法制工作委员会组织的二审阶段的论证则具有更强的针对性。在审议阶段的论证过程中，主办方一般无须再对立法的必要性进行说明，而是直接将法规草案所涉及的主要问题和重点、难点问题提交专家论证。

（3）论证会参加人员围绕论证会议题发表意见，这是论证会的重点和核心。参会人员围绕论证的重点，充分表达论证观点，通过论证观点的交锋，主持人应该找出并且归纳论证会的分歧点，然后，组织论证会参加人员围绕主要分歧点展开辩论。在论证过程中，有些问题已经达成一致意见，就无须再进行论证，有些条文需要进一步完善，与会专家就可以发表看法。

另外，对于综合性强、涉及面广的议题，可以分解成若干专题，论证会参加人员按专业划分若干小组就相关专题进行论证。如关于环保方面的地方立法，由于环保问题牵涉的部门众多，涉及面较广，在召开立法论证会时，可以分为噪声污染、水污染、大气污染等几个论题展开论证。

（4）主持人对论证会进行总结。经过充分的论证，哪些问题已经达成了共识，哪些问题虽然还存在分歧，但是已经形成了多数人的意见，还有哪些问题依然存在严重的分歧，这些分歧主要表现在哪几个方面等，这些都必须进行总结,为论证报告的形成打下基础。

（四）制作论证报告

论证会召开以后,会议的主办方应该对其进行总结,制作论证报告。论证报告应当包括以下内容:

（1）论证会的基本情况,包括论证会举办单位、召开时间、参加人员和议题等背景情况。

（2）论证会参加人提出的主要观点、意见、建议等。

（3）论证会举办单位的处理意见和建议。论证报告是立法论证会的最终成果,论证报告的内容应该成为地方立法的重要参考依据。

第三节 地方立法听证的组织实施

我国立法听证制度确立以来,各地通过不断地实践,地方立法听证制度不断发展与完善。地方立法听证的组织实施,是指明确如何开展地方立法听证的内容,下面从地方立法听证的组织实施主体、组织实施内容和组织实施过程进行研究。

一、地方立法听证的组织实施主体

立法听证主体是指使立法听证得以举行以及实际举行过程中所有参与该活动的组织和个人。根据不同实施主体在听证中地位、角色的不同,地方立法听证主体可分为地方立法听证的组织者、地方立法听证的陈述人和地方立法听证的其他参加人。

（一）地方立法听证的组织者

（1）地方立法听证机构。立法听证机构是指负责组织召开立法听证活动,保障立法听证活动有序进行的机构。

（2）立法听证主持人。立法听证主持人是指负责听证活动组织工作的调节和控制,保障听证活动能按照法定程序和听证规则完成的人员。

（3）听证人。听证人是指出席听证会的立法听证机构组成人员。

（二）地方立法听证的陈述人

立法听证陈述人是指经听证组织机构确定在听证会上发表意见的公民、法人或者其他组织的代表。根据各地立法听证的规定，听证陈述人一般包括与听证事项有利害关系的公民、法人或者其他组织的代表，以及听证事项相关的负责人。立法利害关系人一般以自行申请的方式参与地方立法听证，而相关领域的专家、学者，与法规草案内容有关的政府部门代表，或者司法机关的负责人则以地方立法听证机关邀请的方式居多。[①]

二、地方立法听证的组织实施内容

关于地方立法听证的内容，根据《立法法》第39条明确规定：列入常务委员会会议议程的法律案，宪法和法律委员会、有关的专门委员会和常务委员会工作机构应当听取各方面的意见。听取意见可以采取座谈会、论证会、听证会等多种形式。法律案有关问题存在重大意见分歧或者涉及利益关系重大调整，需要进行听证的，应当召开听证会，听取有关基层和群体代表、部门、人民团体、专家、全国人民代表大会代表和社会有关方面的意见。以广东省为例，《广东省地方立法条例》第59条明确规定：地方性法规案有关问题存在重大意见分歧或者涉及利益关系重大调整，应当召开听证会，听取有关基层和群体代表、部门、人民团体、专家、省人民代表大会代表、本省选出的全国人民代表大会代表和社会有关方面的意见。

从上述规定可以作如下归纳，地方立法听证的内容首先要符合《立法法》的立法精神，听证内容主要包括两类：一是法规案有关问题存在重大意见分歧；二是法规案有关问题涉及利益关系重大调整的，而法规案有关问题是否存在重大意见分歧或者是否涉及利益关系重大调整，因法规案的不同而有所不同。其次，法规案有关问题存在重大意见分歧或者涉及利益关系重大调整，是否应当召开听证会，由立法机关确定。

[①] 黄龙云主编：《广东地方立法实践与探索》，广东人民出版社2015年版，第224—225页。

三、地方立法听证的组织实施过程

地方立法听证对立法者听取不同意见、获得更多立法信息，促进立法民主有很大的作用。下面以设区的市——广东省惠州市在制定《惠州西湖风景名胜区保护条例（草案）》时的立法听证制度的组织实施实践为例，对设区的市地方立法听证制度的组织实施实践，做一次演示及探讨。

已列入 2017 年惠州市人大常委会审议计划的《惠州西湖风景名胜区保护条例（草案）》立法过程中，关于惠州市西湖风景名胜区内游泳问题，涉及惠州游泳爱好者的利益关系重大调整，支持者与反对者存在重大的意见分歧，为了体现设区的市地方立法的民主性、科学性，惠州市园林管理局于 2017 年 6 月份，就《惠州西湖风景名胜区保护条例（草案）》中游泳事项召开听证会。具体做法如下。

（一）听证准备

听证前准备工作主要包括：邀请并确定听证参加人 23 人，发出听证会邀请函；准备听证会有关资料，包括：《惠州西湖风景名胜区保护条例（草案）》清洁稿、注释稿、说明稿；《惠州西湖风景名胜区保护条例》立法调研报告、关于《惠州西湖风景名胜区保护条例》游泳事项听证的说明、惠州市红花湖水库大坝安全管理应急预案、惠州市环保局出具的红花湖水库水质监测结果、惠州市应急备用水源保障规划简本、《惠州西湖风景名胜区保护条例（草案）》征求民众意见汇总等资料。发布惠州市西湖风景区管理局关于召开《惠州西湖风景名胜区保护条例》（征求意见稿）游泳事项听证会的公告。

（二）听证经过

首先由听证会陈述人（惠州市西湖风景区管理局副局长）发表意见和理由，主要内容是：其一，西湖风景名胜区（含西湖景区、红花湖景区）是国务院批准设立的国家重点风景名胜区，红花湖是国家防洪重点中型水库，从 1996 年以来为西湖提供水源补给，与东江水共同发挥为西湖引水、改善水质的作用。其二，红花湖水库作为惠州市城区内的一处水源资源存储地，发挥重要的资源储备作用。其三，红花湖平均水深28米，而且一下水即是陡坡，这样的水深和地形对下水者有严重人身安全威胁，且红花湖水底情况复杂，极易发生安全事故，不适合游泳，仅2015年就有6人因在湖中游泳而溺亡。惠州市西湖风景名胜区禁止游泳拥有广泛的民意基础。在对市民、游客和商户的调查问卷中显示，市民中80%以上、游客中80%以上、商户中70%以上都不赞成在红花湖游泳。网络调查中，也有接近80%的人不赞成在湖区游泳，认为在风景名胜区内游泳既不文明，又有严重的人身安全威胁，并会对风景名胜区的水质造成一定污染。其四，国内其他城市型风景区均禁止游泳，如浙江省《杭州市西湖水域保护管理条例》第11条规定，禁止在西湖内洗澡、便溺、洗涤污物和擅自游泳。第30条规定，在西湖内洗澡、便溺、洗涤污物和擅自游泳，处以20元以上200元以下的罚款。又如，根据《广州市白云山风景名胜区保护条例》第26条规定，白云山风景名胜区内，任何单位和个人不得有下列行为：在湖泊、水库、山塘及其他蓄水设施内游泳。此外，惠州是全国文明城市、国家环保模范城市、国家卫生城市、国家优秀旅游城市，而且，惠州市西湖风景区是惠州市的窗口和标志，也是前人留给惠州的珍贵自然和人文资源。只有保护好、管理好的义务及责任，而没有损害它的权力。故，拟出台的《惠州西湖风景名胜区保护条例（草案）》应该禁止在名胜区范围内游泳。

其次，由赞成禁止游泳的听证会参加人发表主要意见和理由①，以及反对禁止游泳的听证会参加人发表主要意见和理由，反对禁止游泳的听证会参加人发表的主要意见如下：

（1）立法禁止游泳不符合地方立法的权限，《惠州西湖风景名胜区保护条例（草案）》征求意见稿任意扩大法律约束范围；

（2）游泳与环境保护是否有关联，应由立法单位举证，没有相关的数据证明游泳污染水质；

---

① 由于赞成禁止游泳的听证会参加人主要意见和理由与听证会陈述人的意见理由相近，不予赘述。

（3）红花湖不属于一级饮用水源和备用水源，不能成为地方立法的理由；

（4）不能将红花湖与西湖混论，西湖与红花湖属不同的景区，游泳本身是一个健康的运动，没有必要立法禁止游泳；

（5）红花湖游泳发生溺水事故与在红花湖景区骑行发生的事故相比是比较少的，发生事故均是没有采取安全措施。

最后由政协委员、专家、学者、社会组织代表发表意见和理由。政协委员、专家、学者、社会组织代表依次发言，主要从社会公共利益的角度阐述了在西湖范围内红花湖游泳的利弊，以及禁止游泳的法律依据。

听证会后，由立法起草单位——惠州地方立法研究中心撰写《惠州西湖风景名胜区保护条例（草案）》游泳事项听证会听证报告，并参考听证意见，对《惠州西湖风景名胜区保护条例（草案）》作相应的修改。

（三）听证报告的应用

地方立法听证会结束后，听证报告书的制作、汇报及应用——即立法听证组织实施效果，均需要思考和评估。有些地方立法听证后，将听证报告印发常委会会议，有的地方将听证意见的采纳情况向听证陈述人反馈，听证陈述人的意见部分被采纳。但是也有些地方，听证意见采纳与否取决于立法工作人员，并不向听证陈述人说明理由，立法听证"听而不证"，对听证结果置若罔闻。从立法的民主性和科学性考虑，如果听证会上的重要意见没有被采纳的，对不予采纳的意见也不予回应，会极大损伤听证参与人及其代表的群众参与立法的积极性。再者，没有向地方人大常委会作出说明，立法听证制度难免流于形式。对公众意见的漠视会导致听证陈述人一次次失望而归，极大地挫伤群众参与立法的积极性，损害立法的质量和权威，进而影响听证制度在地方立法中的地位和作用。

第八章　地方立法技术

马克思曾说"立法者应该把自己看做一个自然科学家。他不是在制造法律，不是在发明法律，而仅仅是在表述法律，他把精神关系的内在规律表现在有意识的现行法律之中"。现代化立法的显著标志之一，在于它是科学化的立法。这种立法无疑要以讲求立法技术为前提、为表征。① 从法的社会作用看，法并不是越多越好，关键是看法的质量。质量是法的灵魂、法的生命，而做好立法工作，提高立法质量，加强立法技术研究，提高立法技术水平，殊为重要。②

第一节　地方立法技术概述

目前，立法技术对立法工作的重要作用愈发凸显。全国人大常委会法工委先后于 2009 年和 2011 年发布了《立法技术规范（试行）（一）》《立法技术规范（试行）（二）》，一些地方人大常委会总结制定地方性法规的实践，制定了地方立法技术规范，作为起草地方性法规草案遵循的依据。③《立法法》第 65 条第 4 款明确规定："全国人民代表大会常务委员会工作机构编制立法技术规范。"多年来，地方立法主体将立法能力建设摆在重要位置，紧抓人才培养、智力支持、技术支撑等工作，逐步制定立

① 周旺生：《立法学教程》，北京大学出版社 2006 年版，第 406 页。
② 阮荣祥主编：《地方立法的理论与实践》，社会科学文献出版社 2011 年版，第 264 页。
③ 参考《全国人大常委会法工委立法技术规范（试行）（一）》《全国人大常委会法工委立法技术规范（试行）（二）》《广东省人民代表大会常务委员会立法技术与工作程序规范（试行）》，对立法技术在地方立法实践中的运用进行阐述。

法技术规范，不断提升立法服务保障以及规范化水平。

一、立法技术的概念和内涵

立法技术规范是指立法技术运用的具体规制和要求，具体指法律法规的结构、形式、修改和废止的方法等方面的规则。广义上的立法技术涉及立法权限的划分为中心的立法体制机制的构建、立法项目的择取、立法程序的编排、立法评估的模型、法律文本结构的设计、法律语言文字的表述，以及法律文本的立改废释等方面的技术。狭义上的立法技术一般仅指涉及法律的结构安排、文字表述方面的技术。[①] 立法技术构成了科学立法的主线，贯穿地方立法过程的始终，是地方立法机构工作人员所必须遵循的操作规范，其优劣好坏直接关系到地方性法规的文本质量及实践效果。同立法原理、立法制度相比，立法技术具有以下内涵。

（1）立法技术是一种方法和操作技巧。立法技术不是立法，因而它不是什么"活动"，也不是什么"过程"。它是人们在立法实践和立法研究中产生的一种智力成果，并以静态形式存在。作为一种方法，它和立法制度不同，不是实体性准则，而是观念形态。作为一种操作技巧，它和立法原理有别，不是观念性准则，而是实体性准则。它是不同于立法原理、立法制度而又兼具两者某些特征的一个概念、一种事物。

（2）立法技术是立法活动中遵循的方法和技巧。立法技术产生于立法实践又为立法实践服务，它以立法实践为出发点和归宿，离开了立法实践，它就无以存在和发展。

（3）立法技术是用以促进立法臻于科学化的一种方法和操作技巧。促使立法臻于科学化，是立法技术的目的和功能之所在。不同时代的立法者和执法者在立法实践中运用立法技术，正是要促使他们的立法臻于当时所具有的科学化程度，尽可能满意地实现自己的立法宗旨。立法技术是在实践中产生并发展起来的，对于立法、法制乃至整个社会发展，有弥足珍

[①]　孙书妍：《立法技术与法律的有效性——以就业促进法为例》，载《人大研究》2008 年第 6 期。

贵的价值。它的功能和作用集中表现在：可以使立法成为科学的立法，使立法臻于较高水平，使立法正确调整社会关系，准确、有效、科学地反映执政者、立法者的意图，从一个重要侧面保证法制系统的有效运行，从而充分满足国家、社会和公民对立法提出的种种需要。[①]

二、地方立法技术的概念和特点

地方性法规是国家法律体系的重要组成部分。其中，地方立法技术是指有关主体在地方立法过程中积累起来并加以运用的方法和操作技巧的总称。[②] 地方立法技术的内容，主要包括地方立法的结构技术和语言表达技术。地方立法技术有着立法技术的共性，但也有以下自身特点。

（1）遵从不抵触原则。地方立法要遵从法制统一原则，不得与宪法、法律、行政法规相抵触，包括如何在行政处罚法规定的范围内确定行政处罚的种类、幅度等，都有具体的立法技术要求。

（2）遵从不重复原则。地方立法内容应当根据具体情况和实际需要规定，一般不重复上位法的规定，具有很强的适用性、可行性，不追求体例上的"大而全""小而全"。

（3）注重可操作性。注重对上位法进行细化和具体化，地方立法更具体更有可操作性；法规的结构和章节安排比较合理，简繁比较适度，文字表述要非常简明、易懂、准确、规范。

立法技术与立法活动相伴相生，立法技术的高低直接影响到法律质量的高低与实施效果的好坏，关系社会的和谐与稳定；立法技术的掌握和运用程度，直接影响到法规的质量。在一定程度上还直接反映出一个国家法制水平的高低。重视立法技术的研究与运用，对提高地方立法质量和开创地方立法新局面有着重要的意义。完善地方立法技术，是推进地方立法水平提升，实现地方法治的重要路径。[③]

[①] 周旺生主编：《立法学教程》，北京大学出版社 2006 年版，第 404 页。
[②] 石佑启、朱最新、潘高峰、黄喆：《地方立法学》，高等教育出版社 2019 年版，第 138 页。
[③] 石佑启、朱最新主编：《地方立法学》，广东教育出版社 2015 年版，第 179 页。

三、地方立法技术的意义

为什么要研究立法技术？或者说，立法技术有什么价值？立法技术与立法活动相伴而生。如前所述，立法技术水平的高低，决定了立法质量的高低。

（一）立法的优劣与立法技术运用密不可分

立法的各个阶段和环节都与立法技术有重要关联。在立法准备阶段，重视和运用立法技术，有利于正确地认识立法的必要性和可行性，把握好立法时机，适时而正确地作出决策或领会立法决策意图，科学而有效地做好立法预测、立法规划和法规草案准备工作，正确地把握和运用各有关立法基本原则和方法，协调好各立法项目的关系，协调好立法与党、行政、司法的关系以及各相关立法主体的关系，正确地解决各种重大问题，科学地选择法的形式，安排法的结构，组织法的语言，正确而有效地体现决策意图、立法目的。

（二）立法技术影响整个法制建设

法的实施状况取决于多种因素，人们经常想到的是外部的因素，包括政治体制、执法人员和司法工作者的素质、公民的法律意识等，其实法本身的因素，即法的质量，对法的实施有着根本的影响。立法技术水平高，立法意图明确，法的指导思想、基本原则和其他内容的表述明确无误，立法语言简明易懂、没有歧义、法与法之间相互协调，法律体系科学合理，也就便于执法、司法、守法和对法的实施进行监督。反之，立法技术落后，所立之法目的、任务、基本原则不明确，法与法之间，甚至同一法的条款之间不协调，相互矛盾，或者法的可行性本身存在问题，在这种情况下，法的运用、监督法的实施，都是很难的。

因此，加强立法技术的研究可以使立法成为科学的立法，可以提高立法水平，可以使立法正确地调整社会关系和准确、有效、科学地反映执法者或立法者的意愿，可以从一个重要侧面保障整个法制系统有效地运行，从而充分满足国家生活、社会生活向立法所提出的种种需要。所以，加强立法技术的研究和运用，对地方性法规质量的提高，对开创地方立法新局面具有重要意义。完善立法技术，是做好地方立法工作，提高地方立法质量的必然要求。

四、地方立法技术的完善

产品的质量高低、效益好坏，很大程度上取决于产品的生产技术。改革开放以来，我国地方立法取得了巨大的成就，但立法质量还存在明显不足，立法技术有待提高。因此，有必要认清当前地方立法技术存在的问题，寻找相应的对策，以使得我国地方立法逐渐走向以立法技术为基础的科学立法。以广东省为例，广东省立法技术研究工作起步较早，2007年制定了《广东省人民代表大会常务委员会立法技术与工作程序规范（试行)》，对提高广东地方立法质量和立法工作水平发挥了积极作用。此外，广东省人大常委会创造性地开展了"立法点评"工作，由省人大常委会组织理论界和实务界专家学者对制定的地方性法规进行点评，总结立法经验和教训。

（一）地方立法技术存在的问题

常见问题可归纳为四点：第一，立法体例上追求大而全，照抄照搬上位法，影响法规的可操作性。第二，部分条例的适用范围与具体内容不符，将不属于调整范围的行为也纳入条例中进行规范。第三，行为规范与法律责任设定不匹配，有的条例后面设定了法律责任，前面却没有禁止性活动强制性规定，有的条例前面有禁止性活动强制性的规定，后面却没有法律责任。第四，语言表述不严谨，有的条例直接将政策文件中的语言放入条例中，有的条例则将行业术语引入条例，却没有作出解释。[1] 实践中，地方立法在立法技术方面还存在以下问题，比如：法规结构中，要不要设目录与明示立法依据，如何表述法律的定义条款、过渡性条款，以及如何设置法律责任章节等；关于法规条文表述中一些技术性问题，如法规

---

[1] 廖军权、黄泷一：《提升设区的市立法质量的创新机制：立法点评》，载《地方立法研究》2017年第1期。

名称、条文的引用、适用法律的表述、有关部门的表述、数字和标点符号的应用等表述也是做法各异；法律规范中使用的大量连词、副词、数词、动词等也比较混乱。目前，地方性法规的立法监督尤其是立法技术方面的监督，处于空白状态，这使得地方性法规中存在的立法技术问题没有得到及时发现和纠正。加强立法技术的研究和运用，对于提高地方立法质量，开创地方立法新局面有着重要的意义。

（二）地方立法技术的完善措施

首先，重视立法技术，提高立法技术水平。地方立法主体须在主观上重视立法技术。当前，地方立法技术水平不高，立法质量有瑕疵，与地方立法者未能高度重视立法技术有很大关系。立法技术直接关系立法质量，而立法质量又直接关系到法治的质量。越是强调依法治国，越是要重视提高立法质量，而越要重视立法技术。随着我国地方立法实践的展开和加强，各地受国家立法政策的影响，逐渐形成了一些影响立法活动的观念，这些观念已经不适应全面依法治国的需要。因此，转变观念，克服旧观念带来的立法技术上的不良惯性，对地方立法者来说至关重要。总之，态度是前提，观念是导向，只有在态度上、观念上重视立法技术，才会在行动上努力提高立法技术。①

其次，建立统一的地方立法技术规范。目前，我国尚未出台一部规范立法技术的法律，《立法法》第 65 条第 4 款明确编制立法技术规范，其他条款也仅对少量的立法技术内容作了原则性的规定。将立法技术的标准规范化、制度化，对提高立法质量无疑是十分必要的。如罗马尼亚在 1976 年就制定了《规范性文件草案的制定和系统化的立法技术总方法》，内容涉及一般原则、立法规划、起草机关和规范性文件种类、起草草案的阶段和方法、草案的组成部分、立法技术的方法和手段、国际协定的制作技术和附则等方面，系统地规定了立法技术的运用，为规范立法行为作出了贡献。英国、澳大利亚、加拿大等国家颁布了法律解释法，对一国或者一地区的法律用语和法律表述作出统一规定，对立法表述的规范化起到了积极

---

① 石佑启、朱最新、潘高峰、黄喆：《地方立法学》，高等教育出版社 2019 年版，第 153 页。

作用。当然，在全国层面统一的地方立法技术规范，并不妨碍各地方在此
基础上充分发挥其积极性和主动性，展现地方特色，制定符合实际的地方
立法技术规范。各个地方可以根据本地实际情况，进一步进行规定。

最后，设置地方立法技术审查程序。有地方立法技术规范，存在可供
操作的立法标准，设置地方立法技术审查程序就水到渠成。在世界各国的
立法程序中，普遍缺少专门立法技术审查程序，这也是立法技术失范的重
要原因之一。因此，有必要在立法程序中增加一道程序——立法技术审查
程序。地方立法技术的审查内容应当包括地方立法在文字语言、表达技
术、结构形式、构造、技术及逻辑等方面，保证地方性法规明确、规范、
精致、易于理解、可执行。立法技术审查程序大体上应当包括专家审查、
公众审查和机构审查等几个子程序，未能通过立法技术审查程序的法案不
能生效。①

第二节　地方立法结构技术

法规是一个由若干部分构成的统一整体。日常生活中常见到的各种法
规，表现形式是多种多样的，结构也是不同的。任何立法成果都要表现为
若干部分组成的立法文本，不同立法文本的形式与结构也有所不同，但是
通过归纳分析，可以发现在结构上所存在的一些必备要素。

一、名称和结构

了解地方立法结构技术，首先需要明确地方性法规的名称和结构。

（一）名称

地方性法规的名称，即地方立法文本的称谓。每部地方立法文本必
须有一个特定的名称。地方性法规的名称一般由适用范围、种类名称两
个部分组成。名称设置是否科学，是衡量该项立法成功与否的重要标准
之一。

---

① 阮荣祥主编：《地方立法的理论与实践》，社会科学文献出版社 2011 年版，第 286 页。

1. 法规文本名称三要素

法规文本的名称一般包括三要素：一是适用范围，即法规适用的空间、规范事项和行为；二是调整对象，即法所要调整的社会关系；三是效力等级，即法在法律体系中所处的位置。例如，《惠州市历史文化名城保护条例》中的"惠州市"为适用范围，"历史文化名城"是保护的对象，"条例"表明该法是惠州市制定的地方性法规。

地方性法规规范省级人大工作的，在规范事项前冠以"××省人民代表大会"或者"××省人民代表大会常务委员会"；地方性法规规范市级人大工作的，在规范事项前冠以"××市人民代表大会"或者"××市人民代表大会常务委员会"；规范各级人大工作的，在规范事项前冠以"××省各级人民代表大会""××市各级人民代表大会"或者"××省各级人民代表大会常务委员会""××市各级人民代表大会常务委员会"，例如，"广东省各级人民代表大会常务委员会规范性文件备案审查工作程序规定"。

在确定地方立法文本的名称时，要集中体现地方立法文本的实质内容，采用足以包含全部内容的词语，避免词语表达的模糊性，不宜在名称中使用"几个""等等""若干"等语义不确定的词汇；同时，名称要简洁，不宜过长，中间不得使用标点符号，尽可能避免使用"和""与"等连接词。

2. 名称中的种类名称

地方性法规名称中的种类名称，分为条例、实施办法、规定、规则。名称的表述应当完整、简洁、准确，正确体现法规的适用范围和基本内容。

（1）条例，适用于对某一方面事项作比较全面、系统规定的地方性法规。不仅对上位法中规定的内容进行补充、细化，还对上位法没有规定的内容作出规定的实施性法规，也可以称为条例：①以有关法律或者行政法规为直接上位法依据的；②既以有关法律或者行政法规为直接上位法依据，还以其他法律、行政法规的有关规定作为立法依据的；③没有法律或者行政法规为直接上位法依据，但有若干法律、行政法规的有关规定作为立法依据的。例如，《广东省食品生产加工小作坊和食品摊贩管理条例》

《东莞市制定地方性法规条例》《珠海市城市规划条例》。

（2）实施办法，适用于为贯彻实施法律作比较具体、详细规定的实施性法规，不必再制定实施细则。符合下列情形的实施性法规，一般称为实施办法：①法律授权省级地方国家权力机关可以依据该法律制定实施办法的；②法律虽无授权，但为全面实施有关法律，在调整范围与该法律一致或者小于该法律的情形下，结合本省实际对该法律规定比较原则的内容作具体详细的规定的。例如，《广东省严控废物处理行政许可实施办法》《广东省普及九年制义务教育实施办法》《广东省社会养老保险实施细则》《陕西省实施〈中华人民共和国农民专业合作社法〉办法》。

（3）规定，适用于对某一方面的事项或者某一方面的内容作局部或者专项规定的地方性法规，可用于制定实施性、自主性或者先行性法规。例如，《广东省政府规章清理工作规定》《青岛市社会急救医疗管理规定》《南京市蔬菜使用农药管理规定》《汕头经济特区机动车维修业管理规定》。

（4）规则，规则是规范以程序性活动为主要内容的地方性法规。一般适用于规范人大及其常委会的程序性活动，表述为《××（地方或机关）××（事项）规则)》。例如，《广东省人民代表大会议事规则》《广东省人民代表大会常务委员会议事规则》。规则与条例、实施办法、规定不同，规则主要是针对程序性问题作出规范，而后者是针对实体性问题作出规范。

（二）结构

地方性法规的内容结构，是指地方性法规内容在逻辑形式上的一种排列顺序，是表达法规内容的一般规则。法规的结构是否可行、合理，要分别加以判别。不同的地方立法不可能用相同的模式来进行规范，也不应用统一的模式直接套用。而且形式是为内容服务的，不同性质的立法内容可以适用不同的法规模式，这些都需要在具体的立法实践中具体分析。总的来讲，完整的地方性法规按条文的不同性质可以分为总则、分则和附则三大部分，各司其职。

　　法规结构的表述方式分为明示式和非明示式两种。明示式结构的总则、分则和附则存在于设章节的地方性法规中，分则是由不同的章节构成的一个总括性概念，不标明"分则"二字。非明示式结构的总则、分则和附则存在于不设章节的地方性法规中，总则、分则和附则根据地方性法规规定的具体内容来区分。同时，所谓表现法规的内容的符号，即编、章、节、条、款、项、目，要使整部法规看上去体系结构比较适当，需要对这些符号进行合理的排列组合。从地方立法实践看，每个法规并不一定都要由上述各种要件构成，而应根据具体的内容需要进行设置。

　　地方性法规实际操作中面临3个选择：起草制定一部法规选择章节式还是条款式体例，实施性法规与上位法结构需不需要完全对应，结构内容上是追求"大而全"还是"小而精"。总结多年来地方立法工作经验，地方性法规的结构应当提倡短小精干，注意法规的简明扼要，讲求法规的针对性、适用性和可操作性，反对片面注重法规体例的完整，不搞"大而全"。一般来讲，调整范围比较广、内容比较多的法规多数采用章节式结构。反之，调整范围比较小、内容比较单一的法规多数采用条款式结构。例如，《惠州市西枝江水系水质保护条例》涉及地域广、内容比较复杂，按照"上游治山、下游治污"的基本思路，分章节采用明示式表述结构。《汕尾市品清湖环境保护条例》力求突出重点，精准立法，部分章节采用非明示式结构。目前，地方性立法的一个突出现象就是抄袭，有的把法律、行政法规的实施条例或实施办法都抄袭下来，再加上几条结合本地实际需要的规定，看似内容完备，其实真正有地方特色、务实管用的条文仅有几条。因此，要克服以往立法中存在的地方特色少，却用章节、条款俱全的现象，使法规做到备而不繁、切实管用，努力为地方性法规"消肿"。

二、总则立法技术

　　总则是地方性法规的首要部分，位于法规的开头部分，是对所调整的社会关系所作的原则性的总规定，对整部法规起到提纲挈领的作用。

　　总则部分主要包括下列内容：立法目的和依据；调整对象和适用范围；法的指导思想和基本原则；基本概念的厘定；管理主体及其主要职

责；预算经费、专项资金等其他概括性条款。分章节的地方性法规，总则部分的内容应当作为第一章；不分章节的，属于总则部分的内容应当在正文的开端集中表述。总则立法技术需要注意以下事项。

（一）立法目的和依据

立法目的和依据在地方性法规的第 1 条集中表述。立法依据包括法律依据和事实依据。法律依据主要指地方性法规依据的上位法，其表述方式如下。

（1）有直接上位法的，可以列明直接上位法的名称。例如，《舟山市制定地方性法规条例》第 1 条规定："为了规范地方立法活动，完善地方立法程序，提高地方立法质量，发挥立法的引领和推动作用，根据《中华人民共和国立法法》《中华人民共和国地方各级人民代表大会和地方各级人民政府组织法》和《浙江省地方立法条例》，结合本市实际，制定本条例。"

（2）有直接上位法，同时涉及间接上位法或者几个上位法的，可以直接在上位法名称后加"和有关法律、行政法规"的表述。例如，《梅州市森林火源管理条例》第 1 条规定："为了加强森林火源管理，消除森林火灾隐患，保障人民群众生命财产安全，保护森林资源，维护生态安全，根据《中华人民共和国森林法》《森林防火条例》等法律法规，结合本市实际，制定本条例。"

（3）没有直接上位法的，可以表述为"根据有关法律、行政法规"。事实依据主要指地方性法规所在地区的实际情况。例如，《广州市依法行政条例》第 1 条规定："为了推进依法行政，建设法治政府，规范行政权力运行，保护公民、法人和其他组织的合法权益，根据有关法律、法规的规定，结合本市实际情况，制定本条例。"

（二）管理主体

地方性法规不作增设常设行政机构的规定。一般不规定行政机构的编制、人员、经费。

地方性法规应当严格控制设立议事协调机构。可以交由现有机构承担职能的或者通过现有机构能够协调解决问题的，不另设议事协调机构。议事协调机构不单独设立办事机构。

地方性法规对主管部门作出规定的，一般不写明部门或者机构的具体名称，表述为："省（市、县）人民政府××行政主管部门负责××省（市、县）行政区域内的××工作"。例如，"各级人民政府民政部门主管本行政区域内的地名管理工作"，用"各级人民政府民政部门"指代"民政厅（局）"。只有在可能使社会公众产生误解的情况下，才直接写明该主管部门的具体名称。协管部门的表述应当根据实际情况而定，一般不在总则中概括表述"××省有关行政管理部门按照各自职责，协同实施本条例"等内容。如果确有必要明确某个或某些协管部门的职责，可以在总则中明确列举。

（三）预算经费和专项资金

一般情况下，地方性法规不对预算经费、专项资金作出规定。确实需要对预算经费、专项资金作出规定的，在充分征求有关部门意见的基础上，可以作出原则性规定，一般不规定具体数额、比例。地方性法规涉及弱势群体权益保护、公益活动开展等社会公益性质的，可以对预算经费、专项资金等内容作出规定，但一般不规定具体数额、比例。如"各级人民政府应当对预防未成年人犯罪工作所需经费予以保障……""县级以上人民政府应当建立法律援助经费保障制度，将法律援助所需经费列入财政预算……"

上位法已对预算经费、专项资金作出规定的，实施性法规一般不再规定，但上位法要求地方性法规明确预算经费、专项资金的除外。例如，《阳江市漠阳江流域水质保护条例》第28条规定："市人民政府应当建立健全漠阳江流域生态保护补偿机制，制定生态保护补偿专项资金的筹集、管理及使用办法，对漠阳江流域承担水质保护责任的区域给予生态保护补偿。"

三、分则立法技术

分则与总则相对应，使总则内容得以具体化的条文总称，是地方性法规的中心部分。分则是地方性法规的主体部分，位于总则之后，附则之前，分则内容比较具体、全面，以具体"章"标题或者条文内容表现分则的内容。分则部分的主要内容应当包括：地方性法规调整对象的权利和义务、行政许可、行政收费、行政强制等具体行为规范，与实体规范相对应的程序、法律责任和救济条款等内容。

（一）关于分则条款逻辑顺序

分则部分应当正确体现立法宗旨和立法原则，具体反映所调整的社会关系的行为规范、活动范围和相关程序。一般按照所调整的社会关系的内在发展过程排序，先行政主管部门后相对人，先抽象后具体，先直接后间接，先一般后特殊的顺序，科学合理地规定国家机关的权力和责任，公民、法人和其他组织的权利、义务和责任。分则部分的内容应当与总则部分的立法目的、立法原则、立法精神和基本制度等内容相协调。

（二）关于公民权利义务条款

（1）规定公民、法人和其他组织权利义务内容。公民权利涉及公民、法人和其他组织的权利的规定，应当具体明确。上位法已作规定的，从其规定；上位法对权利未作限制性规定的，地方性法规不得作限制性规定。地方性法规不得规定对公民政治权利的剥夺、不得规定限制人身自由的强制措施和处罚、不得规定对非国有财产的征收。

（2）权利义务平衡原则。公民、法人和其他组织承担的义务应当与其享有的权利相适应。在规定公民、法人和其他组织应当履行的义务时，应当明确规定其享有的权利，做到权利与义务相统一。设置权利性条款，应当遵循下列原则：有利于维护和实现宪法和法律赋予公民、法人和其他组织的合法权益；不损害公共利益和社会公序良俗；兼顾不同群体、不同阶层的利益；规定实体权利时，还应当注重规定实现权利的程序。但法律、行政法规有明确规定的，可以不再重复规定。

（三）关于行政许可

地方性法规设定行政许可，应当符合行政许可法的有关规定，明确行政许可的实施机关、条件、程序、期限。上位法对行政许可已作规定的，地方性法规不得与之相抵触。上位法设定了行政许可，但未规定行政许可的实施机关的，实施性法规应当明确该行政许可的实施机关和层级；上位法规定了行政许可的实施机关的，实施性法规不得改变实施机关和层级。自主性、先行性法规依法可以对某事项设定行政许可的，应当明确该行政许可的实施机关和层级。上位法对行政许可的实施程序和期限没有明确规定的，实施性法规可以作具体规定，但不得与行政许可法的规定相抵触。上位法对行政许可的实施程序和期限已作出明确规定的，实施性法规可以不再规定。自主性、先行性法规依法对某事项设定行政许可的，应当明确该行政许可的实施程序和期限。

（四）关于行政强制

地方性法规设定行政强制，应当符合法律、行政法规的规定，并符合下列要求：（1）符合地方立法权限；（2）确有必要且其他手段不能解决；（3）兼顾公共利益和当事人的合法权益，在保障公共利益的前提下，以最小限度地损害当事人的权益为限度；（4）不得设定限制人身自由的行政强制条款。

设置行政强制条款，除明确条件外，还应当同时明确决定主体、执行主体、作出相关处理的期限等程序性规定。设置行政强制条款，一般应当给行政管理相对人留出必要的准备或者自动履行的时间，告知当事人有要求听证、申请行政复议或者提请行政诉讼的权利。

（五）关于法律责任

地方性法规法律责任分为行政责任、民事责任、刑事责任。

行政责任包括行政处罚和行政处分，地方性法规不得设定刑事责任。规定民事责任应当符合民事法律规范。对于具体违法行为，有关上位法已经明确规定法律责任的，地方性法规如果在行为规范和法律责任内容上没有细化的，不再重复规定，一般也不使用诸如"违反本条例规定，依照××（上位法）××（条、款）的规定处罚"等笼统的准用性表述方式。上位法对违法行为已经作出行政处罚规定的，地方性法规可以根据实际，在上位法规定的给予行政处罚的行为、种类和幅度的范围内作出具体规定：（1）可以对该违法行为作具体规定，但不得扩大应受行政处罚的违法行为的范围；（2）规定的处罚种类应当在上位法设定的处罚种类范围内，不得增加处罚种类；（3）规定的处罚幅度应当在上位法设定的处罚幅度范围内，不得突破幅度的上限和下限，不得改变罚款的计算方式。

四、附则立法技术

附则是法规的补充部分，是地方性法规在文本最后对辅助性内容所作非规范性内容的技术规定，位于法规的尾部，表述的是地方性法规的补充性内容，如名词、术语、一般概念的定义；制定实施细则的授权；参照性条款；除外条款；实施日期；过渡性条款；废止性条款；其他需要在附则规定的内容。

附则不是每个法规都具备的部分，但是大多数法规要有附则内容存在。附则不同于附件，因为附则是法规一个整体组成部分，而附件是相对独立于该法规的，具有自身法律地位的相关文件。

名词、术语、一般性概念可以在附则中表述为"××，是指××"。以《佛山市养犬管理条例》第55条为例，"本条例所称养犬人，是指饲养犬只的单位或者个人。本条例所称犬只管理人，是指养犬人之外的，因法定或者约定的义务对犬只进行管理，或者根据社会惯例对犬只负有管理义务的人。本条例所称城市市区，包括本市街道办事处辖区，镇辖区内的工业园区、人口聚居区等实行城市化管理的区域，上述区域的范围由镇人民政府（街道办事处）报区人民政府决定并公布。本条例所称出租汽车，包括巡游出租车和网络预约出租车"。此外，地方性法规施行的起始时间应当符合法的公开原则，满足法规执行准备、相对人知晓和遵守的时间要求。规定地方性法规施行的具体年、月、日。例如，"本条例自×年×月×日起施行"。该日期一般自法规通过之日起最短不少于1个月，最长不超过6个月。涉及公民权利、义务和具有重大社会影响的地方性法规，自公布到施行的间隔不得少于2个月。修改决定的施行日期一般与公布日期相同。例如，"本条例自公布之日起施行"。

第三节　地方立法语言表达技术

法的逻辑结构由一定的语言文字来体现，立法技术最后要落实到语言运用方面，则这种用于立法的语言称为立法语言。任何法的结构都要借助语言文字表达出来，"立法语言是法，也是语言"。[①] 学习法律的第一要务是学习法律的语言，以及与之相符的、使得该语言知识能够在法律实践中得到应用的语言技能。[②] 学界普遍认为，在法律语言中，立法语言最为根本，也最为重要。要想在与法律有关的职业中取得成功，则必须尽力培养掌握语言的能力。[③] 立法语言技术的落脚点是地方立法语言成为地方立法表达技术中的关键一环。它不但决定地方性法规的表现形式，也影响甚至制约地方立法意图的形成。为此，一些地方人大常委会法制工作委员会专门聘请语言文字专家为法律草案"号脉"把关。随着中国特色社会主义法律体系的建成和完善，立法语言在社会生活中的作用日益彰显，立法语言的正确使用越来越成为一个令人瞩目的问题。作为一种保障和体现法律实施的最直接、最终的表现形式，立法语言规范的社会效益、长期效益表面看起来似乎是隐形的，但在依法治国、构建和谐社会中却是起着先导工程和基础工程的作用，不可小觑。[④]

一、立法语言基本要求

立法语言应当符合国家通用语言文字规范。为确保地方性法规的严肃性，对其语言文字有着特别严格的要求。

（一）准确性

准确性是立法语言的灵魂和生命。地方性法规语言的准确，就是要用准确无误的词语，准确表达法规的内容，以此体现立法者的意图和目的，

[①] 黄震云、张燕：《立法语言学研究》，长春出版社 2013 年版，第 1 页。

[②] ［美］约翰·吉本斯：《法理语言学导论》，程朝阳等译，法律出版社 2007 年版，第 1 页。

[③] 黄震云、张燕：《立法语言学研究》，长春出版社 2013 年版，第 178 页。

[④] 黄震云、张燕：《立法语言学研究》，长春出版社 2013 年版，第 179 页。

准确无误地表达法规的内容。地方立法语言的高度准确性要求，与地方立法工作的特点以及法的功能有着直接的关系。地方立法工作的结果是以地方立法语言形式显现出来的法规、规章，是特定行政区域内国家机关、公民、法人、社会团体以及其他组织的行为准则，只有准确的立法语言才能真正体现立法者的立法思想和法的具体内容，使法规、规章为公民所正确理解和遵守。为达到语言准确性目的，需要做到以下三点。

（1）语言要明确。地方性法规的概念应具体明确，而不能含混不清和模棱两可，不确定法律概念应尽可能少用或不用。明确性是真正的法律所必须具有的一个属性，它"对于一自由社会得以有效且顺利地运行来讲，具有不可估量的重要意义"。[①] 在地方性法规中，凡属对法律事实、法律行为的述说和对具有法律意义的内容的认定，要清楚明白，不能含糊不清，必须使用含义确切的词语，而不能使用文学语言、地方语、口语、古语、隐语和双关语等。如果使用的词语含混或有歧义，必然给法规实施带来障碍，影响法规的权威性和公正性。

（2）用语要统一。地方性法规尤其是同一部地方性法规的用语，表达同一个意思或者描述同一个行为时，应当使用相同用语。只有在需要加以区分的情况下，才能使用不同的用语。同一个概念用同一个词来表达，不同的概念用不同的词表达，这样才能避免用语的混乱。

（3）逻辑要严谨。地方性法规语言要做到准确，还必须讲究逻辑性，语言逻辑要严谨。使用概念，作出判断，进行推理，必须遵守形式逻辑的基本规律。一个词语不能表达多种概念，概念不能自相矛盾，表达的意思不能模棱两可，论断要有充足的理由。只有这样才能保证地方性法规语言表达的准确性、一致性、明确性和论证性。[②]

（二）简练性

简练性是立法语言的突出特点。地方性法规语言的简练，是指要用最

---

① ［英］弗里德利希·冯·哈耶克：《自由秩序原理》，邓正来译，生活·读书·新知三联书店1997年版，第183页。

② 崔立文：《地方立法理论与实务》，辽宁出版社2016年版，第107页。

简洁凝练的词语表达法规的内容。地方性法规语言简洁凝练，容易为社会公众理解，有助于准确表达立法意图。

地方性法规做到语言简洁凝练，要注意以下问题。

（1）精练用词。从用词来说，要干净利落，直截了当，避免堆砌词语、避免累赘。从句式来说，要多用短句，避免用长句。

（2）减少重复。在一部地方性法规中，对于同一个内容应当在一处作出完整的规定，不要再在别处规定，更不能多处作出规定，尽量减少重复，做到"意则期多，字则唯少"，没有多余的话。

（3）少用修饰。地方性法规的语言应以平实朴素为贵，要少用修辞手法，尤其是不要使用夸张、比喻以及带有感情色彩的修饰性词语。这些词语往往会给法规的规定带来不确定性，执行中难以把握。

（三）通俗性

立法预设的读者是普通民众，即没有接受过法律专业知识教育的普通人，立法语言应当通俗易懂，易于理解和掌握。做到这一点，对生僻词语、未定型的词语和专业术语，都不用、慎用、少用。

（1）不用生僻词语。应当摒弃生僻深奥、晦涩难懂的词语，应当采用社会公众易于接受的通俗语言。

（2）慎用新词新语。随着社会经济、科学技术、生活观念的变化，一些新词新语不断出现，特别是网络词语更为流行。有些新词新语经过实践，定型为规范词语，但是大量新词新语仍处于未定型状态，地方性法规使用新词新语时一定要慎用，对于未定型新词新语不能使用。

（3）少用专业术语。专业术语是各种工作领域和科学领域的专业词语。专业术语在地方性法规中是不可缺少的，但毕竟多数社会公众不够熟悉。为了使法规内容更为社会公众理解，在地方性法规中，还是应当能不用专业术语的尽量少用专业术语。如在事关普通群众的法规中必须使用专业术语，则应有专门条文对专业术语进行解释。[①]

准确、简练、通俗是立法语言规范性的一般要求，又是地方性法规语

---

① 崔立文：《地方立法理论与实务》，辽宁出版社2016年版，第108页。

言本质和特点的突出表现和特殊要求。需要指出的是，对地方性法规语言最根本的要求是准确。虽然简练和通俗都是重要的，但是必须以准确为前提，如果语言失去准确，简练和通俗则无意义。

二、立法语言的句式使用

地方性法规立法语言的句式应当完整、明确，符合语法规范，词语搭配合理，避免使用长句。包括以下主要常用句式。

（一）"的"字结构

"的"字结构是指结构助词"的"附着在名词、代词、形容词或者动宾词组之后的一种无主语句式，使地方性法规的条文表述简化，用于条文假定部分的表述，指法律规范所适用的条件、主体、范围等，一般表述为"……的，……"但是，所列项是主谓结构时，视为名词性短语，不用"的"。

（二）但书条款

但书条款是指以"但"或者"但是"引出的一种特定句式，表示对前文所作规定的转折、例外、限制或者附加条件，多用于条文句尾。

（1）表述例外情形。当地方性法规设定的行为规范可能与其上位法或者其他相关法律、行政法规有交叉，为了不与上位法相抵触而专门作的"但书"表述。一般表述为："……但法律、行政法规另有规定的除外（从其规定等）。"

（2）表达限制情形。一般表述为"但（但是）……不（不得）……"例如，"在允许拖拉机通行的道路上，拖拉机可以从事货运，但不得用于载人"。例如，《河源市恐龙地质遗迹保护条例》第16条第1款规定："进行区域地质调查或者科研单位、高等院校等因科学研究、教学需要零星采集恐龙化石标本的，不需要申请批准。但是，应当在采集活动开始前将采集时间、采集地点、采集数量等情况书面告知市和省国土资源主管部门。"

（3）表达附加情形。一般表述为"但（但是）……可以（应当）……"例如，"……违章行为或者事故处理完毕后，应当及时将所扣证件归还当事人。事故尚未处理完毕，但归还暂扣证件不影响事故处理的，也应当归还"。

（三）例外规定

例外规定是指以"除""外"搭配的句式，用于对条文内容作扩充、排除和例外规定的表述。对条文内容作扩充表达的，置于条文中间，表述为"……除（应当）……外，还（应当）……"对条文内容作排除、例外表达时，可以置于句首或者条文中间，表述为"除……外……"或者"……除……外……"

三、立法语言字词使用规范

立法语言文字的运用，首要的规则是遵循整个立法语言文字"准确、简洁、清楚、通俗、严谨、规范和庄重"的要求和规范。地方性法规语言要使用现代汉语常用字，应使用现代通用的、最能表达法意的简短、经常使用的词和词组，避免深奥的法律用语，避免使用模糊性的修饰词和口头用词，避免生造词语。以这些常用字作为架构法律大厦的基本建筑材料，以方便民众的阅读和学习。此外，还应注意法律常用词语的使用规范。

（一）和、以及、或者

"和"连接的并列句子成分，其前后成分无主次之分，互换位置后在语法意义上不会发生意思变化，但是地方性法规表述中应当根据句子成分的重要性、逻辑关系或者用语习惯排序。"以及"连接的并列句子成分，其前后成分有主次之分，前者为主，后者为次，前后位置不宜互换。"或者"表示一种选择关系，一般只指其所连接的成分中的某一部分。示例：任何组织或者个人不得侵占、买卖或者以其他形式非法转让土地。土地的使用权可以依照法律的规定转让。

（二）应当、必须

"应当"与"必须"的含义没有实质区别。法律在表述义务性规范时，一般用"应当"，不用"必须"。例如，市人民政府建立历史文化名城信息管理系统，将历史文化名城保护名录纳入信息管理系统统一管理。历史文化名城保护名录应当向社会公开。

（三）不得、禁止

"不得""禁止"都用于禁止性规范的情形。"不得"一般用于有主语或者有明确的被规范对象的句子中，"禁止"一般用于无主语的祈使句中。例如，鼓励种植涵养水源和保持水土功能强、寿命长、抗性强、生长快的乡土阔叶树种，禁止种植不利于水源涵养、水土保持和水质保护的外来速生用材树种纯林。

（四）但是、但

"但是""但"二者的含义相同，只是运用习惯不同。法律中的但书，一般用"但是"，不用单音节词"但"。"但是"后一般加逗号，在简单句中也可以不加。

（五）依照、按照、参照

规定以法律法规作为依据的，一般用"依照"。"按照"一般用于对约定、章程、规定、份额、比例等的表述。"参照"一般用于没有直接纳入法律调整范围，但是又属于该范围逻辑内涵自然延伸的事项。

（六）制定、规定

表述创设法律、法规等规范性文件时，用"制定"；表述就具体事项作出决定时，用"规定"。

例如，省、直辖市的人民代表大会和人大常委会，在不同宪法、法律、行政法规相抵触的前提下，可以制定地方性法规，报全国人民代表大会常务委员会备案。

（七）会同、商

"会同"用于法律主体之间共同作出某种行为的情况。"会同"前面的主体是牵头者，"会同"后面的主体是参与者，双方需协商一致，共同制定、发布规范性文件或者作出其他行为。"商"用于前面的主体是事情的主办者，后面的主体是提供意见的一方，在协商的前提下，由前面的主体单独制定并发布规范性文件。例如，具体办法由国务院证券监督管理机构会同有关主管部门制定；司法鉴定的收费项目和收费标准由国务院司法行政部门商国务院价格主管部门确定。

（八）缴纳、交纳

"交纳"较"缴纳"的含义更广，涵盖面更宽。地方性法规中规定当事人自己向法定机关交付款项时，一般使用"交纳"。但是在规定包含有强制性意思时，可以用"缴纳"。

（九）抵销、抵消

"抵消"用于表述两种事物的作用因相反而互相消除，"抵销"用于表述账的冲抵。地方性法规表述债权债务的相互冲销抵免情形时，用"抵销"，不用"抵消"。

（十）账

表述货币、货物出入的记载、账簿以及债等意思时，用"账"，不用"帐"。

（十一）以上、以下、以内、不满、超过

规范年龄、期限、尺度、重量等数量关系，涉及以上、以下、以内、不满、超过的规定时，"以上、以下、以内"均含本数，"不满、超过"均不含本数。

（十二）日、工作日

"日"和"工作日"在法律时限中的区别是："日"包含节假日，"工作日"不包含节假日。对于限制公民人身自由或者行使权力可能严重影响公民、法人和其他组织的其他权利的，应当用"日"，不用"工作日"。

（十三）作出、做出

"作出"多与决定、解释等词语搭配使用。"做出"多与名词词语搭配使用。

（十四）公布、发布、公告

"公布"用于公布法律、行政法规、结果、标准等。"发布"用于公开发出新闻、信息、命令、指示等。"公告"用于向公众发出告知事项。

（十五）违法、非法

"违法"一般用于违反法律强制性规范的行为。"非法"通常情况下也是违法，但主要强调缺乏法律依据的行为。

（十六）设定、设立

"设定"和"设立"都可以用于权利、义务、条件等的设置。"设立"还可以用于成立或者开办组织、机构、项目等。

（十七）执业人员、从业人员

"执业人员"用于表述符合法律规定的条件，依法取得相应执业证书，并从事为社会公众提供服务的人员。"从业人员"用于表述在一般性行业就业的人员。

（十八）批准、核准

"批准"用于有权机关依据法定权限和法定条件，对当事人提出的申请、呈报的事项等进行审查，并决定是否予以准许。"核准"用于有权机关依据法定权限和法定条件进行审核，对符合法定条件的予以准许。

（十九）注销、吊销、撤销

"注销"用于因一些法定事实出现而导致的取消登记在册的事项或者已经批准的行政许可等。"吊销"作为一种行政处罚，用于有权机关针对违法行为，通过注销证件或者公开废止证件效力的方式，取消违法者先前已经取得的许可证件。"撤销"用于有权机关取消依法不应颁发的行政许可或者发出的文件、设立的组织机构，也可以用于取消资质、资格等。

（二十）根据、依据

引用宪法、法律作为立法依据时，用"根据"。适用其他法律或者本法的其他条款时，用"依据"。

（二十一）谋取、牟取

"谋取"是中性词，可以谋取合法利益，也可以谋取非法利益。"牟取"是贬义词，表示通过违法行为追求利益。

四、语言标点使用规范

标点符号是书面语言中不可缺少的重要组成部分，对地方性法规形成和理解意义重大，能够将停顿、语气、语义、句子关系等清晰表达出来。

标点符号是辅助文字记录语言的符号，用来表示停顿、语气或词语的性质。现代汉语标点符号有：7 种点号（句号、问号、叹号、顿号、逗号、分号、冒号）；9 种标号（引号、括号、破折号、省略号、书名号、着重号、连接号、间隔号、专名号）。地方性法规中标点符号的使用应当符合《标点符号用法》的规定。立法语言中标点失范现象比较普遍。地方性法规中有以下几种常用的符号用法。

（一）顿号

地方性法规中多个对象并列的，一般用顿号连接；所列举对象内部有顿号的，可以用逗号连接或者用文字来表述。在使用上述符号进行连接时，应当注意所列举对象的层次，不得将不同层次的对象作为同一层次来连接。例如，《茂名市高州水库水质保护条例》第 12 条规定："高州市人民政府应当在饮用水源一级保护区、二级保护区、准保护区和集雨区域保护区的边界设立明确的界碑、界桩和明显的警示标志。任何单位和个人不得擅自移动、改变和破坏水库保护区界碑、界桩及警示标志。"

（二）分号

分项表述的，除最后一项末尾用句号外，分项的末尾用分号；分项中间使用了分号或者句号的，项尾统一使用句号。例如，《揭阳市扬尘污染防治条例》第 18 条规定："城市建成区内的裸露土地，按照下列规定确定责任人进行绿化，不具备绿化条件的，应当实施覆盖或者硬化：（一）单位范围内的，由所在单位负责；（二）居住区内的，由物业服务企业负责；没有物业服务企业的，由其管理单位或者所在地乡镇人民政府、街道办事处负责；（三）市政道路、公共绿地、河道范围内的，由产权管理单位负责；（四）储备土地的，由土地储备管理机构负责；（五）空闲土地的，由土地使用权人负责；（六）其他区域的，由所在地乡镇人民政府、街道办事处负责。"

（三）书名号

凡引用法律、行政法规标题时，统一使用全称并使用书名号，但注明简称的除外。例如，《广州市气瓶安全监督管理规定》第1条规定："为预防和减少气瓶安全事故，保障公众生命和财产安全，根据《中华人民共和国特种设备安全法》《广东省特种设备安全条例》等有关法律法规，结合本市实际情况，制定本规定。"

此外，除题注、需要注明简称、补充表述以及项的序号外，地方性法规中一般不使用括号。不使用"?""!"等标点符号；除引用方针、原则等文字用引号外，一般不使用引号。

第九章　地方立法清理

法律的生命力在于实施，法律的权威也在于实施。随着立法背景和外部环境的嬗变，需要对静态性地方立法进行"体检"，及时弥补立法上的漏洞。地方立法清理是提高地方立法质量、维护国家法制统一的重要举措，是地方法规体系自我完善和自我发展的内在要求，是实现地方治理良法善治的重要保障。故而，应当建立健全地方立法精细化清理制度，将地方立法清理纳入法治化轨道，以解决地方立法清理问题，并且实现地方立法清理的最终目的。

第一节　地方立法清理概述

地方立法清理不仅是地方立法过程中必不可少的重要活动和基础工作，也是地方立法活动的重要组成部分。随着全面依法治国深入推进，我国立法工作进入快速发展轨道，各地方立法数量增长不断加快，但立法体系内部间不适应、不一致和不协调等问题逐渐显露。故而，部分地方立法主体在立法实践中坚持立改废并举，加强对地方性法规的清理、修改和废止工作，着力解决地方性法规中存在的上述问题，充分发挥立法对经济社会发展、对全面深化改革的引领和推动作用。例如，甘肃省人大常委会建立地方性法规动态清理长效机制，陆续开展生态环保、食品药品、野生动物保护、行政处罚、营商环境等 8 次专项清理和 1 次全面清理工作。其中，101件省级法规、市州法规、自治条例和单行条例需要修改或废止，30 件已修改，22 件已废止，剩余法规也已启动相关修改工作。并且基于此，制定

《甘肃省地方性法规动态清理办法》，积极推进法规清理制度化、规范化、常态化，确保地方立法与党中央精神、国家法律行政法规保持高度一致。①

一、立法清理的概念和特征

"清理是对现行存在的法律、法规、规章等依一定的方法和原则进行分类、整理、审查，并在必要时，即存在立法冲突时，依法定职权和程序进行必要的修改、补充甚至废止的行为，实质上是法的立、改、废的活动，因而是项立法活动"。② 我国著名立法学专家周旺生教授认为："法的清理指有权的国家机关，以一定的方式，对一国一定范围所存在的规范性文件进行审查，确定它们是否继续适用或是否需要加以变动（修改、补充或废止）的专门活动。"③

立法清理一般具有以下特征：一是立法清理只能由特定国家机关进行。根据我国宪法确定的立法权限体系。立法权是一定层级的国家立法机关和行政机关才能行使的权力。只有符合一定条件的国家立法机关和行政机关制定的具有普遍约束力的规范性文件才能称之为法律，才有可能在实践中得到行政机关和司法机关的遵守，所以，在我国，立法是一项专属于特定国家机关的权力，只能由特定国家权力机关行使，因而，对立法进行的各种修改、补充或废止也只能由特定国家权力机关进行。二是立法清理是影响广泛的立法活动。立法清理针对的对象是对不特定人具有普遍约束力的规范性文件。这些规范性文件的修改和废止都将会影响到未来不特定的大多数人，因此，立法清理和立法一样都是确立、变更社会普遍行为规则的行为。④

二、地方立法清理的概念和特征

地方立法清理，是指地方国家机关在其职权范围内，按照一定的方

---

① 李小健、周誉东：《地方立法的新探索新趋势》，载《中国人大》2021 年第 24 期。
② 汪全胜：《制度设计与立法公正》，山东人民出版社 2005 年版，第 359 页。
③ 周旺生：《立法学教程》，北京大学出版社 2006 年版，第 544—545 页。
④ 石佑启、朱最新主编：《地方立法学》，广东教育出版社 2015 年版，第 163 页。

法，对一定范围内的地方性法规予以审查、整理、重新确认其法律效力的活动，是把现存的有关地方立法文件，以一定方式，加以系统的研究、分析、分类和处理，确定这些规范性文件是否继续有效或者需要变动的专门活动。从地方立法清理的制度来看，国家层面地方立法清理制度并未健全。2023 年《立法法》修改后，第 116 条规定："对法律、行政法规、地方性法规、自治条例和单行条例、规章和其他规范性文件，制定机关根据维护法制统一的原则和改革发展的需要进行清理。"在国家层面明确"立法清理"内容，但只是作出了比较原则性的规定，相关内容不够具体化。在地方层面，例如《广东省地方立法条例》没有直接规定地方立法清理制度，但 2008 年广东省人大常委会主任会议通过了《广东省地方性法规清理工作若干规定（试行）》，2009 年广东省人民政府发布《广东省政府规章清理工作规定》，2014 年广东省人大常委会通过了《广东省人民代表大会常务委员会关于全面清理地方性法规和进一步完善地方性法规案审议程序的决定》，广东地方立法清理制度已基本建立。

地方立法的清理，有两方面的基本任务，并由此分为两个阶段。

1. 梳理地方立法的阶段

查清楚现存各种地方立法的基本情况，确定哪些可以继续适用，哪些需要修改、补充，哪些需要废止。清理的第一阶段，不需要在原有的地方立法中增加新的内容，也不改变它的面貌，而是对其进行分析、分类，因而不是直接制定或变动地方立法的立法活动。但由于这一阶段属于针对现存地方立法是否继续适用或是否需要变动而作出决策的活动，它关系地方立法或存或废或改的问题，因而也具有创制规范性文件的性质。

2. 处理地方立法的阶段

地方立法主体对可以继续适用的，列为现行规范性文件；对于需要修改或补充的，提上修改或补充的日程；对有些可以及时修改、补充的，加以修改、补充后再列为现行的规范性文件；对于需要废止的，及时废止。在第二阶段，要具体解决地方立法的存在、废止、修改或补充的问题，因而这一阶段的清理活动，是直接的正式的创制地方立法的活动。①

---

① 石佑启、朱最新主编：《地方立法学》，广东教育出版社 2015 年版，第 163 页。

与国家层面相比，地方立法清理具有以下特征。

（1）地方立法清理具有更大的迫切性。地方立法由于所涉人口较少、土地面积较小，社会经济、文化甚至观念等变化都要比全国范围内的立法要快，再加上地方立法一般而言具有更强的针对性，制定得更加详细，因而其适应性不像全国性立法那样宽泛，立法中的原则性规定更少而细节性规定更多，这种立法形式决定了地方立法与现实生活相悖或者脱节的可能性更大，因此，定期对地方立法进行清理更加具有迫切性。

（2）地方立法清理有更多的合法性要求。由于我国的立法体制规定数个层级的地方权力机关和行政机关都有立法权限，作为不同层级的地方权力机关和行政机关在制定和清理地方立法时，必须使自己制定的地方立法符合上位法的要求。因此，上位法的变更经常会导致地方立法发生相应的变更。作为层级较低的设区的市地方人大及其常委会以及相应的人民政府制定的地方立法，则需要服从更多的上位法要求，因此经常会出现上位法变更，地方立法随之进行大规模清理的情形。这是地方立法经常被动进行清理的原因，但这种被动是全国立法体制基本统一的要求和法治进步的体现。①

三、地方立法清理的意义

近几年，为了更好地适应经济社会的发展，提高我国立法的科学性与实用性，法规清理已越来越被我国立法机关所重视。地方性法规清理是立法工作的一部分，法规清理的根本目的是通过对法规的评估、修改、废止以完善立法，不断增加立法的科学性与实用性，以此保障我国地方法治建设。

（一）有利于实现立法决策与改革决策相一致

党的十八大以来，以习近平同志为核心的党中央从坚持和发展中国特色社会主义全局出发，坚持全面深化改革基本方略和战略部署。为了确保全面深化改革于法有据、有序进行，实现立法决策与改革决策相结合，有必要及时清理地方性法规，修改、废止地方性法规中与改革决策不一致、

---

① 石佑启、朱最新主编：《地方立法学》，广东教育出版社 2015 年版，第 163 页。

不适应，甚至阻碍改革发展的地方性法规。例如，广东省第十二届人民代表大会常务委员会第十二次会议决定，对8项地方性法规中不符合行政审批取消和下达的精神要求的规定作出修改，将《广东省华侨捐赠兴办公益事业管理条例》第8条中的"确需改变原用途的，应当事先征得捐赠人同意，经当地县级以上人民政府侨务工作行政主管部门审核，报同级人民政府批准"修改为"确需改变原用途的，应当事先征得捐赠人同意"。将第13条中的"经当地县级以上人民政府侨务工作行政主管部门和同级税务部门确认后"修改为"按照国家有关规定确认后"；将《广东省城市绿化条例》第14条第1款修改为："省人民政府确定的古典名园，其恢复、保护规划和工程设计，由其所在地地级以上市人民政府城市绿化行政主管部门批准。所在地在佛山市顺德区的，由佛山市顺德区人民政府城市绿化行政主管部门批准。"

（二）有利于实现法的科学化、系统化

一国的现存法，是由不同国家机关在不同时期制定的，在内容、形式和其他方面往往不统一、不一致、矛盾、抵触、重复、混乱、庞杂。要消除这类现象，就要及时清理，以便该肯定的肯定，该修改、补充的修改、补充，该废止的废止，实现法的现代化。改革开放以来特别是进入新时代以来，立法所调整的对象和立法体制本身都有重大变化，又加上各种形式的法相当多，而法的清理工作长期未受到应有重视，现存未废止的各种法中不统一、不一致、矛盾、抵触、重复、杂乱、庞杂的现象，相当突出。因此，现时期特别需要加强法的清理工作。[①]例如，河北省2010年对332件地方性法规进行一次集中和全面的清理，这次法规清理的主要任务是解决明显不适应、不一致、不协调的问题。

（三）有利于适应现实情况发生变化的需要

现实情况在不断发生变化，需要对有关法规进行清理，严格规范权力运行，保障行政权力的有效和正确运用。而随着经济社会的不断进步，必

---

① 周旺生：《立法学教程》，北京大学出版社2006年版，第544—545页。

然催生出新的需要规范的事项，当先前制定的法规无法满足经济社会发展要求时，就需要从实际出发，对相关法规加以清理，及时修改和废止，以增强法规的针对性和可执行性，切实发挥法规的规范和保障作用。此外，地方立法由于所涉人口较少、土地面积较小，社会经济、文化甚至观念等变化都要比全国范围内的立法要快，再加上地方立法一般而言具有更强的针对性，制定得更加详细，因而其适应性不像全国性立法那样宽泛，立法中的原则性规定更少而细节性规定更多，这种立法形式决定了地方立法与现实生活相悖或者脱节的可能性更大。定期对地方立法进行清理更加具有迫切性。[①] 例如，广州市人大常委会 2015 年为适应撤市设区和区级合并调整的行政区划变动需要，对广州市地方性法规进行了清理，提出了《广州市建筑条例》等 66 项法规修正案，对这 66 项法规中有关行政区划的表述作了修改，增强了法规的可执行性。

（四）有利于适应上位法调整要求

我国的立法体制确定不同层级的地方权力机关和行政机关都有立法权限，作为不同层级的地方权力机关和行政机关在制定和清理地方立法时，必须使自己制定的地方立法符合上位法的要求。随着经济社会发展和改革的不断深入，国家法律、行政法规不断进行调整，需要对地方性法规进行清理，修改、废止地方性法规中与上位法不一致的规定，维护法制的统一，保证中国特色社会主义法律体系的和谐统一。以习近平同志为核心的党中央高度重视环境保护，生态环境保护受到前所未有的重视，最严格的环保制度正在落实。生态环保建设需要法治作保障，但在这过程中，有些地方性法规、规章和规范性文件中，对污染环境等行为放松限制，或者只作出选择性规定，减轻执法机关应负的责任，一些地方性法规在立法层面就存在为破坏生态行为"放水"的情况。例如，《甘肃祁连山国家级自然保护区管理条例》历经 3 次修正，部分规定始终与《中华人民共和国自然保护区条例》不一致，将国家规定"禁止在自然保护区内进行砍伐、放牧、狩猎、捕捞、采药、开垦、烧荒、开矿、采石、挖沙"10 类活动，

[①] 石佑启、朱最新主编：《地方立法学》，广东教育出版社 2015 年版，第 163 页。

缩减为禁止"进行狩猎、垦荒、烧荒"3 类活动，而这 3 类都是近年来发生频次少、基本已得到控制的事项，其他 7 类恰恰是近年来频繁发生且对生态环境破坏明显的事项。甘肃祁连山国家级自然保护区严重破坏环境问题特别是反映出立法层面的问题，教训极为深刻，必须引起高度警觉。地方性法规要认真查找法规、规章和规范性文件中存在的问题，结合实际定期进行法规清理，确保国家法律、行政法规和各项环保政策得到严格准确的贯彻落实。

（五）有利于地方性法规制定和实施

法的清理有利于地方立法工作的开展，通过法的清理，一方面，可以总结立法经验教训，看清利弊得失，找出规律性的东西，避免在新的立法中走弯路。清理过程就是了解现存法优缺点过程。对优点，在今后立法中发扬；对缺点，在今后立法中克服。清理现存法，就是为搞好今后立法准备条件。从清理现存法入手来制定某些新法，"这样做，费力小，见效快，可以收到事半功倍的效果"。① 另一方面，为保障立法得以科学、系统地进行，有必要编制立法规划，而编制立法规划必须有科学的依据，这种根据就是社会经济、政治、文化等对立法的需求，就是现存法的基本情况。此外，地方立法清理有利于法规的顺利实施，长期以来地方立法实施过程中存在有法不依、执法不严、违法不究的情况，很重要的原因在于法本身存在缺点。例如，有的法脱离实际或已过时，难以执行、遵守；有的法既无制裁条款，又不指明由谁监督执行，也难有效实施；有的法相互冲突、矛盾，给法的实施增添麻烦；那些已失效但又未宣布废止的法应当不应当执行，能不能作为审批依据，司法机关难以把握。进行法的清理，发现弊端，解决现存法的存留、废止、修改、补充问题，无疑有助于严格执法、司法、守法。②

四、地方立法清理的方式

地方立法的清理方式，通常分为集中清理、定期清理和专项清理 3 种。

---

① 陶希晋：《浅谈法规整理工作》，载《人民日报》1981 年 5 月 7 日。
② 周旺生：《立法学教程》，北京大学出版社 2006 年版，第 546 页。

（一）集中清理

从时间上讲，集中清理是指对较长时间内的地方立法进行清理；从内容上讲，集中清理是指对较多或一定地方性立法主体所制定的各方面的地方立法进行清理。集中清理的历史跨度大，内容涉及面广，因而比其他清理需要的人员多、时间长。集中清理通常发生在以下几种情况下。

（1）发生在重要的历史转折时期。在这种时期，执政者为适应历史转折对立法的要求，或为实现自己依法治理国家、管理社会的抱负，往往集中可观的人力，用较多时间，对长期以来所积累的法，进行系统的清理，并在此基础上总结经验，编纂或制定新法，古罗马查土丁尼皇帝时期的法的清理即为一例。

（2）发生在法治或法制原本颇落后，而新的历史时期迫切需要执政者较好地运用法来保障和促进社会发展的情况下。例如，根据第五届全国人大第三次会议的要求，全国人大常委会法工委对 1949—1978 年间的法律、法令进行的清理，1985 年国务院对 1949—1984 年间国务院（含政务院）的行政法规或规范性文件进行的清理。

（3）发生在形势发展较快，而众多的法不适应迅速变化的形势需要的情况下。国务院废止 1993 年底以前的部分行政法规，属于这类清理。①

（二）定期清理

定期清理是指把地方立法清理当作一项常规工作，每隔一定时期进行一次清理。地方立法定期清理制度目的在于解决地方法规体系与地方经济社会发展的和谐统一问题，有助于及时协调法律与地方立法之间、地方立法与社会变化和社会需求之间的关系，有助于及时发现和解决问题。

定期清理作为一项常规的法的清理，应当由地方立法主体将其列入常规立法工作日程，由专门人员和机构具体操作，也可聘请熟悉法律、法规和其他规范性文件的专家、机构协助。作为定期清理的一种成果，可以在清理的基础上编辑现行地方立法的汇编。一般来说，地方立法的清理能否

---

① 石佑启、朱最新主编：《地方立法学》，广东教育出版社 2015 年版，第 167—168 页。

经常定期进行、能否长期采取这种清理方式并取得好的效果，与该地区的法制或法治是否受到重视、是否较为发达，有直接关系。在我国，国务院于1985年要求它的各部门和各省、自治区、直辖市应当每年清理法规一次。目前，部分省份已经实现了地方立法清理常态化，这是地方立法法治化的进步。做好地方立法定期清理这项工作，并在更大范围内逐步采取定期清理的方式，有利于加强法制和走上法治之途。①

（三）专项清理

专项清理是指专门对某种内容的地方立法或某种形式的地方立法进行的清理。专项清理的好处是针对性强，有助于集中时间和力量解决某一方面或某一领域的问题，有助于以立法的形式在一定时期达到一定目的。②例如，《中华人民共和国行政许可法》（2004年）实施后，各级人大和政府对地方立法是否违反行政许可法进行了一次清理；2017年广东各省市依据《国务院办公厅关于进一步做好"放管服"改革涉及的规章、规范性文件清理工作的通知》（国办发〔2017〕40号）进行了一次清理。

专项清理与定期清理相结合，应当是地方立法清理的一个基本方式。当前地方性法规清理工作主要是被动性的，尚未制度化、规范化和常态化。随着地方立法工作的不断发展和深入，地方性法规数量越来越多，滞后、冲突、失效等情况也随之增加，这种不定期的清理虽然可以解决当前存在的突出问题，但无法消除清理不及时的情况。我国社会经济高速发展变革的基本事实，决定了法规清理应该是一项经常性工作，这就要求法规清理工作既要注重大规模的全面清理，更应重视与时俱进即时清理。

全面清理的对象是某一区域全部现行有效的地方性法规，涉及经济社会的各个领域，技术要求较高、工作量较大，不宜成为经常性清理的方式，考虑地方立法机关的工作特点，全面清理应当以定期进行为主，期限可以是固定年限，也可以是每届常委会任期内的某一年；专项清理的对象相对集中于某类事项，涉及的单位和法规数量较少，可以灵活掌握，根据

---

① 石佑启、朱最新主编：《地方立法学》，广东教育出版社2015年版，第168页。
② 周旺生：《立法学教程》，北京大学出版社2006年版，第548页。

实际需要启动，能够弥补全面清理不及时的缺陷。因此，应当结合客观实际，不定期地开展专项清理工作。地方立法机关只有坚持定期清理与即时清理相结合，全面清理与专项清理相结合，建立地方性法规清理工作长效机制，才能使地方性法规始终适应经济社会发展的需要，为经济社会又好又快发展提供有力的法制保障。

第二节　地方立法清理主体、情形和要求

地方立法清理是地方国家机关进行自我监督的重要手段。明确地方立法清理主体、情形和要求，才能更好地开展地方立法清理工作。

一、地方立法清理的主体

立法的清理作为决定法是否继续适用或是否需要变动的专门立法性活动，其主体和权限应当有确定性。

（一）地方立法清理主体

法的清理并非任何国家机关都可以进行，而只能由一定立法职权的国家机关和这些机关授权的机关进行。地方立法清理主体，是指在地方立法清理过程中承担权利义务的单位和个人，主要包括地方立法清理实施主体和地方立法清理参与主体。地方立法清理实施主体，是指依法有权实施地方立法清理的组织。地方立法清理参与主体，是指地方立法清理实施主体之外，参与到地方立法清理过程中，对地方立法清理结果产生一定影响的组织或个人，是地方立法清理中的一方当事人。地方立法清理不仅仅是立法机关的内部事务，由于地方立法的复杂性，在清理地方立法时，可能发生牵一发而动全身的情形，或者发生部分立法清理导致其他社会问题的情形。因此，对地方立法如何进行清理，经常需要如同进行立法一样广开民意、博采众议。这就为其他主体参加地方立法清理提供了充分的参与空间。地方立法清理参与主体在清理过程中所能发挥的作用也越来越重要。①

---

① 石佑启、朱最新主编：《地方立法学》，广东教育出版社 2015 年版，第 164 页。

（二）地方立法清理实施主体

依据《宪法》《立法法》等法律规定，地方人大及其常委会和相应的政府有权进行地方立法清理。在立法实践中，地方立法清理，有的是由地方性立法主体的工作机构，如市人大常委会法制工作委员会，或立法主体成立的临时工作机构，如法规清理小组来具体操作的。在相关工作机构完成清理任务后，由地方立法主体对它们的清理报告或结果通过立法清理议案加以审查、批准。地方立法清理的基本原则是"谁实施，谁清理"。地方立法清理实施主体，应当在自己的职权范围内进行地方立法的清理，不能越权清理自己无权清理的规范性文件，不能越俎代庖清理不必由自己清理的规范性文件，同样不能在有必要清理自己所制定的地方立法时不作清理。如无授权，超出自己的职权范围而清理别的主体所制定的地方立法，即为越权。上级主体认为下级主体必须进行地方立法的清理时，有权责成或要求其抓紧清理，但不必自己代替其清理。①

（三）地方立法清理参与主体

地方立法清理参与主体，是清理实施主体之外，参与到地方立法清理过程中，对地方立法清理结果产生一定影响的组织或个人，这种参与主体可以包括个人和组织。现在地方立法清理的发展趋势是：各地立法机关越来越多地与专业化的立法咨询机构进行紧密合作，吸收立法专家或者委托立法专业咨询机构参与地方立法清理的各项工作。任何法律都是对人们的权利义务进行调整。法规清理从本质上来说也是立法的一种形式，必定会对人们的权利和义务产生影响。因此，在进行地方立法清理时，就必须要认真考虑受地方立法清理的利害关系人的意见。大规模的地方立法清理，有时同时清理的法规数目众多，地方立法权利义务变化之间产生的微妙影响有时也难以预料，这就需要专家对这些问题进行精细化、专业化的分析。吸纳立法机关之外的主体参与到立法清理过程中来，不仅可以更好地用民意和专家意见弥补地方立法清理有时难以避免的考虑不周的问题，更

---

① 石佑启、朱最新主编：《地方立法学》，广东教育出版社 2015 年版，第 164—165 页。

可以进一步发挥人民代表大会制度的优越性，使地方立法的民主性得到进一步提升。①

二、地方立法清理的情形

地方人大常委会应当根据需要及时组织开展地方性法规清理工作。地方性法规有下列情形之一的，应当进行全面清理。

（1）全国人大常委会、国务院或者法律、行政法规，以及本省的地方性法规要求进行清理的。例如，全国人大常委会法工委于 2017 年底启动对著名商标地方立法的备案审查工作，经审查认为著名商标的地方性法规因违反我国商标法的立法宗旨，有违市场公平竞争。经审查认为，规定地方"著名商标"采取"批量申报、批量审批、批量公布"的认定模式和"一案认定，全面保护；一次认定，多年有效"的保护模式，不符合现行商标法的立法本意和国际惯例，要求对有关著名商标制度的地方性法规，应当予以清理，适时废止。

（2）国家制定、修改或者废止法律、行政法规，涉及较多设区的市的地方性法规，需要进行清理的。即与上位法不一致的地方性法规，包括所依据的上位法已经修改，但地方性法规却未作出及时修改的；创制性的法规颁布实施后，国家出台了法律、行政法规，或者本省出台了地方性法规，但地方性法规未作废止或者修改的；地方性法规条文中引用的法律、行政法规的名称、内容或者条文序号已经发生变化而未作修改的。

（3）因国家政策重大调整或客观情况发生重大变化、立法质量评价以及地方性法规执行遇到问题较多确需清理的。例如，2014 年，广东省人大常委会为了更好地使广东省地方立法适应党的十八届三中全会和四中全会精神，更好地发挥市场在资源配置中的决定性作用，决定对现存的广东省地方立法进行集中清理，为了更有效率地对地方立法进行清理，广东省人大常委会委托广东外语外贸大学、中山大学等高校对所有现存广东省地方立法进行了全面审查，重点审查其是否有违反简政放权的规定，仔细

---

① 石佑启、朱最新主编：《地方立法学》，广东教育出版社 2015 年版，第 165 页。

筛查地方立法设定的各种许可是否违背法律、行政法规。在数所高校完成清理后，广东省人大常委会根据审查的结果，采纳了部分意见，提出清理议案并最终对数十部地方立法进行了修改。

三、地方立法清理的要求

地方人大常委会开展地方性法规清理工作，应当符合下列要求。

（一）清理工作应当常态化

地方立法工作中，应当建立清理工作长效机制，使其常态化。一是增强立法的前瞻性、针对性和可操作性，防止立法与形势脱节，防止立法中相互不协调，防止立法违反法制统一原则现象的发生，使制定的法规、条例更加适合经济社会发展的需要，能解决实际问题。二是及时清理。随着经济社会的不断发展，立法中不可避免地还会出现问题。对此要有清醒的认识，要以积极的态度、扎实的作风、有效的措施及时进行清理，增强地方性法规、条例的生命力，更好地发挥法制保障作用。

（二）清理工作应当规范化

地方性法规清理应严格按照法律、法规规定和法定程序的规定，通过清理，达到地方性法规与上位法相一致，地方性法规之间和谐统一。应当从实际出发，通过清理查找出法规中存在的问题，根据不同情况，区分轻重缓急，有针对性地逐步加以解决，以利于提高行政效能和促进经济社会发展。例如，2008年，广东省人大常委会开展规范地方性法规的清理工作，制定了《广东省地方性法规清理工作若干规定（试行）》，使本省地方性法规清理工作制度化。2014年3月，通过了《广东省人民代表大会常务委员会关于全面清理地方性法规和进一步完善地方性法规案审议程序的决定》，主动及时地对地方性法规进行清理。通过建章立制，明确了清理的重点、原则、要求和进度，以及各有关单位清理工作职责，使清理工作规范有序推进。

（三）清理工作应当民主化

地方性法规清理应当采取多种途径，充分听取和采纳公民、法人和其他组织的意见、建议，充分反映最广大人民的根本利益。地方性法规清理是一项严肃工作，每一件法规的存废和修改都关系着千家万户。在开展清理过程中应当坚持"开门清理"，依法保障公民、法人和其他组织的参与权和知情权。地方性法规启动清理工作后，地方人大常委会法制工作机构应当在人大信息网站设立地方性法规清理专栏，登载法规清理工作有关信息，设立公众意见反馈专栏，方便公众发表意见，使法规清理广纳民意、广集民智。[1]

（四）清理工作应当坚持立改废并重

地方性法规的清理应坚持立、改、废并重原则，要求地方立法的决策必须与改革发展的决策相结合，及时把改革的成功经验用立法的形式固定下来；要求地方立法必须适应改革发展的实践，把现行法规中不利于改革和社会进步的规定及时加以修改。在制定新法的同时，把现行法规、条例的修改、废止摆上同等重要位置，防止只注重制定新法而忽视现行法规的修改和废止工作现象的发生，实现地方立法指导思想从重视制定、创制新法到修改、废止现行法规统筹兼顾的转变，使制定的法规、条例适应社会主义市场经济体制的需要，促进经济社会协调发展，促进人的全面发展，促进经济发展方式的转变。

第三节　地方立法清理的程序

地方立法的清理不能随意进行而应当按程序进行。通常有两种程序：一种是由地方立法主体自己作出立法清理的决策，然后授权自己的专门委员会或法制工作机构或专门成立的临时机构具体进行清理，由它们提出法的清理案，再由立法主体对清理案加以审议。在审议过程中，如有必要则由立法主体或其授权提案的机构进行修改，清理案经审议通过后，由立法主体予以批准并以一定形式正式公布。另一种是由立法主体的专门委员会或法制工作机构根据已有的关于地方立法清理的常规规定或客观需要，径

---

[1] 万祥裕、谢章泸：《试论地方性法规清理机制的构建》，载《时代主人》2011 年第 1 期。

直向立法主体提出法的清理案，由后者审议，其后的程序与上一种程序相同。两种程序主要都包括以下内容。

一、立法清理案的提出

地方立法清理案的提出应当具有专属性，一般只能由立法主体的组成机构——法制工作机构提出，这是因为地方立法清理是一项专业性较强的活动，需要运用一定的立法技术，同时还要对立法主体的立法活动有全面的了解。实践中，当出现地方立法清理情况，地方人大常委会法制工作机构、政府法制办及政府有关部门研究后，向常委会主任会议报告，经主任会议研究决定后，将清理工作列入工作计划，启动清理程序，提出清理案。地方立法清理案，是关于确定地方立法是否有效、是否需要修改、补充或废止的议案。一般应当由两部分构成：一是关于对地方立法进行清理的提议，二是关于地方立法清理的具体报告。地方立法的清理案是地方立法议案的一种，应当由有地方立法权或一定地方立法性职权的主体提出。清理案涉及的清理对象一般应当是地方立法主体所立的法。[①]

二、形成初步的清理意见

法规清理正式启动后，负责法规实施的有关单位和部门要根据法规清理工作方案的要求，组织人员对法规进行全面梳理，查找法规中存在的问题，提出处理建议并填写法规清理情况登记表。

（1）原地方性法规案由人民政府提出的，由人民政府法制工作机构组织有关单位进行清理，提出处理意见，并经人民政府讨论通过后，报送同级人民代表大会常务委员会。

（2）原地方性法规案由人大有关专门委员会，或者受人大常委会主任会议委托由人大常委会有关工作委员会提出的，由有关委员会进行清理，提出处理意见。

初步审查意见应当就被清理的地方性法规是否需要修改或者废止提出

---

① 石佑启、朱最新主编：《地方立法学》，广东教育出版社 2015 年版，第 166 页。

建议。

三、审查意见的分类处理

地方人大有关专门委员会和常委会有关工作机构提出初步审查意见后，地方人大常委会法制工作机构要组织人员，对各方面提出的问题和处理建议进行汇总、整理、分析，并根据实际需要召开座谈会、论证会，对重大疑难复杂问题还要进行调查研究，同有关方面沟通协商，在充分研究论证的基础上提出审查意见。经地方人大常委会法制工作机构会议讨论后送地方人大法制委员会审议。经地方法制委员会同意审议后提出审议意见，并向主任会议提出清理工作报告。[①]

四、立法清理案的审议

对现行有效的地方性法规进行清理，可以采用集中修改或者废止方式，一次性修改或者废止一批地方性法规。修改或者废止的决定，各方面意见比较一致的，可以经一次常委会会议审议即交付表决。地方立法清理案审议的标准主要为以下方面。

（1）合法性标准。是否与现行上位法以及中国参与缔结或认可的国际条约相一致。

（2）适当性标准。在处理公权与私权、权力与权利、政府与市场等关系的制度设计方面，权责规定是否匹配、处罚种类和幅度设计是否合理、适当。

（3）实效性标准。是否适合国家或本地的社会发展需要，是否适合社会情况变化。

（4）技术性标准。在内容、文字表述和其他有关方面是否存在问题，是否符合立法技术规范。

在审议过程中，如有必要，应当对清理案中的清理报告所提出的处理意见加以修改。这种修改可以由地方立法主体进行，也可以由地方立法主

---

① 万祥裕、谢章泸：《试论地方性法规清理机制的构建》，载《时代主人》2011 年第 1 期。

体责成提案者或授权立法主体的工作机构修改。

五、立法清理结果的公布

地方立法的清理案经审议修改并经地方立法主体正式表决获通过或批准后，应当将清理结果在新闻媒体和人大机关门户网上正式公布，并以人大常委会公告形式向社会公开。清理结果的形式，可以是地方立法主体作出的关于法的清理的决定和作为决定附件的清理报告，实践中一般采取这种形式，也可以是地方立法主体自行作出清理公告。地方立法清理的结果通常包括以下内容。

（1）宣告哪些地方立法继续有效并将其列为现行法。

（2）宣告哪些地方立法已失效并予以废止，清理之前已自行失效或已被明令废止的一般也应一并宣告废止。

（3）宣告哪些地方立法需要修改、补充并尽可能确定由谁修改、补充。

一般地方立法的清理的结果可以只包括这三方面内容中的一项或两项内容，也可以同时包括以上三项内容。地方立法的清理结果的公布程序和公布方式应当与地方立法的公布程序和公布方式相一致。例如，省人大通过的地方性法规，其清理结果的公布应当由省级人大通过，省人大常委会通过的地方性法规，其清理结果的公布可以由省人大通过，也可以由省级人大常委会通过。目前地方立法的清理的公布程序和公布方式还有待规范，有的仅以"决定"的形式公布，有的还以通知的形式公布。地方立法的公布程序和公布方式已逐渐走上正轨，但地方立法的清理结果的公布程序和公布方式尚需进一步规范。①

六、立法清理意见的落实

立法清理意见的落实，主要体现在地方性法规废止和修改上。

---

① 石佑启、朱最新主编：《地方立法学》，广东教育出版社 2015 年版，第 167 页。

（一）地方性法规废止情况

地方性法规在出现下列情形之一的，应建议予以废止：

（1）地方性法规的基本原则和主要内容与新制定或修订后的法律、行政法规相抵触的；

（2）地方性法规的主要内容所依据的法律、行政法规已被废止的；

（3）地方性法规的主要内容已被新制定或修订后的法律、行政法规所涵盖的；

（4）地方性法规已被新制定的同类地方性法规所覆盖的；

（5）地方性法规的调整对象或主要规范事项已不存在的；

（6）地方性法规的主要内容已完全不适应经济社会发展现状的；

（7）地方性法规在修订过程中根据实际情况改变了法规名称和调整的社会关系范围的，应采用"废旧立新"的方式。

（二）地方性法规修改情况

地方性法规在出现下列情形之一，应建议及时修改。

（1）国家制定或修改了法律、行政法规，地方性法规中部分内容与之不一致或相抵触的。

（2）地方性法规中部分内容明显滞后于经济社会发展现状，例如：不符合社会主义市场经济基本原则的；行政管理体制和政府机构发生变动，有关行政主管部门和执法主体需作相应变动的；国家出台新的改革政策，地方性法规中部分内容与之不一致或相抵触的。

（3）地方性法规的部分内容较原则，实践中缺乏可操作性，需要进一步细化和完善的。

（4）地方性法规中存在部门利益问题，但该事项确需法规予以规范的。

（5）地方性法规之间存在不一致、不适应、不协调问题的。需要修改的，可以由法规制定机关将修改项目列入下一年的立法计划，或者调入当年立法计划，组织有关部门按照法定程序分别进行修改。如果修改的法规比较多，而修改内容较简单且基本相同时，可以考虑一并修改，一揽子解决；对于条件复杂，一时难以修改的，可以先列为预备项目，放入立法规划或立法规划项目库，由人大有关专门委员会或者政府法制机构牵头，组织有关单位抓紧研究起草，待条件基本成熟，再列入年度立法计划进行修改。①

　　地方立法的清理结果一经公布，地方立法的清理即告终结。法规清理是一项严肃的工作，法规的存废关系着千家万户，因此法规清理应坚持开门清理，开门清理是开门立法的重要内容，既是民主立法的重要体现，也是实现科学立法的必要手段。承办单位应就初步处理意见广泛征求有关部门、适用对象、司法机关、社会团体、人大代表、专家顾问和人民群众的意见，必要时还可以采取召开部门座谈会、执法一线人员和管理相对人座谈会、专家论证会、公众听证会等方式。

---

　　① 万祥裕、谢章泸：《试论地方性法规清理机制的构建》，载《时代主人》2011 年第 1 期，第 38 页。

第十章 地方立法评估

当前，地方性立法在全国范围的立法活动中占据了绝大多数，它在构建新时代中国特色社会主义法治体系中具有非常重要的基础作用。但长期以来，地方立法无论是理论上，还是实践中，往往只偏向于重视立法本身，而忽视立法评估工作。这间接导致立法质量不高，立法效益不理想，所立之法的实效性有所欠缺等结果。《立法法》赋予省、自治区、直辖市，以及设区的市享有地方立法权，扩大了拥有地方立法权的立法主体数量。这样的立法改革，虽然促进了各地依法治市的积极性和主动性，但是一些地方在行使中央赋予的地方立法权过程中，存在地方立法的随意性较大等问题，以致地方立法质量达不到预想效果。为此，党的十九大特别提出，"推进科学立法、民主立法、依法立法，以良法促进发展、保障善治"，给立法工作设立了宏大的奋斗目标。可见，地方立法评估已经成为确保我国地方立法质量的重要工程，是贯彻"科学立法、民主立法、依法立法"方针指示的保障手段，是建设新时代中国特色社会主义法治国家的必然要求，也是落实习近平法治思想的重要内容。

第一节 地方立法评估概述

依照地方立法的程序，以及实施前后的不同评估目的，地方立法评估可以分为表决前评估和立法后评估两种类型。一方面，在地方立法过程中，离不开对科学立法原则的根本遵循，通过对立法价值与效果进行预测研判，确保地方立法的实效性，提升地方立法质量。另一方面，立法实效如何，只有在实践中才能找到真正答案。越来越多的地方立法主体强调立法与法律、法规监督相结合，重视法规实施效果，通过立法后评估方式，评价法律、法规实施情况，发现制度的不足之处，进而改进地方立法工作，完善健全法律、法规。

一、地方立法评估的概念

概念的界定，是理论认识的基础。正确认识地方立法评估的概念，则先要了解何为立法评估，明晰立法评估与地方立法评估的联系、区别。

（一）立法评估

立法评估，是立法主体按照一定的原则、标准、程序和方法，对即将交付表决的法规草案或者已经实施一段时间的法规进行全面的分析、判断和评价的专业活动。立法评估制度是一项重要的立法工作制度，是科学立法、民主立法的重要体现，是保障和提高地方立法质量的重要手段。《立法法》第 42 条、第 67 条对立法评估活动作了明确规定，并将立法评估活动分为表决前的法律草案评估和立法后评估。众所周知，早在 2011 年，时任全国人大常委会委员长吴邦国就向世界宣布——中国特色社会主义法律体系已经形成。这标志着中国特色社会主义的法治建设工作的重点，开始从立法工作转向法律的实施，与之匹配的立法工作也已经发展到从"数量型立法"转向"质量型立法"的历史拐点。为此，必须加强立法评估工作，以确保立法质量不断提升。2011 年 6 月，第十一届全国人大常委会第二十一次会议第一次审议两份立法后评估报告，[①] 通过立法后评估促进《科学技术进步法》和《农业机械化促进法》配套制度的建立和完善。但相对全国性的立法评估而言，地方立法评估工作更加需要引起重视。

（二）地方立法评估

所谓地方立法评估，是指具有立法权的地方国家机关，根据一定的原

---

① 《十一届全国人大常委会首次审议立法后评估报告》，载中华人民共和国中央人民政府官网 2011 年 6 月 27 日，http：//www.gov.cn/jrzg/2011－06/27/content_1894147.htm，最后访问日期：2023 年 10 月 30 日。

则、标准、程序和方法，对将要拟定、已经拟定的或者已生效的地方性法规的制度设计、效果和价值等进行综合评价、判断和预测，提出制定、废止、修改等评估意见的活动。可见，地方立法评估是一项重要的地方立法工作，是对地方立法行为和立法结果的分析和评估。地方立法评估由立法机关、执法机关和立法授权的机构等评估主体负责进行立法评估，评估主体作出的评估结果成为地方性法规制定、修改、废止的重要依据，并且对立法、执法等工作产生直接的影响。从地方立法实务的角度来看，按照地方立法程序实施时间的先后顺序，地方立法评估可分为表决前评估和立法后评估。例如，根据《立法法》第42条、第67条规定的内容，《惠州市人民代表大会常务委员会立法评估工作规定》第2条第1款作出进一步明确的规定："本规定适用于本市地方性法规的立法评估，包括法规案付表决前评估和立法后评估。"总之，地方立法评估是地方立法的一项重要工作，经过地方立法机关、执法机关和立法授权的机构等评估主体组织开展的立法评估之后，其最终出具的评估结果对于地方立法机关的决议必然产生指导作用，也必然对地方执法部门的工作产生间接的影响。从某种意义上说，地方立法评估可以被看作地方性法规或修改或废止的重要参考。

二、地方立法评估的作用

地方立法评估的作用，是指地方立法评估对于地方立法工作产生的影响、效果。地方立法评估的作用，主要体现在以下方面。

（一）提高地方立法质量

地方立法评估既能够促使立法工作者对地方立法活动形成更科学的看法，也能够帮助立法工作者及时发现地方立法工作的不足，及时发现与实践不相符合的法律条文并根据立法评估结果，决定法律条文的修改或废止，从而提高地方立法的质量。对于表决前的评估来说，地方立法评估的主要作用是保证国家法制的统一，保证所立之法的合法性、合理性和可行性。对于立法过程的评估，地方立法评估的主要作用是可以对立法的效益与成本之间的关系进行评估，可以提高地方立法的效益，可以促进地方立法的民主化和科学化。从这个角度来讲，地方立法评估是我国立法制度的重要组成部分，是地方立法工作的重要环节，是提高地方立法质量和立法效益的重要途径。

（二）增进地方立法实效

地方立法评估除了提高立法质量和立法效益之外，还能够对立法、执法起到监督的作用，有助于地方性法规的科学制定和严格执行，从而使地方性法规能够得到真正的贯彻执行，增进地方立法实效。此外，地方立法评估可以通过综合运用比较分析、系统评价、成本与效益分析等定量分析方法，分析地方性法规文本出台后发挥的规制作用，研判地方性法规的实施能否有效解决地方社会存在的实际问题，实现地方立法预期目标；地方立法评估还可以通过选择规制效果最优的实施方案，排除成本过高又不利于达到立法预期目标的方案，降低地方立法的执行成本，平衡地方立法活动的成本和收益，增进地方立法的实效。

（三）拓展公众参与渠道

在地方立法实践中，地方立法有时候会出现明显的部门利益倾向。立法实践中，不同地区、不同部门在参与地方立法时，难免会优先考虑自身利益的最大化，使得本应公平、公正、公开的立法活动可能会演变成一场部门利益、地方利益的争夺战。正如学者指出的，"法律规范的有效性与通过民主原则所保障的所有潜在相关者对法律规范制定的参与和同意是密不可分的"①，地方立法主体应积极拓展公众参与地方立法的渠道，通过与社会公众进行充分的沟通和民意咨询，并倾听社会群体对地方性法规制定的意见和建议，从而避免部门权力利益化，部门利益法制化。根据《立法法》的规定，地方立法要求评估主体通过各种形式来征求公众群体对地方性法规制定及实施的意见和建议，有时候地方立法评估主体甚至会将地方性法规委托给第三方机构、社会组织或专家学者进行评估，从而为公众参与地方立法提供了制度平台和程序保障。

----

① 江晖：《对我国公众参与立法制度完善的思考》，载《法制与社会》2008 年第 27 期。

三、地方立法评估的内涵

要想深刻理解地方立法评估的丰富内涵，还应当把握以下方面。

（一）地方立法评估属于立法工作的范畴

地方立法工作蕴意非常广泛，不仅包括地方立法过程本身，如立法的规划、起草、调研、审读、表决通过、实施，以及对既有立法的修改、废止，还包括对地方立法的表决前评估和立法后评估。对于表决前的评估来说，主要功能是保证国家法制的统一，保证所立之法的合法性、合理性和可行性。对立法过程的评估，可以对立法的效益与成本之间的关系进行评估，对改善立法过程、提高立法的收益、提高立法的民主化和科学化都具有重要的意义。从这个角度讲，地方立法评估是我国立法制度的重要组成部分，是立法工作程序的重要环节，是提高立法质量和立法效益的重要途径。当然，立法评估除了提高立法质量和立法效益外，还能够起到对立法、执法监督的作用，也是加强民众参与的重要手段。《立法法》第 67 条规定："全国人民代表大会有关的专门委员会、常务委员会工作机构可以组织对有关法律或者法律中有关规定进行立法后评估。评估情况应当向常务委员会报告。"对立法后评估来说，它可以检验和提升地方立法质量，提高地方立法的效益。地方立法后评估可以及时发现颁行的地方性法规、规章与地方社会经济发展的龃龉，可以调适地方性法规与地方政府既定目标之间的节奏，并依照程序作出分析与评价，针对地方立法现存短板，提出立法调整方案，从而提升地方立法质量和水平。此外，地方立法后评估还可有效转化地方性法规、规章的文本规定，通过特定的评估程序，运用科学评估方法和评估指标，将地方性法规和规章的内容具体化为地方立法机关的调整、修改、废止等立法活动，从而将立法后评估意见转化为地方性法规、规章颁行后的社会效益。总之，地方立法评估作为国家立法体制的重要组成部分，秉持科学立法、依法立法、民主立法的原则，促使地方所立之法契合新时代法治建设规律，既彰显中央立法精神，又体现地方立法特色和可行性。

（二）地方立法评估与相关概念的区别

我国启动地方立法评估的时间还不长，以往地方立法评估常常被其他形式替代，这也使得地方立法评估给社会公众留下一种可有可无的印象。其实，地方立法评估工作表面上与立法领域的其他工作有相似之处，但在程序上、指标要求上都存在明显的差异。

1. 地方立法评估与地方立法预测

立法预测，就是运用一定的方法和手段，对立法的发展趋势和未来状况进行考察和测算。地方立法评估不同于地方立法预测的地方主要有两点：一是地方立法评估不仅仅包括表决前评估，还包括立法后的评估，后者是地方立法评估的重要内容，其在整个地方立法评估中发挥着重要的作用。二是表决前评估的功能主要是为立法的表决提供权威性意见，其内容要比立法预测广泛得多，并不仅仅包含地方立法预测的科学性内容，还包括对立法的合法性进行的评估。

2. 地方立法评估与听取意见

听取意见是指在立法草案通过前，由相关立法机构组织的听取各方意见的过程，是立法过程中民主化的体现。在某种意义上讲，听取意见就是表决前评估的一种过程和方式，但表决前评估的方式不限于听取意见（如论证会、听证会、征求意见等）。长期以来，我国的《立法法》在没有规定立法前评估时，都是以听取意见的方式来替代的。然而，相比于评估，听取意见则是一个相对松散的过程，它更多地体现立法过程的民主化。而立法评估作为一项专业的活动，其工作更为严肃，且程序更为严格。

3. 立法评估与执法检查

执法检查，是指在地方性法规和地方政府规章通过后，把监督法律的实施和监督执法工作结合起来的一种形式，是地方国家权力机关对本行政区域内的地方性法规、规章的实施情况及执法机关的执法情况进行检查或监督活动。而立法评估关注的是地方立法中的制度设计是否合理、立法内容有没有针对性、条款操作性强不强、立法的实施效果好不好等问题。从本质上来说，执法检查与立法评估是同一事物的两方面，但两者在操作主体、工作视角、调研侧重点等均有不同。

4. 立法评估与立法监督检查

立法监督，是依照法定程序，对立法主体制定规范性文件的过程及对该规范性文件进行监督，既包括对立法活动过程的监督，也包括对立法结果的合法性监督，常见监督方式包括批准、备案、撤销、裁决等。地方立法评估与立法监督工作不同的是，作为立法的继续和延伸，评估的内容涉及立法技术、立法的执行和实施绩效等多个层面，地方立法评估能够比较全面、准确地把握地方性法规的实际运行状况，为地方性法规进行必要的修改、补充或废止提供客观依据。

四、地方立法评估的类型

根据地方立法的不同过程，按照实施前后的不同评估目的，可以将地方立法评估分为表决前评估和立法后评估两种类型。

（一）表决前评估

表决前评估的概念和特征内容如下。

1. 表决前评估的概念

所谓表决前评估，又称地方立法中评估，是指在地方立法过程中，具有立法权的地方国家机关根据一定的原则、标准、程序和方法，对已经拟定的地方性法规、地方政府规章的制度设计、效果和价值等进行综合评价、判断和预测，提出是否予以表决等评估意见的活动。截至目前，很多地方性法规都已经明确了表决前评估的内容。例如，根据《立法法》第42条规定的内容，《佛山市人民代表大会常务委员会立法评估工作规定（试行）》第2条第2款作了进一步明确规定：“表决前评估是指地方性法规草案提请市人民代表大会常务委员会（以下简称常务委员会）表决前，对法规案中主要制度规范的可行性、法规出台的时机、法规实施的社会效果和实施中可能出现的问题等进行预测和研判的活动。”表决前评估的对象是法规草案，新制定、全面修订以及对重大制度作修改的法规案，从确保立法质量和避免重复立法的角度考虑，应当开展表决前评估。

2. 表决前评估的特征

结合我国地方立法实践，表决前评估具有如下的特征。

（1）表决前评估是一种预测性评估。表决前评估，其最大特点是这种评估具有预测的性质。表决前评估的对象是尚未发生法律效力的法规草案，其交付表决通过后将对社会产生不确定性的影响。表决前评估的目的，是在深入了解社会状况以及仔细分析可能影响法规草案规定的政治、经济、文化等条件的基础上，对即将出台的法规草案产生的社会影响进行预测估计。

（2）表决前评估是一种带有研判性质的评估。由于表决前评估的对象是尚未交付表决的法规草案，通过后对社会所产生的各种影响和后果未必一定发生，只能说是存在某种风险。因此，表决前评估在一定程度上具有事先研判的性质，它的价值在于能够通过科学的事先研判，预防立法风险的发生。

（二）立法后评估

立法后评估的概念和特征内容如下。

1. 立法后评估的概念

所谓立法后评估，是指地方性法规、规章实施后，具有地方立法权的国家机关，根据一定的原则、程序、标准和方法对已经生效的地方性法规、规章的合法性、合理性、规范性、可操作性和实效性进行综合评价、判断和预测，并提出修改、废止等评估意见的立法活动。《立法法》第67条规定："全国人民代表大会有关的专门委员会、常务委员会工作机构可以组织对有关法律或者法律中有关规定进行立法后评估。评估情况应当向常务委员会报告。"例如，《佛山市人民代表大会常务委员会立法评估工作规定（试行）》第2条第3款作出进一步明确规定："立法后评估是指在地方性法规实施一段时间后，对法规质量、实施效果等进行跟踪调查和综合研判并提出意见的活动。"总之，立法后评估作为地方性法规清理的一种方式，是地方立法工作的后续和延伸，是提高地方立法质量的重要环节。

2. 立法后评估的特征

结合我国地方立法实践，立法后评估具有如下的特征。

（1）立法后评估是一种总结性评估。立法后评估，其主要特点是具有总结和自我检视的特点。立法后评估程序的启动是在法规颁布实施一段时间后，其时间一般在1年至10年不等。我国地方立法起步较晚，其立法后评估工作经验还有待进一步提升。按照我国地方立法的实践经验，立法后评估结合法律、法规的实施情况，总结其取得的成效，分析其存在的问题，目的在于更好地实施、修改、完善被评估的法律、法规，并从中总结经验，为后续相关立法工作提供借鉴和指导。

（2）立法后评估是一种绩效性评估。在绩效评估中，由于评估标准影响并决定评估结果，被评估的对象总是按设定的评估标准调节自己的行为，以便取得较好的评估结果。可见，评估标准对被评估者的行为有着重要的影响。同样，在立法后评估中，设置科学的绩效评价标准，也能起到立法风向标的作用。科学合理的立法后评价标准，可以正确反映立法的效果和效益，引导立法工作向良性发展。立法后评价标准如果设计得不合理，则有可能对法律制度与法律规范的制定产生不良影响。因此，设置评价标准是立法后评估活动中非常重要的一项工作，从绩效评估的角度看，立法后评估可以被认为是一种绩效性评估。

五、地方立法评估的主体

地方立法评估的主体，是指在地方立法评估中针对地方性法规及其程序进行评价，依法定程序提出建议并完善修改的组织和个人，主要包括地方立法评估实施主体和地方立法评估参与主体。

（一）地方立法评估实施主体

地方立法评估实施主体，是指依法有权实施地方立法评估的组织。"评估实施主体的身影贯穿于评估程序的始终，连接着评估参与主体和评估监督主体，是评估主体制度的主线。从评估的启动，到评估的实施，再到评估的终结，都离不开评估实施主体的参与。"[1] 按照我国现行实际情况，地方立法评估的实施主体主要是地方立法机关，一般由其工作机构

----

[1] 郑宁：《行政立法评估制度研究》，中国政法大学出版社2013年版，第108页。

（办事机构）具体开展。但是地方立法评估是一项综合性、技术性的工作，地方立法机关因各种因素的限制和影响，不可能完全承担评估工作，委托、授权给其他机构具体实施立法评估工作也成为地方立法工作中的一种实际选择。

例如，《广东省人民代表大会常务委员会立法评估工作规定（试行）》就规定，表决前评估由省人大常委会法制工作机构组织进行，也可以根据需要委托广东省地方立法研究评估与咨询服务基地或者其他具备评估能力的科研、中介组织、行业协会等开展。此外，《佛山市人民代表大会常务委员会立法评估工作规定（试行）》第5条也规定了立法评估组织机构可以委托佛山市人大常委会地方立法研究评估与咨询服务基地或者其他具备评估能力且符合相关规定的科研机构、中介组织、行业协会等开展立法评估。由此可见，地方立法评估实施主体包括地方立法评估实施机关和地方立法评估实施机构两种类型。

1. 地方立法评估实施机关

根据《宪法》《立法法》等相关法律的规定，地方立法评估实施机关主要由省（自治区、直辖市）人大及其常委会、设区的市的人大及其常委会、省（自治区、直辖市）人民政府和设区的市人民政府组成。依据地方立法评估的实际工作，地方立法评估实施机关的主要职权有以下四项：（1）地方立法评估规则的设定权；（2）地方立法评估活动的启动权；（3）依照地方立法评估的基本原则、评估标准、评估方法、评估程序规定开展评估；（4）依法对地方立法评估报告进行审议，并决定其具体运用。

地方立法机关作为地方立法评估的实施主体，具有熟悉地方性法规草案或法规的具体情况，方便收集大量的评估信息，节约评估成本等的独特优势，同时能增强地方立法机关的积极性和主动性。如地方性法规草案交付表决前，地方人大常委会法制工作委员会可以通过召开座谈会、论证会、咨询会等方式听取各方意见。为了保证法规草案得到公正的评估，参与评估的人员一般从人大代表、专家学者、利益相关方和有实际工作经验的人员中选取。这种制度有效地杜绝了立法机关只能听到"一面之词"

的可能性。在地方立法评估的实践中，这种方式体现了人大主导立法，可以充分发挥地方立法评估实施机关的组织协调作用。

2. 地方立法评估实施机构

地方立法评估实施机构，是指地方立法评估实施机关通过委托或授权的方式，由其组织实施地方立法评估活动的地方立法研究评估与咨询服务基地或者其他具备评估能力的科研机构、中介组织、行业协会等第三方机构。其主要职责是依照委托或授权具体开展地方立法评估并作出评估报告。

以独立的第三方机构作为地方立法评估的实施机构，将专业人士的评估意见充分利用到评估活动中来，可以提高地方立法评估的可信度和说服力。这主要是由于第三方机构评估具有中立性、专业性的特点所决定的。实施机构作出表决前评估报告后，评估报告应印发给人大常委会主任会议或者常委会会议组成人员作为审议地方性法规草案的参考材料，立法机关在表决前认真考虑评估机构的评估意见，并将其评估意见和自主评估意见相结合，从而得出比较客观的评估意见。

例如，2023 年 4 月，惠州市人大常委会委托惠州市地方立法研究中心对《惠州市野外用火管理条例（草案修改二稿）》进行表决前评估。又如，《惠州市西枝江水系水质保护条例》在实施满 1 年之际，惠州市人大常委会组织开展对该条例的立法后评估工作，采取惠州市人大常委会调研评估组与第三方机构参与相结合的形式进行评估，分别委托中山大学公法研究中心、惠州市地方立法研究中心和惠州市律师协会 3 家地方立法评估实施机构开展评估。评估工作期间，3 家地方立法评估参与主体先分别作出了立法实施和立法质量研究意见，最终由地方立法评估实施主体汇总、形成立法后评估报告。这种采用了"自我评估与委托评估相结合"的模式，创设了多元的评估主体，扩大了评估主体的类型和人数，最大限度地保障了地方立法评估活动的科学性、真实性和公正性。

（二）地方立法评估参与主体

地方立法评估参与主体，是指除地方立法评估实施主体之外，参与地方立法评估并对评估结果产生一定影响的组织或个人。根据我国各地有关地方立法评估的地方性法规、规章、规范性文件的规定，我国地方立法评估参与主体的范围主要包括利害关系人、社会公众、专家、社会组织、相关国家机关、企事业单位、人大代表、政协委员、民主党派人士等。[①] 地方立法评估参与主体通过广泛和公开的渠道，参与到地方立法评估活动中来，既能让人民群众更好地实现自己参与管理国家和社会事务的基本权利，又使立法评估的结果更能体现民意、充分发挥民众集体智慧的作用，也能更好地提高公众参与立法评估工作的积极性和主动性。

以惠州市开展《惠州市西枝江水系水质保护条例》立法后评估活动为例，惠州地方立法评估参与主体通过地方立法评估实施主体发函、举办座谈会、在互联网上征集意见和建议等途径有序参与调研评估活动，对条例贯彻执行情况、条例立法质量等方面提出意见。条例的立法后评估有助于促使更多惠州市民关注地方立法，积极参与地方立法，从而在地方立法机关和社会之间形成更好的良性互动。

第二节　地方立法表决前评估

良法促进善治。一部法规或规章制定得好不好，管用不管用、能不能解决实际问题是关键。[②] 地方立法表决前评估，明确在法规、规章草案表决前对其内容实效性、针对性等进行评估，为地方立法决策提供科学依据。

一、表决前评估的对象

评估对象是地方立法评估的一个重要组成部分。一般来说，表决前评估是指地方性法规草案提请地方人大常委会会议表决前，对法规草案中主要制度规范的可行性、法规出台的时机、法规实施的社会效果和可能出现

---

① 郑宁：《行政立法评估制度研究》，中国政法大学出版社 2013 年版，第 132—133 页。
② 于建成：《强化"三个评估"，提高立法质量》，载《中国人大》2014 年第 20 期。

的问题，以及可能产生的社会影响等进行预测和研判的活动。因此，表决前评估的对象是地方立法机关新制定、全面修订以及对重大制度作出修改的地方性法规草案。

二、表决前评估的标准及内容

设定表决前评估的标准，才能明确表决前评估的内容，才能建立起表决前评估的目标和基础，在进行表决前评估时才具有针对性，才能有效鉴别评估结论是否能达到预期的规划和目标。

表决前评估的标准主要有以下三点。

一是法规草案出台时机标准。判断地方性法规草案出台的时机是否适宜，主要是考察该法规草案是否与本市经济社会发展水平相适应，既不能超越本市的现实社会条件，也不能落后于现实社会的发展。如果地方性法规的制度设计超越时代发展的需要，将面临缺乏社会基础支持而难以实施；如果地方性法规落后于时代的发展，则可能成为社会发展的桎梏，面临被规避甚至违反的风险。

二是可行性标准。评判地方性法规草案的可行性标准主要考察该法规草案所设定的各项制度措施在社会生活中能否实现，其立法目的以及实现的条件是否切实可行，能否解决行政管理中具体问题，其规定的各项措施是否高效、便民，程序是否合理具有可操作性，等等。

三是社会影响标准。判断地方性法规草案的社会影响标准主要考察地方性法规草案通过后对本地区改革发展稳定可能产生的影响，以及可能影响法规实施的重大因素和问题。

此外，表决前评估的主要内容应当包括如下方面。

（1）合法性，即地方性法规草案的条文设置不与上位法相抵触，符合我国法律法规的要求。

（2）可操作性，即评估地方性法规草案建立的法律制度、处罚规定，是否有明确的法律主体、客体和内容，守法者和执法者具有明确的权利、义务和责任。

（3）规范性，即地方性法规草案的名称、规章结构、必要条款和语言文字等内容符合《立法法》的要求。

（4）科学性，即地方性法规草案中具体制度设计的科学性。

（5）地方特色，主要考察地方性法规草案是否反映了地方的社会和环境特殊性，能否发挥地方立法的自主性等。

以《佛山市人民代表大会常务委员会立法评估工作规定（试行）》为例，第8条针对表决前评估的内容作出规定，表决前评估应当形成评估报告，内容包括评估工作情况汇报、法规案的总体评价以及对以下事项的评估：①出台的时机是否适宜，是否与本市经济社会发展水平相适应，是否具备相应的实施条件，相关配套措施是否具备可行性；②是否存在可能影响法规实施的重大因素和问题等；③法规案通过后对本地区改革发展稳定可能产生的影响表决前评估报告由法制委员会列入审议结果报告，提请常务委员会主任会议讨论同意后，向常务委员会报告。可见，表决前评估主要是通过对地方性法规的出台时机是否适宜，是否与本市经济社会发展水平相适应，是否具备相应的实施条件，相关配套措施是否能及时到位，法规通过后对本地区改革发展稳定可能产生的影响，可能影响法规实施的重大因素和问题等方面，进行分析、研究与评估。

三、表决前评估的组织实施

我国地方立法评估制度还在不断前进过程中，表决前评估与立法后评估的组织实施程序有待进一步完善。表决前评估的组织实施程序与立法后评估组织实施程序有很多相似的地方，但在评估的内容和关注的重点还是有所区别。

（一）表决前评估的启动

按照我国地方立法的实际情况，地方立法表决前评估的启动主体是地方立法机关，一般由其工作机构（办事机构）负责具体推进。关于表决前评估启动的时间，我国《立法法》没有明确规定表决前评估具体启动时间，因此，大多数地方立法评估工作规定也没有突破《立法法》的规定，均未明确规定表决前评估的启动时间。例如，《佛山市人民代表大会常务委员会立法评估工作规定（试行）》第 6 条规定："制定、拟全面修订或者对重大制度作修改的地方性法规案，可以开展表决前评估。"虽然我国地方立法工作没有要求尽早、及时进行表决表前评估，但是从地方立法实践工作过程来看，制定地方性法规主要实行三次人大常委会会议审议制度，而地方立法表决前评估的启动时间往往设置在第二次审议之后、第三次审议之前。

（二）制定表决前评估实施方案

确定了表决前评估的启动时间后，表决前评估主体应当制定表决前评估的实施方案。表决前评估实施方案主要包括以下内容。

（1）确定评估实施机构，明确评估活动是由地方立法机关的工作机构或是委托第三方实施机构具体实施。

（2）确定评估实施方式。

（3）明确评估工作要求，具体包括评估实施的范围、评估应收集的信息要求等内容。

（4）明确评估报告要求，内容包括评估内容的要求、评估工作应遵循的标准、评估报告应列明的要点等。

（三）表决前评估的具体实施

评估实施机构依据评估方案对地方性法规草案进行评估，可以通过召开座谈会、论证会、咨询会等方式听取各方的意见，如涉及较大的社会群体利益，还可以开展地方性法规草案的听证会，通过听证程序听取各社会群体的意见和建议。表决前评估的参与主体的确定由地方人大常委会法制工作机构根据代表性、广泛性原则并结合地方性法规草案的制定情况，从人大代表、专家学者、利益相关方、社会公众、法规实施机关、法规制定部门和有实际工作经验的人员中选取。

评估实施机构还应做好相关文献资料的准备工作，有针对性地查阅相关立法文献和理论研究文献，收集国内外相关立法文件并进行整理和分析。围绕地方性法规出台的时机是否适宜、是否与地区经济社会发展水平相适应、是否具备相应的实施条件、相关配套措施是否能及时到位、地方性法规通过后对本地区改革发展稳定可能产生的影响、可能影响法规实施的重大因素和问题等进行详细评估。

评估实施机构对评估参与主体的意见建议进行整理归纳和综合分析，根据各方反映的意见形成评估情况的报告，提供给地方人大常委会法制工作机构作为审议地方性法规草案的参考。另外，地方人大常委会法制工作机构在形成表决前评估报告并提交地方人大常委会主任会议作为审议法规的参考时，还应当根据需要针对部分未被采纳的意见作出说明，保护评估参与主体的积极性，有助于增强评估实效，提高地方立法的质量和水平。

四、表决前评估报告的制作

表决前评估报告，作为表决前评估的最终成果，是在法规草案表决前对其科学性、可行性和实用性的再一次检验，需要结合评估目的，特别是围绕评估标准对法规的出台时机、法规通过后对本地区改革发展稳定可能产生的影响等内容加以具体分析。

如前所述，表决前评估的方式主要有自主评估、委托第三方评估两种类型，故地方立法机关、第三方评估实施机构可以对地方性法规草案进行表决前评估并撰写评估报告。地方人大常委会法制工作机构最后通过综合整理评估意见或是委托第三方形成评估报告意见，完成总体的评估报告，并适时召开表决前评估报告审议会议。

从内容上讲，表决前评估报告主要包括法规草案出台的时机是否适宜，是否与本地区经济社会发展水平相适应，是否具备相应的人力、财力、物力，相关配套措施是否能及时到位，法规草案通过后对本地区改革发展稳定可能造成的影响，可能影响法规实施的重大因素和问题等方面内容，这些都是地方立法机关必须慎重考虑的问题，也是评估实施机构必须要仔细分析、判断的问题。此外，表决前评估报告的撰写结构主要包括，对地方性法规草案的总体评价、对草案进行具体内容评估以及评估结论和建议三个部分的内容。

（一）对地方性法规草案的总体评价

表决前评估报告首先要对地方性法规草案作出总体评价，总体评价是表决前评估报告的总纲，也是从立法技术角度对该法规草案给出的权威定调。例如，关于《惠州市历史文化名城保护条例（草案修改二稿）》的总体评价："相较于草案修改稿，草案修改二稿在以下 3 个方面有了较为明显的进步：如：第一，条文内容更加科学、合理，符合上位法精神。例如，草案修改二稿修改适用范围，更具体全面地涵盖了历史文化名城保护的内容。第二，结构更加清晰、合理。草案修改稿分为总则、保护名录和保护规划、保护措施、法律责任四个部分，草案修改二稿则增加合理利用这一部分，突出了自身特色，法规整体框架更为科学。第三，条文更加精简。草案修改稿条文冗长，条文或简单重复上位法规定，或较为抽象、缺少实质内容；而草案修改二稿则删除不合理、无实质内容的规定，行文更加流畅、清晰、简洁。同时，草案修改二稿以上位法律法规为制定依据，在总体上既遵守了上位法的原则性规定，又细化保护规定和保护范围，没有照搬照抄上位法的已有规定，因而可以成为前述上位法的有益补充和具体化，符合地方立法的合法性要求。"

（二）对地方性法规草案的具体评估

表决前评估报告在对法规草案作出总体评价之后，接着对法规草案的相关制度、规定进行具体评估，具体评估的内容则要求详细说明，该法规草案在制度设计与法规条文的合法性、合理性、可操作性等方面存在哪些需要完善的地方。

例如，关于《惠州市历史文化名城保护条例（草案修改二稿）》的具体制度评估："一是关于政府及其有关部门、历史文化名城保护委员会职责的规定。草案修改二稿规定，县级以上人民政府负责本行政区域内历史文化名城的保护和监督管理工作。二是历史城区保护范围内的规定。草案修改二稿对历史城区保护做出的分区控制建筑高度的规定，对保护历史城区将发挥重要作用，同时明确了'不得破坏主要观景点与主要景观对象之间的视线通廊'的基本要求。三是关于公众参与的规定。草案修改二稿规定公众进行历史文化名城保护不仅可以通过提出意见、建议、劝阻和举报等参与方式，还肯定了设立基金、捐赠等参与形式，明确了政府对历史文化保护中做出突出贡献的单位和个人予以表彰和奖励的责任。四是关于历史文化名城保护规划重点内容、街区保护规划要求等相关规定。草案修改二稿规定历史文化名城保护规划的重点内容，涵盖了时空、地上及地下的整体规划，并凸显了对部分濒临破坏的历史实物遗存以及濒危非物质文化遗产的保护规划，应予充分肯定，对保护规划的论证、公示及事后修改的程序限制，有助于保障规划内容的科学性、权威性和相对稳定性。五是关于保护名录、预先保护制度。草案修改二稿规定历史城区、历史文化街区、非物质文化遗产等纳入了保护名录，同时要求将保护名录纳入信息管理系统统一管理并向社会公开。该规定具有一定的合理性和可行性，但是保护名录范围的确定取决于草案修改二稿的适用范围。此外，草案修改二稿还包括了关于合理利用措施和形式、保护责任人的维护修缮以及法律责任的设定等相关规定。"

（三）评估结论和建议

表决前评估不仅是发现法规草案的问题，也要针对发现的问题提出解决思路或建议，即表决前评估一般围绕法规草案拟设立的主要制度和措施作出针对性点评并提出修改建议。以《惠州市罗浮山风景名胜区条例》表决前评估为例，评估实施机构认为："……有必要建立风景名胜区工作联动与信息共享机制，应当形成管理工作的常态化议事协调机制，定期就风景名胜区的管理与保护工作进行汇报、反馈和沟通协作；限定具体的高度和体量等标准，更便于法规操作，具有可行性；针对设定保护名录，建议使用概括式或者归纳式的立法表述方式，或者援引其他法规的具体规定作为条文的内容，扩大保护对象并增加责任主体，并在实践中加以准确把握；关于法律责任问题，应该具体到何种责任形态以及何种处断方式，如果条件不允许，也应有明确的指向性，并分清位阶……"可见，真正有效的表决前评估应当且必须包含评估结论及修改建议，只有这样，表决前评估报告才能发挥其建言的实效。

五、表决前评估成果的应用

表决前评估成果的应用，是指地方立法机关对表决前评估报告中提出的具体问题和有帮助的建议，给予积极的回复和反馈。经过这个环节，地方立法表决前评估报告真正成为地方立法机关在制定和修改地方性法规的重要依据，从而实现表决前评估成果的应用目的。如果只关注评估，不重视表决前评估报告的应用，把评估报告束之高阁，这样会使表决前评估变得毫无意义，甚至会导致评与不评一样的消极后果。

一般来讲，表决前评估成果的应用是在地方性法规草案第三次审议会议时，为地方立法机关的审决工作提供客观科学的评估意见和修改建议，在此情形下，表决前评估成果的应用往往促使形成三种审决情况：

（1）审议决定通过地方性法规草案。审议会议认为法制工作机构已针对评估实施机构的修改建议作出了充分的完善和修改，法规草案不与上位法抵触，符合地方社会与经济发展水平，能够满足地区社会治理的需要，已经达到颁布实施的条件。

（2）审议决定进一步修改地方性法规草案。审议会议围绕评估实施机构对法规草案的评价、拟设立的主要制度和措施的点评和修改意见及建议，进行法规草案审查，发现并补充有关问题，提出法规出台前的修改建议，完善法规的条文设置。

（3）审议决定停止地方性法规草案的制定。审议会议认为地方性法规草案存在与上位法有冲突、不符合地区治理的实际、法规草案并未针对评估实施机构提出的建议作出有效修改等问题。审议会议决定停止地方性法规草案的制定程序，搁置该方面的地方立法计划，或更换负责法规草案起草的部门。

第三节 地方立法立法后评估

立法的目的在于实施，立法的效果要靠实践来检验。[①] 立法后评估，

---

① 于建成：《强化"三个评估"，提高立法质量》，载《中国人大》2014年第20期。

解决的是法规、规章实施效果的问题。通过立法后评估，及时深入了解法规、规章颁布实施后的立法效果，有利于总结立法经验，对科学立法具有重要意义。

一、立法后评估的对象

立法后评估的对象就是地方性法规，但这并不是说所有地方性法规在任何时候都可以并有必要进行立法后评估。关于哪些地方性法规可以被选择作为立法后评估对象，学界提出了不同的观点和看法：有的学者认为，为了防止社会的稳定性受到影响，在立法后评估中尽量不要选择敏感性强的地方性法规作为评估对象；而有的学者的观点则相反，他们认为敏感性强的地方性法规正是社会关注度高、与公众利益密切相关的法规，更应该选择或确定为立法后评估的对象；还有的学者认为，地方性法规在表决会上虽然勉强通过但是赞成票不高的，在其实施 2 年后，应当重点考察、评估该项法规和社会状态的关联性，应当选择或确定其作为立法后评估对象进行重点考评。① 总之，以上学界观点各有侧重，但在具体评估对象的选择上，立法后评估实施主体应当结合地方立法的实际需要来确定。

二、立法后评估的标准及内容

立法后评估的标准与内容密切相关，标准的确立影响到内容的选择。立法后评估标准主要有以下三点。

（1）实效性标准。实效性标准的评判依据是，法规实施是否符合法规设定的宗旨、目标与方向以及在多大程度上符合法规设定的宗旨、目标与方向，此外，还要考察该法规的具体制度规定是否具有可操作性。

（2）公平性标准。公平性标准的评判依据是，立法过程中立法者是否始终坚持公平、正义的立法理念，是否通过地方立法妥善地平衡了各方权利与利益，该地方性法规是否能够体现最广大人民群众的根本利

---

① 郑金文：《立法后评估探讨——全国人大常委会立法后评估研讨会观点综述》，载《楚天主人》2008 年第 9 期。

益。公平性标准是否得到执行和落实，关键要在地方性法规的实施中得到检验。

（3）适宜性标准。适宜性标准的评判依据是，法规出台后是否符合社会生活的实际情况，是否满足人们的社会需求，是否过度超前或滞后于社会现实，是否存在不可能实现之事项，这些问题都需要通过立法后评估作出更准确的判断与回答。

立法后评估的内容包括法规的合法性、法规的适当性、法规的立法目的实现程度、法规的立法盲点和法规的立法技术等。立法后评估主要围绕地方性法规颁布实施后，对地方社会及经济发展造成的影响进行的，其过程是发现问题和提出完善建议。因此，立法后评估内容的选择都是值得慎重考虑的重要因素，否则就无法客观、真实地反映地方性法规在实施与实践作用过程中出现的问题与不足。

一部实施生效的地方性法规所规定的内容是丰富多样的，立法后评估不一定需要面面俱到，更重要的是抓住评估重点。立法后评估应当按照当前国内政治、经济、文化等的发展形势，对需要修改或废止的地方性法规作出准确的界定和区分。通过评估与分析，查找法规在实施和运用过程中存在的问题，发现制度本身存在的缺陷或不足，及时进行修改和完善。

立法后评估的内容应当有明确的规定，例如《佛山市人民代表大会常务委员会立法评估工作规定（试行）》关于立法后评估内容在其第10条就作出明确规定："立法后评估主要围绕以下内容进行：（一）法规实施的基本情况，包括行政执法、配套性文件制定、所取得的社会效果和经济效益、实施过程中遇到的问题等情况；（二）法规中涉及的行政许可、行政处罚、行政强制、职能分工、经费保障等重点制度的针对性、可操作性、协调性以及是否达到立法目的等情况；（三）法规存在的缺陷与不足。"立法后评估内容是否准确，它关系立法评估结果是否客观真实。从上述立法后评估内容来看，立法后评估范围既不能太宽，也不能太窄。太宽会导致评估的成本太大，浪费人力物力，而太窄又可能会导致收集的信息和资料不足，无法达到评估的目的和要求。

三、立法后评估的组织实施

在地方立法实践中，立法后评估的组织实施主要有以下步骤。

（一）立法后评估的启动

立法后评估由地方人大常委会主任会议决定，主要有两种启动形式：一种是立法后评估实施机关依据职权启动；另一种是立法后评估实施机关依据申请启动。地方人大专门委员会、地方人大常委会工作委员会可以根据工作需要，提出开展立法后评估的建议，报请地方人大常委会主任会议决定。对于地方人大专门委员会、地方人大常委会工作委员会提出立法后评估建议的，应同时提交立法后评估工作建议方案，明确评估组的组成、评估内容、评估方式、评估工作安排等制订评估工作方案。

立法后评估程序的启动时间直接影响立法后评估的效果，对立法后评估的实施具有重要意义，表现在两方面：如果立法后评估启动得过早，在地方性法规的实效和问题还没有显现的情况下，立法后评估的时机不够成熟，就可能会造成立法成本、立法资源的浪费，甚至还可能会影响到立法后评估的效果。相反的，如果立法后评估启动时间太迟，地方性法规在实施过程中产生、暴露的问题就得不到及时、有效的解决，甚至有可能激化社会矛盾，损害法律法规的权威性。因此，立法后评估的启动时间的确定需要地方立法部门审慎考虑。

然而，立法后评估的启动时间上位法未作规定，但部分享有地方立法权的设区的市作了明确规定。例如，《佛山市人民代表大会常务委员会立法评估工作规定（试行）》第9条规定："地方性法规实施满两年，或者有下列情形之一的，可以适时开展立法后评估：（一）对本地区改革发展稳定有重大影响的；（二）直接关系公共安全或公共利益的；（三）实施条件发生重大变化的；（四）人大代表、政协委员和社会公众、有关组织反映问题比较集中的；（五）执法检查发现问题较多的；（六）其他需要评估的情形。"

综上所述，立法后评估既要联系社会现实，又要关注社会公众利益，还要兼顾立法后评估的预算成本，既要考虑到对执法部门的影响，又要关注社会的稳定和安全。参考了国外立法后评估的一些成功经验，并结合我国国情和社会实际，编者认为，启动立法后评估的时间选择在地方性法规实施3—5年后较为符合地方实际需要。

（二）制定立法后评估实施方案

立法后评估实施机构在开始立法后评估前，需要制定具体的立法后评估工作方案。该评估方案的设计，就是根据被评估对象设定评估指标，在进行评估之前，对立法后评估总任务的各个方面进行通盘考虑和安排，采取有针对性的评估途径，最终获取有价值的评估内容。立法后评估实施方案一般包括评估内容、评估指标、评估方法、评估工作组、评估时间安排、评估经费保障等内容；而立法后评估的方式，一般则可以采用听取汇报、召开座谈会、实地考察、专家咨询、专题调研、问卷调查等方式，通过广泛听取社会各方面意见，形成评估报告并向社会公开。以惠州市地方立法研究中心制定的《惠州市西枝江水系水质保护条例》立法后评估工作方案为例，其内容主要包括八个部分：第一，设置评估指标体系、完成调查问卷、研究职能部门提交的立法质量和实施情况自查报告；第二，实地调研，走访了解西枝江流域各市区、县区对法规实施的基本情况；第三，市人大常委会组织专题座谈会；第四，根据座谈会反映情况，修改评估指标体系并完成座谈会的会议记录与综合分析；第五，完成问卷的回收与统计综合分析；第六，完成评估组、专家组和实施部门评分与统计分析；第七，撰写研究报告并参与研究报告审定会；第八，惠州市地方立法研究中心根据市人大常委会意见修改并提交正式的研究、评估报告。

（三）立法后评估的实施

立法后评估的实施，一般是指立法后评估实施机构如何收集材料、听取各方意见和调研的全过程。这个过程由于没有法律的明文规定，因此，各地的实践既有类似的规定，也有各自地方的特色。编者认为，整个立法后评估实施过程可分为工作准备、调研论证、量化评分和形成成果四个阶段：首先，工作准备阶段。在准备阶段，主要开展两项工作：一是成立研究小组，统筹开展相关工作；二是明确研究进程，制订研究工作方案。其次，调研论证阶段。该阶段主要是组织实地调研和召开专题座谈会、研究自查报告、召开论证座谈会等。再次，量化评分阶段。该阶段的任务是，制定量化评估指标体系并邀请相关评估专家进行量化评分。最后，形成成果阶段。由评估实施机构在收集汇总、定性和定量分析相关材料和调查数据的基础上，研究并形成立法后评估意见报告。

四、立法后评估报告的制作

立法后评估报告制作完成后，评估实施机构形成的评估结论就以书面形式与立法者、执法者、其他参与者和公众见面，开始发挥立法后评估的诊断、监督反馈、完善和创设的功能，提高地方性法规的科学性和实用性，并使地方立法部门了解地方性法规实施的最终情形，据此决定地方性法规的修改、废止或继续实施。需要说明的是，立法后评估报告仅代表立法后评估主体对地方性法规实施情况的一种看法、理解或者评价，带有参考性，评估报告本身并不具有法律上的约束力。

撰写立法后评估报告一般应包括以下几个方面的内容：一是立法后评估的预定目标与评估方法；二是对地方性法规贯彻的执行情况总结；三是对地方性法规实施存在的问题及其成因的分析；四是对地方性法规实施成本、效果的评价；五是对地方性法规的内容、执行、修改和补充提出建议和意见；六是对主要评估指标的具体分析；七是对相关制度的具体评价；八是评估结论与建议（包括提出修改、废止、重拟或保持原状的决定）。

可见，一份正式、完整的立法后评估报告，主要是对地方立法基本情况，法规对经济社会环境的影响，法规存在的问题以及法规的继续实施、修改、废止等情况作必要的说明。这就要求撰写评估报告应当全面、准确，提出的建议应当有针对性和建设性，以便引起地方立法机关足够的重视，进而加快立法后评估成果的转化。这样也有助于人们对立法后评估有一个全面、深入的了解，有助于社会公众对立法后评估作出正确的评价。

以《〈惠州市西枝江水系水质保护条例〉立法后评估报告》为例，其立法后评估报告内容主要包括四个方面的内容：一是评估目的、方法和过

285

程，包含立法后评估方式的选取和具体工作程序的内容；二是条例实施成效的评价，包括条例实施成效基本评价和条例实施中存在的主要问题 2 个部分的内容；三是条例立法质量的评价，包括条例立法质量总体评价和立法存在的主要问题 2 个部分的内容；四是立法后评估建议，包括条例实施方面主要建议、条例立法方面主要建议和立法后评估经验总结 3 个部分的内容。此外，该评估报告还配备了 4 个附件，主要包括条例实施情况调研和立法后评估工作方案、主要制度实施情况及评价表、立法后评估专家组量化评分表和立法后评估网络问卷调查数据统计等内容。

第十一章　地方立法监督

随着法治建设的深入推进，地方立法监督备受重视。党的十八大以来，以习近平同志为核心的党中央从推进全面依法治国、加强宪法法律实施和监督的战略高度，就加强备案审查工作等立法监督内容作出一系列决策部署。2023 年《立法法》修改，第 110 条明确规定合宪性审查要求，第 111 条规定了主动审查内容，为完善地方立法监督提供了法律依据。

第一节　地方立法监督概述

地方立法工作要想实现高质量发展，应当坚持将法律制定与法律监督相结合，以及突出法律、法规实施。当前，各地方具体以批准与备案审查两种形式，在地方立法不同阶段，针对政策性监督、合法性监督、合理性监督三方面内容进行地方立法监督。通过做好相关地方立法工作，进而维护国家法制统一，完善地方立法，以及保障地方立法有效实施。

一、地方立法监督的概念

立法监督是指特定主体对立法权运作过程及其结果的审查和控制，即不仅监督立法的动态部分（立法过程），而且监督立法的静态部分（立法结果）。[①]

地方立法监督是指法定的立法监督权主体，根据法定职能，对立法进

---

① 肖萍：《论我国内地地方立法监督的完善》，载《南昌大学学报（社会科学版）》1999 年第
4 期。

行的批准、备案审查、裁决、参照适用等一系列监督活动，以及监督活动中的适用规则与裁决机制。

当代中国，立法监督包括中央立法监督和地方立法监督两个方面。地方立法监督主要是对地方人大及其常委会制定地方性法规的监督、对地方政府制定规章的监督。此外，地方人大及其常委会对同级政府、监察委、法院、检察院以及下级人大常委会的规范性文件备案审查监督，也属于广义的立法监督范畴。本章主要就对制定地方性法规和规章活动的监督展开论述。

二、地方立法监督的特征

地方立法监督贯穿整个地方立法过程，主要有以下特征。

（一）法定性

地方立法监督作为一项专门监督活动，其主体、监督权限以及监督程序，均有法律规定。根据《立法法》的相关规定，能对全国性立法进行监督的主体严格来说只包括全国人大及其常委会、国务院；而能对地方性立法进行监督的主体除了上述全国性立法监督主体外，还包括省、自治区、直辖市人大及其常委会，省、自治区、直辖市人民政府，设区的市人大及其常委会。有权主体可以通过批准、备案审查等法定监督方式对违法或失去合理性的地方立法不予批准、改变、撤销。

（二）针对性

全国性立法具有全局性、全国性、整体性特点。而地方立法则不同，除了要贯彻全国性立法、对全国性法律具体实施作出具体规定外，更多的是针对极具地方特色的经济、社会、文化等问题进行规范，具有鲜明的地方特色。因此，地方立法监督主体对地方立法进行监督，除了首先考虑与宪法、法律不相抵触外，更重要的是充分研究地方实际，具体问题具体分析，针对不同地方的立法采取不同的监督处理方式，具有方式多样、针对性强的特征。特别是对地方立法合理性监督上，体现尤为明显。

（三）约束性

由于有权主体可以通过批准、备案审查等监督方式对违法或失去合理性的地方性法规、规章不予批准、改变、撤销，因而有权主体的立法监督行为具有很强的约束力。这与我国单一制的国家结构形式、"一元两级多层"的立法体制密切相关。相对于联邦国家，单一制国家对于法制统一的要求更高，而"一元两级多层"的立法体制，则赋予了部分地方立法监督主体极大的权威。①

（四）全覆盖性

一部地方性法规的诞生，要经过立项、调研、起草、论证、审议、修改、表决、颁布实施等诸多法定程序。广义的立法不仅包括"立"的制定过程，还包括"改""废""释"的程序。地方立法监督是指对整个广义立法活动的监督，是对立法程序或立法活动动态的全覆盖性监督，不仅监督立法的动态部分（立法过程），而且监督立法的静态部分（立法结果）。

三、地方立法监督的意义

亚里士多德在《政治学》中指出：法治应包含两重意义：已成立的法律获得普遍的服从，而大家所服从的法律又应该本身是制定得良好的法律。怎样保障所制定的法成为良法，其中最为有效的措施莫过于加强对立法的监督。数量庞大、内容丰富的设区的市立法会对促进地方政治、经济、社会和文化的发展产生巨大影响。不言而喻，良好的地方立法将推动地方的全面发展；反之，如果地方立法的质量参差不齐，不仅会破坏国家的法制统一，也会对地方发展造成阻碍。地方立法监督是保障立法活动合法有序进行的重要条件，也是提高立法质量的重要手段，其主要意义表现在以下方面。

（一）促进科学立法、民主立法、依法立法

科学立法、民主立法、依法立法，是立法工作的基本原则。《立法法》第5条、第6条和第7条分别就依法立法、民主立法、科学立法作出

---

① 石佑启、朱最新主编：《地方立法学》，广东教育出版社 2015 年版，第 256 页。

相关规定，使之成为我国立法工作必须遵循的法定的基本原则。《立法法》第5条规定，立法应当符合宪法的规定、原则和精神，依照法定的权限和程序，从国家整体利益出发，维护社会主义法制的统一、尊严、权威。第6条规定，立法应当坚持和发展全过程人民民主，尊重和保障人权，保障和促进社会公平正义。立法应当体现人民的意志，发扬社会主义民主，坚持立法公开，保障人民通过多种途径参与立法活动。第7条规定，立法应当从实际出发，适应经济社会发展和全面深化改革的要求，科学合理地规定公民、法人和其他组织的权利与义务、国家机关的权力与责任。法律规范应当明确、具体，具有针对性和可执行性。

科学立法、民主立法、依法立法是密切相关的统一整体。依法立法是基本前提，不依法制定的法律，缺乏合法性前提，其科学性和民主性无从谈起；立法权源于人民，通过提升立法的民主性，才能使立法决策更加符合人民群众需求和客观实际，提高立法质量，增进立法实效；科学立法既在方法论上为立法工作提供指导，又在价值层面衡量立法质量的高低，是判断立法质量的重要标尺。三者统一于以宪法为核心的中国特色社会主义法律体系立法实践。

加强地方立法监督，促使地方立法权主体依照法定的权限和程序开展立法活动；促使地方立法权主体开展立法活动时要有效保障公众的立法参与权和监督权，注重拓展公众参与渠道，察民情、聚民智、惠民生，把全过程人民民主贯穿地方立法全过程；促使地方立法权的主体树立科学的立法观，遵循客观规律，选择恰当的调整方式反映地方的经济社会生活，同时可借助法律专家的智识将地方立法需求、地方客观实际与立法技术结合起来，提高地方立法的技术水平。

（二）维护国家法制统一

坚持法制的统一，是中国特色社会主义法治建设的一项根本原则，也是维护国家统一和建立国内统一市场的重要保证。我国是单一制国家，幅员辽阔，地方性立法众多，难免会出现立法"泛化"、违反上位法、立法冲突、部门利益倾向等问题，必须通过地方立法监督，避免和消除下位法与上位法之间的相互抵触，或者同位法之间相互冲突与对立的现象，以维护法律体系的完整性和严肃性。

习近平总书记所作的《关于〈中共中央关于全面推进依法治国若干重大问题的决定〉的说明》，指出立法领域面临的突出问题："还有就是立法工作中部门化倾向、争权诿责现象较为突出，有的立法实际上成了一种利益博弈，不是久拖不决，就是制定的法律法规不大管用，一些地方利用法规实行地方保护主义，对全国形成统一开放、竞争有序的市场秩序造成障碍，损害国家法治统一。"这一针见血地指出了要害，地方保护和部门利益与法治精神格格不入，必须从立法源头上予以防止。《中共中央关于全面推进依法治国若干重大问题的决定》指出，要"明确立法权力边界，从体制机制和工作程序上有效防止部门利益和地方保护主义法律化"。

地方立法的统一审议制度，正是防止地方保护和部门利益的重要制度。在统一审议中，法制委员会和法制工作委员会是共同工作的。统一审议的责任重大，要着眼全局，以宪法、法律为依据，自觉遵循法治建设规律，以法治思维和法治方式，研究立法中提出的各种问题，统筹提出解决方案，提出高质量的审议意见。地方立法的"不抵触、不越权、有特色、可操作"四大基本要求中，不抵触放在第一位，这是地方立法的底线，不可逾越的红线。

（三）推进良善之治

法律是治国之重器，良法是善治之前提。对于地方立法而言，只有当制定出来的地方性法规、地方政府规章等为"良法""善法"时，才能真正实现善治。《立法法》出台前，由于立法行为没有受到规制，有些部门或机构在立法时更侧重考虑本部门利益，可能存在立法谋私的现象。《立法法》出台后这种现象仍可能继续存在，这在很大程度上与立法缺乏"良法善治"的理论引导有关。法律伦理要求，行使规则的人不能是制定规则的人，如果行使规则的人掌管制定规则之权，因利益驱动的缘故，所立之法难免成为谋私之法、侵权之法。如果有些部门或者机构在立法时几乎没有立法伦理意识，他们认为部门利益也好，机构利益也罢，都是所谓公家利益，通过立法多保护一点自身利益，多限制一点他人利益并无不妥。那么，所立之法必然是不公平的劣法，非正义的恶法。为此，地方立法监督主体必须加强对地方立法的监督，保证地方立法的质量，从而使地方立法能够更好地适应地方治理和发展的需要。

（四）保障人民群众合法权益

地方性法规、地方政府规章是为贯彻实施宪法法律而形成的重要文件，涉及公民、法人和其他组织的权利和义务，具有普遍约束力，这类文件是否合宪合法、适当管用，直接影响到宪法法律实施和法治之路的顺畅，影响到人民群众的切身利益。通过立法监督，及时发现并纠正与宪法法律相抵触的内容，使宪法法律的规定和精神得到落实，依法保障人民群众合法权益。

第二节　地方立法监督的主体、内容与形式

在地方立法实践中，地方立法监督有不同的主体，其监督内容可分为政策性监督、合法性监督、合理性监督三个方面，主要有批准和备案审查两种形式。

一、地方立法监督的主体

地方立法监督主体是指享有立法监督权，依据法律规定对制定地方性法规的行为和地方立法结果实施审查、作出判断和处理的国家机关。

（1）全国人民代表大会常务委员会。全国人民代表大会常务委员会是全国人民代表大会的常设机关，有权撤销同宪法、法律和行政法规相抵触的地方性法规；地方性法规须报全国人民代表大会常务委员会备案；设区的市开始制定地方性法规的具体步骤和时间，也须报备案。

（2）国务院。国务院是最高国家行政机关，省级政府规章，设区的市制定的地方性法规、规章，须报国务院备案。

（3）省级人民代表大会。省、自治区、直辖市的人民代表大会有权改变或者撤销它的常务委员会制定和批准的不适当的地方性法规。

（4）省级人民代表大会常务委员会。设区的市的地方性法规须报省、自治区的人民代表大会常务委员会批准后施行；省级人民代表大会常务委员会有权撤销省级人民政府制定的不适当的规章。

（5）省级人民政府。有权改变或者撤销下一级人民政府制定的不适当的规章。

（6）设区的市人民代表大会常务委员会。有权改变或者撤销本级人民政府制定的不适当的规章；有权通过对法规立项、立法听证、法规清理、立法评估等方式或途径，对拟立项的法规提案或正在起草修改审议的法规草案，以及颁行后的法规进行审查监督。

二、地方立法监督的内容

地方立法监督从内容上看，可分为政策性监督、合法性监督、合理性监督三个方面。

（一）政策性监督

全国人大常委会的《法规、司法解释备案审查工作办法》第 37 条规定："对法规、司法解释进行审查研究，发现法规、司法解释存在与党中央的重大决策部署不相符或者与国家的重大改革方向不一致问题的，应当提出意见。"

例如，《广东省各级人民代表大会常务委员会规范性文件备案审查条例》第 13 条规定："对规范性文件进行审查研究，发现存在与党中央重大决策部署不相符或者与国家重大改革方向不一致问题的，应当提出意见。"

（二）合法性监督

地方立法合法性监督是指地方立法不得违反上位法的规定，这是确保国家法制统一的前提。地方性法规有下列情形之一的，由有关机关依照《立法法》第 108 条规定的权限予以改变或者撤销：超越权限的；下位法违反上位法规定的；违背法定程序的①。例如，《广东省各级人民代表大会常务委员会规范性文件备案审查条例》第 14 条对此有具体规定②。合法性监督具体而言，主要把握以下标准。

1. 不超越法定权限

省级地方立法和设区的市地方立法，不同的层级的地方立法主体具有不同的立法权限。不超越立法权限，主要从法律保留和行政许可、行政强制、行政处罚措施等领域来把握，设区的市还需从《立法法》第 81 条所规定的设区的市立法领域来具体把握。

（1）不符合制定主体立法权限。

法律保留。《立法法》第 11 条规定，必须由全国人民代表大会及其常务委员会制定法律事项包括：国家主权的事项；各级人民代表大会、人民政府、监察委员会、人民法院和人民检察院的产生、组织和职权；民族区域自治制度、特别行政区制度、基层群众自治制度；犯罪和刑罚；对公民政治权利的剥夺、限制人身自由的强制措施和处罚；税种的设立、税率的确定和税收征收管理等税收基本制度；对非国有财产的征收、征用；民事基本制度；基本经济制度以及财政、海关、金融和外贸的基本制度；诉讼制度和仲裁基本制度；必须由全国人民代表大会及其常务委员会制定法律的其他事项。

设区的市立法领域。在设区的市地方立法的层面，《立法法》第 81

---

① 在设区的市层面，根据拟立法的事项，首先要梳理并研究透上位法，才能区分所拟立法解决的问题到底是立法问题还是执法问题。如上位法已经进行了详尽合理的规范，那么，所存在的问题就不是一个立法问题，而是一个执法问题，只需要加强执法和执法监督检查来予以解决。这样，就避免了重复立法。如果上位法未针对存在的问题进行规范，或已经进行规范但较为粗疏，无法实际执行，且在本级立法权限范围内，那么，所存在的问题就有立法的必要。通过对上位法的梳理，立法主体在法律规范的创制中，可以主动有效地避免与上位法相冲突。

② 《广东省各级人民代表大会常务委员会规范性文件备案审查条例》第 14 条：对规范性文件进行审查研究，发现违反法律、法规规定，有下列情形之一的，应当提出意见：（一）与法律法规规定明显不一致，或者与法律法规的立法目的、原则明显相违背，旨在抵消、改变或者规避法律法规规定；（二）超越法定权限，限制或者剥夺公民、法人和其他组织的合法权利或者增加其义务，增加或者扩充国家机关的权力或者缩减其责任，以及对法定权限以外的其他事项作出规定；（三）违法设定行政许可、行政处罚、行政强制或者行政收费，或者对法律法规设定的行政许可、行政处罚、行政强制、行政收费违法作出调整或者改变；（四）违反授权决定，超出授权范围；（五）违背法定程序；（六）其他违背法律、法规规定的情形。

条第 1 款将设区的市地方立法权限范围规定在城乡建设与管理、生态文明建设、历史文化保护、基层治理四个方面。准确理解和把握好这四个方面，也是不越权限的重要保障。

此外，《立法法》第 93 条第 6 款规定："没有法律、行政法规、地方性法规的依据，地方政府规章不得设定减损公民、法人和其他组织权利或者增加其义务的规范。"

（2）不遵循《行政许可法》《行政处罚法》《行政强制法》。

《行政许可法》《行政处罚法》《行政强制法》是制定地方性法规中要重点比照遵循的上位法。行政许可、行政处罚、行政强制的设定权和规定权，中央、省级和设区的市级等有着不同的权限。行政许可、行政强制、行政处罚具有限制公民、法人和其他组织的人身及财产等诸权利的性质，是行政权运行的立竿见影的主要手段，往往是地方立法越权冲动的脉动点。

《行政处罚法》第 12 条规定："地方性法规可以设定除限制人身自由、吊销营业执照以外的行政处罚。法律、行政法规对违法行为已经作出行政处罚规定，地方性法规需要作出具体规定的，必须在法律、行政法规规定的给予行政处罚的行为、种类和幅度的范围内规定。法律、行政法规对违法行为未作出行政处罚规定，地方性法规为实施法律、行政法规，可以补充设定行政处罚。拟补充设定行政处罚的，应当通过听证会、论证会等形式广泛听取意见，并向制定机关作出书面说明。地方性法规报送备案时，应当说明补充设定行政处罚的情况。"

《行政许可法》第 12 条规定："下列事项可以设定行政许可：（一）直接涉及国家安全、公共安全、经济宏观调控、生态环境保护以及直接关系人身健康、生命财产安全等特定活动，需要按照法定条件予以批准的事项；（二）有限自然资源开发利用、公共资源配置以及直接关系公共利益的特定行业的市场准入等，需要赋予特定权利的事项；（三）提供公众服务并且直接关系公共利益的职业、行业，需要确定具备特殊信誉、特殊条件或者特殊技能等资格、资质的事项；（四）直接关系公共安全、人身健康、生命财产安全的重要设备、设施、产品、物品，需要按照技术标准、技术规范，通过检验、检测、检疫等方式进行审定的事项；

（五）企业或者其他组织的设立等，需要确定主体资格的事项；（六）法律、行政法规规定可以设定行政许可的其他事项。"

《行政许可法》第 15 条规定："本法第十二条所列事项，尚未制定法律、行政法规的，地方性法规可以设定行政许可；尚未制定法律、行政法规和地方性法规的，因行政管理的需要，确需立即实施行政许可的，省、自治区、直辖市人民政府规章可以设定临时性的行政许可。临时性的行政许可实施满一年需要继续实施的，应当提请本级人民代表大会及其常务委员会制定地方性法规。地方性法规和省、自治区、直辖市人民政府规章，不得设定应当由国家统一确定的公民、法人或者其他组织的资格、资质的行政许可；不得设定企业或者其他组织的设立登记及其前置性行政许可。其设定的行政许可，不得限制其他地区的个人或者企业到本地区从事生产经营和提供服务，不得限制其他地区的商品进入本地区市场。"

《行政许可法》第 16 条规定："行政法规可以在法律设定的行政许可事项范围内，对实施该行政许可作出具体规定。地方性法规可以在法律、行政法规设定的行政许可事项范围内，对实施该行政许可作出具体规定。规章可以在上位法设定的行政许可事项范围内，对实施该行政许可作出具体规定。法规、规章对实施上位法设定的行政许可作出的具体规定，不得增设行政许可；对行政许可条件作出的具体规定，不得增设违反上位法的其他条件。"

《行政强制法》第 9 条规定："行政强制措施的种类：（一）限制公民人身自由；（二）查封场所、设施或者财物；（三）扣押财物；（四）冻结存款、汇款；（五）其他行政强制措施。"

《行政强制法》第 10 条规定："行政强制措施由法律设定。尚未制定法律，且属于国务院行政管理职权事项的，行政法规可以设定除本法第九条第一项、第四项和应当由法律规定的行政强制措施以外的其他行政强制措施。尚未制定法律、行政法规，且属于地方性事务的，地方性法规可以设定本法第九条第二项、第三项的行政强制措施。法律、法规以外的其他规范性文件不得设定行政强制措施。"

《行政强制法》第 11 条规定："法律对行政强制措施的对象、条件、种类作了规定的，行政法规、地方性法规不得作出扩大规定。法律中未设定行政强制措施的，行政法规、地方性法规不得设定行政强制措施。但是，法律规定特定事项由行政法规规定具体管理措施的，行政法规可以设定除本法第九条第一项、第四项和应当由法律规定的行政强制措施以外的其他行政强制措施。"

《行政强制法》第 13 条规定："行政强制执行由法律设定。法律没有规定行政机关强制执行的，作出行政决定的行政机关应当申请人民法院强制执行。"

（3）不按类别开展立法。

《立法法》第 82 条规定："地方性法规可以就下列事项作出规定：（一）为执行法律、行政法规的规定，需要根据本行政区域的实际情况作具体规定的事项；（二）属于地方性事务需要制定地方性法规的事项。除本法第十一条规定的事项外，其他事项国家尚未制定法律或者行政法规的，省、自治区、直辖市和设区的市、自治州根据本地方的具体情况和实际需要，可以先制定地方性法规。在国家制定的法律或者行政法规生效后，地方性法规同法律或者行政法规相抵触的规定无效，制定机关应当及时予以修改或者废止。设区的市、自治州根据本条第一款、第二款制定地方性法规，限于本法第八十一条第一款规定的事项。制定地方性法规，对上位法已经明确规定的内容，一般不作重复性规定。"

根据上述规定，地方立法实践具体在以下三个类别：一是实施性立法，这类立法是对上位法作出的具体化或补充性规定，不能与上位法相抵触。二是自主性立法，针对地方性事务，一般来讲不需要或在可预见的时期内不需要全国来制定法律、行政法规来作出统一规定，也不得与上位法相抵触。三是先行性立法，在全国人大及其常委会专属立法权之外，中央尚未立法的事项。一旦中央立法，地方性法规同法律、行政法规相抵触的即为无效，制定机关应及时进行修改或废止。

（4）不根据职权来立法。

地方立法还必须遵守法律规定的职权范围，《立法法》第 86 条规定，本行政区域特别重大事项的地方性法规，应当由人民代表大会通过。

（5）不按行政权力权限内容来立法。

即规定了属于行业自律、自治组织自主职权范围内的事项以及其他不属于行政管理范畴的事项。

（6）不按行政级别来立法。

即规定的事项属于应当由上级或者下级制定的事项。

（7）不按主管部门的权限立法。

即规定了其他机关的职权内容，或者本机关的内容影响了其他机关职权的行使。

（8）不遵守地域及时限管辖权限。

即规定了本地区以外的事项，违法规定溯及力。

2. 不违反上位法的规定

不得违反上位法规定，换句话说就是不抵触。不抵触要做到：上位法有明确规定的，不与上位法的规定相反，即与上位法具体条文内容相冲突、相违背；不能出现表面虽然不与上位法规定相违背，但旨在抵消上位法规定的，所谓"上有政策，下有对策"现象；上位法虽然没有明确规定，但要符合上位法立法目的和精神。

上位法优于下位法讲的实际是法的效力。例如，对于设区的市而言，设区的市地方立法处于当前我国立法位阶的末端，因而，省级地方性法规效力优于设区的市地方性法规；设区的市人民代表大会制定的地方性法规，其效力优于设区的市人大常委会制定的地方性法规。

特别规定优于一般规定，新规定优于旧规定。《立法法》第 103 条规定："同一机关制定的法律、行政法规、地方性法规、自治条例和单行条例、规章，特别规定与一般规定不一致的，适用特别规定；新的规定与旧的规定不一致的，适用新的规定。"

实践中，容易违反上位法规定有以下情形。

（1）对上位法明确禁止的行为事项，缩减禁止事项，变更禁止行为种类，转换表述变相缩减范围，变禁止事项为行政许可或批准事项等。

（2）对行政许可事项，下位法自行增设或放宽许可条件；以审批、批准、登记、同意、授予资质或资质认定，要求事前备案等名目变相设定行政许可；变更行政许可的主体、程序、期限；扩大或缩小法定的行政许可事项的范围等。

（3）对行政处罚事项，下位法自行设定、变更或者废除行政处罚；扩大或缩小行政处罚的幅度、范围等。

（4）对行政强制事项，下位法自行变更行政强制程序；擅自扩大行政强制措施的对象、条件、种类；延长或缩短行政强制期限；以迁离、隔离、遣送、查封、扣押、冻结等名义设定行政强制措施；法律没有规定行政机关强制执行的，自行设定行政强制执行等。

（5）以行政管理措施限制公民权利事项，自行增设办理登记、年审等手续；设置地方保护、行业垄断；限制生产经营资格；指定购买产品或者使用特定商品、服务，指定经营者；设定强制培训或者考试等。

（6）对根据授权决定开展的立法，但内容超出授权决定规定的范围。

3. 不违反法定程序

现代立法程序的价值体系主要由正义、效率和秩序等构成。其中，正义奠定了立法程序的道德基石，效率赋予了立法程序经济性的内涵，秩序则给立法程序注入了制度化的理念。现代立法程序的建构及运作应当遵循"正义优先、兼顾效率和秩序"的价值取向。任何立法活动都离不开一定的程序，立法程序之于立法活动好比铁轨之于行进的火车。

《立法法》是"管法的法"，其中第 81 条对设区的市地方性法规的审批程序，第 87 条对统一审议程序，以及公布、备案等程序都作出了规定。因此，各地方根据《立法法》作出相应的规定，如广东省于 2001 年制定并颁布了《广东省地方立法条例》（已进行 3 次修改），省内许多享有地方立法权的地级市也相继颁行了"制定地方性法规条例"。

地方性法规立法程序包括立项、起草、论证、听证、公开征求意见、合法性审查、审议决定、公布等环节，不违反法定程序则需要关注程序是否缺失或者与上位法规定是否一致。一般是关注制定程序的完备性，对相关单位和公众意见的征求处理情况属于重点关注的内容。例如，《行政许可法》第 19 条规定，起草法规拟设定行政许可的，"起草单位应当采取听证会、论证会等形式听取意见，并向制定机关说明设定该行政许可的必要性、对经济和社会可能产生的影响以及听取和采纳意见的情况"。根据该规定，凡新设行政许可，如未经过听证或者论证，均属程序违法。再如，《立法法》第 95 条规定："部门规章应当经部务会议或者委员会会议决定。地方政府规章应当经政府常务会议或者全体会议决定。"

近年来，对程序正义的强调进一步延伸到了规范性文件制定领域。

国务院办公厅《关于加强行政规范性文件制定和监督管理工作的通知》要求重要的行政规范性文件要严格执行评估论证、公开征求意见、合法性审核、集体审议决定、向社会公开发布等程序，要求人民政府制定的行政规范性文件要经本级政府常务会议或者全体会议审议决定，政府部门制定的行政规范性文件要经本部门办公会议审议决定。

（三）合理性监督

地方立法的合理性监督是指地方立法权的运行适度、运行结果符合地方客观实际，符合合理性。

根据《立法法》的规定，立法应当从实际出发，适应经济社会发展和全面深化改革的要求，科学合理地规定公民、法人和其他组织的权利与义务、国家机关的权力与责任，且法律规范应当明确、具体，具有针对性和可执行性。马克思也曾指出："立法者应该把自己看做一个自然科学家。他不是在制造法律，不是在发明法律，而仅仅是在表述法律，他把精神关系的内在规律表现在有意识的现行法律之中。"可见，立法不仅应当合法，还必须合理。例如，《广东省各级人民代表大会常务委员会规范性文件备案审查条例》第 15 条对此也有具体规定①。

地方立法主体在进行某项法规、规章立法前，要弄清楚三个宏观问题：存在什么问题，怎样解决问题，谁来解决问题。地方立法的合理性主要是针对以上 3 个宏观问题的妥善解决而得以体现。因而，地方立法合理性监督，则从相适应性、主要制度的科学合理性、衔接性等进行具体把握。

---

① 《广东省各级人民代表大会常务委员会规范性文件备案审查条例》第 15 条：对规范性文件进行审查研究，发现存在明显不适当问题，有下列情形之一的，应当提出意见：

（一）明显违背社会主义核心价值观和公序良俗；

（二）对公民、法人或者其他组织的权利和义务的规定明显不合理，或者为实现制定目的所规定的手段与制定目的明显不匹配；

（三）因现实情况发生重大变化而不宜继续施行；

（四）其他明显不适当的情形。

1. 相适应性

立法是否与经济社会发展相适应，在社会现有条件下是否适宜进行立法。这取决于法规、规章的内容与现实的经济社会发展水平是否相适应，要认真分析拟调整的社会关系的现状和存在的主要问题，了解有关的政策措施的实施情况，对立法的现实条件是否成熟进行论证。具体落脚点就在于权利（权力）与义务的规定是否合理，目的与手段是否匹配。

2. 主要制度的科学合理性

创新性制度特别是新设行政许可、行政强制措施、行政处罚等监督管理和执法等制度是否合乎当前的民情、民意，是否具备相应的实施条件。

3. 衔接性

是否正在进行相关法律法规的起草、修订和废止工作，现在进行地方立法是否与国家和省层面的立法存在衔接或者协调上的障碍等。客观上，看基础工作扎不扎实，有无进行广泛的调查研究，论证工作是否深入、全面，问题把得透不透，情况反映真不真。

地方立法要实现其合理性，在具体的立法实践中还要秉持民主化、本土化、精细化等理念。民主化，就是要充分尊重人民群众的主体地位，坚持开门立法，广泛征求意见，保证人民群众有序参与立法工作，最大限度地凝聚全社会立法共识及立法智慧，确保制定的法规得到广泛认同、自觉遵行。本土化，就是地方立法要真正接地气、突出地方特色，避免制定"放之四海而皆准"的法规；要在符合上位法精神的基础上，充分考虑本地生态环境、自然地理、风土人情、经济发展、社会生活等实际情况，立"本土之法""个性之法"，确保制定的法规切合本地实际、为民众接受。精细化，就是地方立法要坚持"一事一法"，不搞大而全；多专项性立法，尽量不立综合性立法；制度规范要明确、具体，尽量不搞原则性规定，确保制定的法规可执行、易操作、真管用。

三、地方立法监督的形式

2015年9月，在广州举行的第二十一次全国地方立法研讨会上，时任全国人大常委会委员长张德江同志提出，要完善备案审查制度，把所有规范性文件纳入备案审查范围，实现备案审查的全覆盖；强化备案审查实效，认真落实中央关于有件必查、有备必审、有错必纠的要求，督促修改、废止或依法撤销存在违宪违法问题的文件。地方立法监督具体方式分为批准、备案审查。

（一）批准

批准，是指地方立法的出台，必须事前得到法定主体的认可才能公布和实施。[①] 批准属于事前的立法审查方式。根据《立法法》规定，设区的市的地方性法规报省、自治区的人民代表大会常务委员会批准后施行。省、自治区的人民代表大会常务委员会对报请批准的地方性法规，应当对其合法性进行审查，同宪法、法律、行政法规和本省、自治区的地方性法规不抵触的，应当在 4 个月内予以批准。设区的市人民代表大会及其常务委员会制定的地方性法规报经批准后，由设区的市人民代表大会常务委员会发布公告予以公布。例如，《南京市制定地方性法规条例》第 52 条规定："地方性法规通过之日起十五日内，常务委员会应当将报请批准地方性法规的书面报告、地方性法规文本及其说明和有关资料报送省人民代表大会常务委员会。"

批准制度的关注重点在于地方性法规的合法性，至于其规定合理性与否、能否真正促进本地区经济社会的发展，立法技术是否完美、文字表述是否精确到位，不作审查。如果在审查中发现存在相抵触的情况，有权主体可以不予批准，也可以发回修改。实践中，已有部分省份对发现存在相抵触情形时的处理情况作了细化规定，如《广东省地方立法条例》规定，认为报请批准的地方性法规与宪法、法律、行政法规、本省的地方性法规相抵触的，省人大常委会可以不予批准，或附修改意见予以批准，或退回修改后再提请批准；省人大常委会附修改意见批准的，设区的市人大常委会应当根据修改意见修改后才能实施。

（二）备案审查

备案是指下级立法主体，将已经制定完成的规范性法律文件送至相关

---

① 石佑启、朱最新、潘高峰、黄喆：《地方立法学》，高等教育出版社 2019 年版，第 197 页。

的上级立法主体，存档备查。地方性法规、规章应当在公布后一定期间内，由其批准机关报送上级立法机关或者行政机关存档，以备审查。备案属于事后的立法审查方式，它既不影响备案的地方立法的生效，同时也能让地方立法监督机关全面了解地方立法的情况，加强对地方立法的监督，消除地方立法文本之间的冲突。

备案审查是宪法法律赋予法定机关的一项重要职权；不同法定机关有其备案审查的不同范围。

我国现行备案审查的体系框架可以概括为"五系统、四层级"，党委、人大、政府、军队、法院五系统分工负责、相互衔接。其中，中共中央办公厅和地方党委对党内法规和规范性文件备案审查；全国人大常委会对法规、司法解释备案审查；县级以上地方人大常委会对本级政府、监察委、法院、检察院的规范性文件和下一级人大及其常委会的决议、决定备案审查；国务院和地方人民政府对法规、规章等备案审查；中央军委对军事规章和规范性文件备案审查；最高人民法院对高级人民法院制定的审判业务文件进行备案。

备案审查是人大立法监督的主要方式，其核心即为前文所述的立法监督的内容，从政策性、合法性、合理性三个方面展开审查。2014 年，党的十八届四中全会通过的《中共中央关于全面推进依法治国若干重大问题的决定》明确提出，所有规范性文件都要纳入备案审查范围，实现备案审查"全覆盖"。对于规范性文件备案审查工作，中央还明确提出"有件必备、有备必审、有错必纠"的刚性要求。全国人大常委会进一步提出：实现备案审查的全覆盖，总的要求是，规范性文件在哪里，备案审查工作就要跟到哪里；只要规范性文件的制定机关属于人大监督的范围，他所制定的规范性文件就应当纳入备案审查的范围。

地方性法规和政府规章应当在公布后的 30 日内报有关机关备案，地方性法规备案机关则包括全国人大常委会、国务院；地方政府规章的备案机关包括国务院、省级人民代表大会常务委员会和人民政府，本级人民代表大会常务委员会。

审查是地方立法监督的核心，从某种意义上说，没有地方立法审查，就没有地方立法监督。审查地方立法意味着在检查审视之后，需要对被审查的地方立法作出一定的审查决定，即审查后果。审查后果，虽然《立法法》第107条、第108条规定的只有改变和撤销两种，但其实还应当包括维持。因为监督机关审查之后发现地方立法没有不合法和不合理的情况出现，则无须作出改变或撤销的决定。因此，维持应当也是审查结果的应有之义。

2015年《立法法》修改后构建和完善了以下制度：规定全国人大有关的专门委员会和常委会工作机构可以对报送备案的规范性文件如地方性法规——进行主动审查（2015年《立法法》第99条）；规定审查机关对法规的审查，不仅可向制定机关提出审查意见、研究意见，还可以向委员长会议提出予以撤销的议案和建议（2015年《立法法》第100条）；规定审查机关应当将审查、研究情况向提出审查建议的国家机关、社会团体、企事业组织以及公民反馈，并可以向社会公开（2015年《立法法》第101条）。其中关于反馈义务的规定无疑给审查机关增加了履职压力，督促其认真、积极履行审查职责，以更有效地保障立法的合宪性、合法性。

党的二十大报告明确提出完善和加强备案审查制度，这是备案审查首次写入党的代表大会报告中，具有特别重要意义，对于推进备案审查制度，构建中国特色宪法监督制度体系，维护国家法制统一都具有里程碑意义。

根据党的二十大报告要求，《立法法》于2023年进行了修改，进一步对备案审查进行了规定，即完善制度、推进备案审查制度化机制化。完善主动审查制度，明确专项审查相关内容：全国人大专门委员会、常委会工作机构可以对报送备案的行政法规、地方性法规、自治条例和单行条例等进行主动审查，并可以根据需要进行专项审查；国务院备案审查工作机构可以对报送备案的地方性法规、自治条例和单行条例，部门规章和省、自治区、直辖市的人民政府制定的规章进行主动审查，并可以根据需要进行专项审查；对法律、行政法规、地方性法规、自治条例和单行条例、规章和其他规范性文件，应当根据维护法制统一的原则和改革发展的需要进行清理。

加强合宪性、合法性审查，提高监督实效。明确了备案审查工作中的合宪性审查要求：有关国家机关认为行政法规、地方性法规、自治条例和单行条例存在合宪性、合法性问题的，可以向全国人大常委会书面提出进行审查的要求。同时对存在合宪性、合法性问题的，规定了处理的主体和程序。在"同宪法或者法律相抵触"的基础上增加"存在合宪性、合法性问题"，使备案审查工作在过去强调的不抵触原则基础上又增加了对合宪性、合法性问题的研究。

第三节 地方立法监督的实施

地方立法监督的实施，在立法的不同环节，有着不同的监督内容和监督程序。

一、立项环节

在编制立法计划时，应重点解决以下问题：是否涉及《立法法》第11条所规定的全国人大及其常委会专属立法权的事项；设区的市是否超越城乡建设与管理、生态文明建设、历史文化保护、基层治理四个方面设区的市立法权限；是否与最近已经出台或者已经列为上级立法计划的项目重复；是否已经论证立法项目的必要性、可行性，并区分轻重缓急作出合理安排；是否存在选题过大、立项时机不成熟等问题。

制订的年度立法计划，一般可以分为审议（正式）项目和预备项目。以广东省惠州市为例，其立法计划中审议项目是指年内必须提请市人大常委会进行审议的项目，对预备项目，则由相关负责单位开展立法调研、论证和法规草案起草工作，市人大常委会视情况在本年度或下一年度安排审议；经调研论证认为制定地方性法规条件尚不成熟的，因行政管理迫切需要，可以由市政府先行制定规章。设区的市人大常委会在编制年度立法计划草案时，按照《广东省地方立法条例》的规定，应当加强与省人大常委会法制工作委员会的沟通。广东省人大常委会法制工作委员会收到征求意见的立法计划草案后，应当将意见和建议反馈给设区的市人大常委会法制工作委员会。设区的市人大常委会年度立法计划通过后，应当抄送省人大常委会法制工作委员会，同时将电子版发送到专用邮箱和指定信息平台。

二、论证环节

论证环节一般论证制度设计的必要性、可行性、合法性等问题，特别对专业性较强，需要进行可行性评价的问题进行论证，重点指导解决以下宏观问题：是否与上位法相衔接、不抵触；确定的管理体制，各级政府、部门、基层组织及相关单位的职责定位，是否准确、合理可行；主要制度中权利义务、权力责任的设计是否平衡；具体制度条文是否科学合理可行，能否解决实际问题以及其他需要论证的问题。

例如，广东省人大常委会对设区的市制定的地方性法规草案组织专家论证，一般安排在法规案一审后二审前，有以下三种形式。

（1）集中组织论证会。通常每2个月集中1—2日在省人大常委会召开，由省人大常委会法制工作委员会提前通知论证会计划召开时间。

相关市人大常委会法制工作委员会应当于论证会计划召开时间15日前，向省人大常委会法制工作委员会发出协助召开论证会函，并将论证提纲、草案修改论证稿及其注释稿、说明、资料汇编等材料的电子版发送到专用邮箱和指定信息平台。其中注释稿应当逐条说明，注释的立法依据应以法律、行政法规、广东省法规等上位法规定为主，直接依据应当原文引用，并与说明的条文直接对应，国务院部门规章、外省（市、区）法规、其他规范性文件可作为参考依据。

（2）协调邀请专家到市里论证。由省人大常委会法制工作委员会协助邀请并协同组织专家前往相关市召开论证会。相关市人大常委会法制工作委员会应当于论证会计划召开时间15日前，向省人大常委会法制工作委员会发出协助邀请函，并将相关资料电子版发送到专用邮箱和指定信息平台。

（3）协调专家提供书面论证意见。由省人大常委会法制工作委员会为相关市人大常委会法制工作委员会联系推荐专家，由相关市人大常委会法制工作委员会自行联系专家收集书面论证意见。

三、征求意见环节

征求意见环节重点监督在论证环节存在的问题是否得到解决；是否存在因为某些重大因素和问题等的影响，致使法规实施对本地区改革发展稳定产生不利影响；是否存在合法性方面的问题等。

例如，广东省人大常委会对设区的市制定的地方性法规草案组织征求意见一般在法规案二审后三审前，由省人大常委会法制工作委员会在省一级层面征求省人大有关专门委员会、省政府有关部门、法院、检察院、有关行业协会等单位，以及省人大法制委员会委员、有关立法咨询专家的意见。

在合法性监督方面，具体要从以下内容进行监督。

（1）是否涉及《立法法》第 11 条所规定的全国人大及其常委会专属立法权的内容。

（2）是否新设行政许可，新设行政许可是否合法。

（3）是否设有应当由国家统一确定的公民、法人或者其他组织的资格、资质的行政许可。

（4）是否设有企业或者其他组织的设立登记及其前置性行政许可。

（5）是否设有限制其他地区的企业或者个人到本地区生产经营、提供服务以及限制其他地区的商品进入本地区市场的情形。

（6）对实施上位法设定的行政许可作出的具体规定，是否增设了行政许可。

（7）对行政许可条件作出的具体规定，是否增设了违反上位法的其他条件；是否存在违反上位法规定放宽行政许可条件的情况。

（8）是否违反《行政强制法》设定行政强制措施和行政强制执行。

（9）是否对上位法已有的行政强制措施在对象、条件、种类上作出了扩大规定。

（10）设定行政许可、行政强制措施是否经过了听证、论证等法定程序。

（11）是否违反《行政处罚法》设定限制人身自由、吊销企业营业执照的行政处罚，或者设定新的行政处罚种类；新设处罚是否适当。

（12）对上位法已有行政处罚作出具体规定的，是否增设超出上位法所规定的行政处罚的行为、种类和幅度范围的规定；是否存在有选择地作出规定或者从宽从轻规定。

（13）是否违反上位法作出减损公民、法人和其他组织权利或者增加其义务的规定。

（14）是否存在对上位法中的禁止性或者限制性规定有选择地作出禁止性规定以及放松限制的情况。

（15）是否设有不合法、不合理的行政收费。

在设区的市层面，法规草案二审后，书面发函至省级人大常委会法制工作委员会征求意见，并将法规草案修改征求意见稿及其注释稿等材料的电子版发送到专用邮箱和指定信息平台，其中注释稿要求同论证用注释稿。

省级人大常委会法制工作委员会收到征求意见函及相关材料后，再发函给省直相关单位和有关专家征求意见。收到回复意见后，省级人大常委会法制工作委员会及时将意见反馈给相关市人大常委会法制工作委员会，并综合研究有关方面提出的意见，重点对法规草案修改征求意见稿的合法性等问题进行审查把关，形成书面意见和建议反馈给相关市人大常委会法制工作委员会。

相关设区的市人大常委会法制工作委员会应当认真研究反馈意见，并在法规草案三审前，将意见采纳情况以及拟上会的法规文本及注释稿的电子版发送到专用邮箱和指定信息平台，对未采纳的合法性方面的意见应当作出书面说明。省级人大常委会法制工作委员会根据需要做进一步研究，就有关问题及时协商处理。

四、审查批准环节

审查批准环节是针对设区的市制定的地方性法规而言的，经市人大及其常委会审议并表决通过后，市人大常委会法制工作委员会应当将报请批准材料包括报请批准报告、法规文本及说明等送省级人大常委会法制工作委员会。

省级人大常委会法制工作委员会收到设区的市人大常委会报请批准法规的报告后，由相关处室首先研究并提出初步审查意见，再经省级人大常委会法制工作委员会委务会研究后，提交省人大法制委员会全体会议统一审议，对法规存在分歧意见的重点难点问题进行研究，对其合法性提出意见。省级人大常委会法制工作委员会相关处室初步审查意见要附审查要点，审查要点主要包括：管理职责、管理机制方面；经费保障、资金支持、人力物力保障方面；行政许可、行政强制、行政收费的依据；禁止性规定的依据，是否属于新设，新规定是否符合上位法的精神和当地的实际；法律责任规定的依据；其他主要制度方面的说明。

省级人大法制委员会全体会议统一审议提出的意见和建议，由省级人大常委会法制工作委员会向相关市人大常委会法制工作委员会反馈。相关市人大常委会法制工作委员会收到意见和建议应当认真研究，及时作出处理，并将处理结果向省人大常委会法制工作委员会报告。

省级人大常委会法制工作委员会根据省人大法制委员会全体会议的审查意见，提出审查报告，按程序报批后，报送省人大常委会主任会议，根据主任会议的意见，准备上省人大常委会会议的文件。

省级人大常委会主任会议认为报请批准的法规存在重大合法性问题或者其他重大问题，提出附修改意见提请省人大常委会会议审议，或者由市人大常委会修改后重新报请批准的，省级人大常委会法制工作委员会应当及时向相关市人大常委会反馈。

省级人大常委会分组会议审议时，省级人大常委会法制工作委员会、相关市人大常委会应当派人到各组听取意见。省人大常委会组成人员和列席会议的省人大代表提出问题需要回答的，相关市听会人员应当予以解释说明。

省级人大常委会法制工作委员会应当在省级人大常委会批准法规通知签发后，连同批准决定，印发给设区的市人大常委会。法规由设区的市人大常委会予以公布施行。

五、备案审查环节

根据《立法法》第 109 条规定："行政法规、地方性法规、自治条例和单行条例、规章应当在公布后的三十日内依照下列规定报有关机关备案：（一）行政法规报全国人民代表大会常务委员会备案；（二）省、自治区、直辖市的人民代表大会及其常务委员会制定的地方性法规，报全国人民代表大会常务委员会和国务院备案；设区的市、自治州的人民代表大会及其常务委员会制定的地方性法规，由省、自治区的人民代表大会常务委员会报全国人民代表大会常务委员会和国务院备案；（三）自治州、自治县的人民代表大会制定的自治条例和单行条例，由省、自治区、直辖市的人民代表大会常务委员会报全国人民代表大会常务委员会和国务院备案；自治条例、单行条例报送备案时，应当说明对法律、行政法规、地方性法规作出变通的情况；（四）部门规章和地方政府规章报国务院备案；地方政府规章应当同时报本级人民代表大会常务委员会备案；设区的市、自治州的人民政府制定的规章应当同时报省、自治区的人民代表大会常务委员会和人民政府备案；（五）根据授权制定的法规应当报授权决定规定的机关备案；经济特区法规、浦东新区法规、海南自由贸易港法规报送备案时，应当说明变通的情况。"

全国人大常委会法制工作委员会对报送全国人大常委会备案的地方性法规进行审查，对公民、组织提出的审查建议进行研究处理，发现存在违宪违法问题的，通过与制定机关进行沟通协商，督促制定机关予以纠正。

第十二章　地方立法能力建设

2015 年 3 月 15 日第十二届全国人民代表大会第三次会议修改的《立法法》赋予所有设区的市地方立法权，这是我国立法体制的一次重大调整，也是推动地方立法工作与时俱进的一次重要契机。当前中国特色社会主义进入了新时代，坚持全面推进依法治国，实现中华民族伟大复兴的中国梦都需要发挥立法的引领、推动和保障作用。然而伟大的事业不仅需要伟大的精神引领，更需要专业的人才与积极的参与群体，地方立法能力建设作为地方立法活动的一环愈发呈现其重要价值。

第一节　立法工作者能力建设

地方立法实务工作具有很强的专业性、技术性和操作性。在参与地方立法的过程中，立法工作者应当具备较高的政治素质、业务素质和各方面综合能力，能够对地方社会实际现状和治理困境进行充分的思考和认识，切实提出具有现实意义的解决方法和建议意见，为经济和社会发展提供源源不断的智力支持。

2013 年 10 月 30 日，时任委员长张德江在全国人大常委会立法工作会议上强调，"要按照政治坚定、业务精通、务实高效、作风过硬、勤政廉洁的要求，努力打造一支门类齐全、结构合理、专业素质高的立法工作人才队伍"。2020 年 11 月 19 日，栗战书委员长在第二十六次全国地方立法工作座谈会上强调："建设德才兼备的高素质立法工作队伍，推动立法队伍革命化、正规化、专业化、职业化建设，不断提高做好立法工作的能力和本领。"习近平总书记指出，全面推进依法治国，建设一支德才兼备的高素质法治人才队伍至关重要。① 这是站在新的历史起点上，党和国家从中国特色社会主义事业发展全局作出的重要战略决策，是建设中国特色社会主义法治体系、推进全面依法治国基本方略、建设社会主义法治强国的客观需要，为立法队伍建设指明了方向。同时，也对广大立法工作者提出了新的更高要求。

总的来说，地方立法能力建设包括立法工作者能力建设、立法智库咨询服务能力建设、公众立法参与能力建设三个方面的内容，各个方面互相配合、协作，相辅相成，共同发挥各自领域的知识力量，才能制定出符合地方实际、具有地方特色、"接地气"的地方性法规和规章，切实解决治理难题，缓解社会矛盾，推动地方经济水平的提升，促进社会和谐发展。

一、立法专业人员配备

2015年9月召开的第二十一次全国地方立法研讨会上，时任委员长张德江指出"各级党委要高度重视立法机构和人员建设，认真研究采取有效措施，着力解决立法工作力量不足的问题"。在地方立法工作中，重视立法机构和人员建设，应着重于完善立法专业人员配备，具体体现在完善地方立法工作者配备和提高地方立法工作能力。

（一）地方立法工作者配备

地方立法工作者配备需要与地方实际立法需要和立法实务工作相匹配。

从人大方面来讲，地方人大法制委员会和有关的专门委员会组成人员数量应根据地方实际需要配备适当比例的立法专业人员。其中地方人大法制委员会组成人员应不少于9人，同时应具备法律相关专业背景和一定的法治工作实践经验。地方人大其他专门委员会组成人员应不少于3人，同时具备法律相关专业背景或者法治工作实践经验的人员达60%以上。地

---

① 《习近平法治思想概论》编写组：《习近平法治思想概论》，高等教育出版社2021年版，第220页。

方人大常委会法制工作委员会工作人员需配备 10 名以上，其他涉及立法事项的地方人大常委会工作委员会也需配备 2 名以上地方立法工作专门人员。

从政府方面来讲，立法权限涉及的事项，每项至少要有 1 名专门的工作人员，对政府规范性文件进行审查也需要 1 名专门工作人员，另外，还需要 1 名工作人员从事综合协调内勤等工作并配备 1 名主管领导。也就是说，地方政府法制工作机构至少需要 6 名工作人员，才能有效地推动地方立法实务工作的开展。从工作实际出发，地方政府相关部门尤其是综合部门，也应配备 2 名以上法制工作专干负责地方立法的实务工作。①

（二）工作能力要求

完善立法专业人员配备，关键是提高地方立法工作能力。工作能力要求是指地方立法工作中提高立法工作能力应做到的具体要求，主要从以下四个方面着手。

1. 调查研究，找准定位

"不抵触、不越权、有特色、可操作"是地方立法的要求，这对地方立法工作者能力提出了切实要求，明确贯彻"不违背上位法是地方立法的准则，地方特色是地方立法的生命"的基本精神。所以，只有以科学的方法找准定位和结合点，维护法制统一，突出地方特色，地方立法才能有所作为。调查研究是地方立法最根本和科学的工作方法，是保障所立之法为善法的基础，贯穿于立法的全过程，是地方立法不可或缺的重要工作。立法调研必须保持立法的一致性，熟悉领会党和国家的大政方针，细致研究与之直接相关的上位法和间接相关的上位法的立法背景、立法目的、立法精神以及重要制度，准确把握其精神实质；另外通过了解掌握地方民情民意和立法事项的实际情况，充分反映民情、体现民意，促进地方立法的科学性和民主性，才能真正实现立法目的。

调查研究是地方立法的一项基本功，也是地方立法工作者的一种基本能力要求。因此，地方立法工作者要切实增强调研能力，做到广泛征求意

① 李高协：《设区的市地方立法实务》，民主与建设出版社 2017 年版，第 11 页。

见和重点问题重点分析相结合。在调研对象选择上，要注重全面性和广泛性，保障利益相关方特别是管理相对人、利害关系人、弱势群体、城乡基层群众和相关专业人士的权利，确保其有机会平等地参与立法活动。在调研内容上，要注重针对性和重点性，围绕市人大审议和社会普遍关心的焦点、难点以及重大制度设计深度调研。在调研形式上，要注重多样性和灵活性，既要通过座谈会、论证会、听证会等形式听取群众意见，也要深入实地考察、了解，走访群众，掌握第一手资料。在调研结果的运用上，要注重实效性和提炼性，既要调查，也要研究，将收集、整理、归纳、分析、提炼有机结合起来，充分发挥调研成果作用。

2. 审慎对待，严格把关

首先，应当关注地方立法的权限问题。地方人大是否具有相关事项的立法权，是否触及了国家专有立法权，地方性法规的制度设计是否与直接相关的上位法或间接相关的上位法的原则、精神、具体制度相冲突，特别是禁止性规范、法律责任、罚款金额等规定，是否不当扩张了公权、限制了私权等。其次，应当关注条例规定的行政处罚、行政许可、行政强制中的权限、范围、行为、种类、幅度、程序、方式方法等内容，重点考察是否存在与法律精神和合理性要求不一致的情况。最后，应当关注部门利益问题。涉及部门权限、经费、待遇等条款，应当审查其是否符合党和国家的方针政策，是否有利于经济社会发展，是否符合公平正义的要求，是否权大责小，是否存在"损人利己""损公肥私"等情况。以上三个方面，既是地方立法工作经常出现的问题，也是最容易出问题的领域，更是法规中合法性、合理性与公平正义的关键领域，需要用心关注、审慎对待，严格把关，确保立法质量。

3. 民主互动，集思广益

立法是利益平衡的过程，更是民主决策的过程，而每个人的认识能力和水平是有限的，兼听则明，偏听则暗。在讨论修改地方性法规尤其是研究重要问题时，除了法规工作机构和起草单位的工作人员参加外，还应当有人大有关专（工）委、政府法制办及聘任的立法咨询专家等多方面代表参加，共同讨论，相互启发，凝聚集体智慧。发挥团队的作用，可以拓宽思路，多层面、多视角观察分析问题；通过讨论比较和辩论甄别，能够集思广益，厘清最佳选择方案，有利于相互启发、共同提高，促进立法工作者能力的提高。地方立法工作领导干部在主持集体讨论时，要注意调动和发挥每个人的积极性，营造鼓励提意见尤其是不同意见的良好环境，以理服人，不能独断专行。这既是立法之必须，也是领导者素质之必须。

4. 有效协调，多谋善断

在法规的具体修改工作中，面对各方面意见建议的分歧，经常会遇到许多修改的困难，出现顾此失彼或关键条文的设置意见纷争等情况，陷入法规修改的窘境。立法工作者判断一种修改方案是否适当或者简单地否定不适当的修改方案并不困难，难在于当对各种方案都感到不适当时，能够尽快找到并提出各方面都可以接受的方案，提出提高条例条文设置的建设性意见和解决条文修改困难的有效方法。因此，立法工作者需要培养全方位、多视角、多向思考问题的良好习惯，提高多方案、多路径解决问题的能力，要有解决问题的灵活思维，努力做到使地方性法规不与上位法相抵触，同时抓住要害并解决问题，进而有效地整合、吸收各方面的意见，提高地方立法的工作效率。

二、加强立法工作者的能力培训

面临新形势新任务，切实加强地方立法工作者的能力培训，既是当前的迫切需要，也是长远的战略任务。塑造高素质的地方立法团队，做好立法工作者的角色，必须努力做到信念坚定、敢于担当、深入调研、勇于创新、方法科学、善于学习、不断总结、锤炼品格，不断加强自身修养，提高业务理论水平。

（一）培训对象和方式

加强立法工作者的能力培训，首先需要明确培训对象和方式。培训对象是关于"为谁培训"的问题，培训方式是关于"怎样培训"的问题，明确培训对象和方式，才能有针对性地开展地方立法工作者的能力培训工作。

1. 培训对象

（1）人大代表及人大常委会组成人员。这些人员立法的能力对提高审议质量具有重要意义。

（2）人大常委会、政府立法工作人员。这些人员是从事地方立法工作的主要力量。

（3）政府部门承担立法工作任务的职能部门法制工作机构人员。

（4）立法联系点相关人员和立法咨询专家。

2. 培训方式

（1）以会代训。通过开展讲座、论坛、座谈会、研讨会、工作会等形式，如举办立法辅导报告会、地方立法工作论坛、派员参加全国或省级地方立法研讨会等，进行有针对性的短平快地方立法实务培训。

（2）以干代训。选派立法工作人员到上级人大常委会法工委、立法研究所等跟班轮训，在学习中用实际工作的形式代替培训的形式。通过以干代训使得受训人员在干中学，不断学习地方立法的实际工作经验。

（3）挂职锻炼。地方立法工作机构根据实际工作需要分批遣派拟长期从事地方立法工作的业务骨干到上级人大常委会法制工作委员会锻炼，直接参与立法的全过程。

（4）市内外考察学习。地方人大常委会应当组织立法人员和立法工作人员到立法工作经验丰富的地方进行考察学习，学习他人立法工作中遇到难题的解决方法，增长立法工作实践难题的解决能力。

（5）脱产培训。有计划地开展时间长度适中的地方立法实务培训班，如派员前往我国各地高校、科研院所接受立法理论知识培训，针对立法工作者和立法工作辅助人员的立法理论知识、业务技能和立法理念等进行系统性培训。

（6）参加实务培训班。邀请全国各地立法专家学者赴地方党委、人大、政府或高校开展立法培训座谈、讲座、论坛等，采取多种形式，有针对性地开展分层次的系统培训。

（二）培训内容

加强立法工作者的能力培训，还需要明确培训内容。培训内容是关于

"培训什么"的问题，主要围绕政治思想方面、业务知识与工作方法、法学及其他理论、职业思维进行培训。

1. 政治思想

立法工作者在政治思想上要坚定信念，敢于担当。"法律是人类最伟大的发明。别的发明让人类学会了驾驭自然，而法律的发明，则让人类学会了如何驾驭自己。"立法工作是为人类驾驭自己而制定规则的工作，是神圣而崇高的事业。坚定的理想信念和政治立场，过硬的政治素质是对立法工作者的第一要求。面对复杂多变的国际国内形势，必须始终从政治高度思考和把握地方立法实务工作，始终坚持党的领导、人民当家作主、依法治国的有机统一，自觉坚持宪法至上、法律至上，坚持中国特色社会主义法治理论，做中国特色社会主义法治体系的建设者、开拓者和捍卫者，努力使党的主张通过法定程序成为国家意志，从制度上、法律上保证党的路线方针政策的贯彻落实，努力维护好、发展好广大人民群众的根本利益。

《立法法》修改批准设区的市行使地方立法权后，地方立法越来越多地涉及地区社会发展稳定中的难点问题，与过去的地方立法工作相比，现在的立法要求更高，难啃的"硬骨头"也更多。这就要求立法工作者在坚持依法立法的前提下，求真务实，敢于担当，敢于直面矛盾，既不迁就回避矛盾，又要拒绝人云亦云、主观盲从，真心实意地解决人民群众最关心、最直接、最切身的焦点问题，下大力气解决地方改革、发展、稳定中的难点问题。

2. 业务知识与工作方法

立法工作者在进行地方立法实务工作时要坚持严谨的工作态度和科学的工作方法，深入调研，走好群众路线。地方立法活动是专业性强、程序要求高、需要多方合作进行的复杂劳动和集体行为，有严格的程序规定和行文规范。在立法过程中，立法工作者要精通立法技能、谙熟立法业务，做到有明确的工作思路，精准的工作方向，抓得准法规草案中涉及的重大制度设计或利益格局调整的核心问题、影响部门权力责任和公民权利义务的关键问题，并提出符合社会发展要求，平衡社会各方利益，有坚实的政策、实践和共识基础的方案，使用"法言法语"，严格按照《立法法》《立法技术规范（试行）》和相关法律法规的规定设置地方性法规条文。

立法活动需要地方人大、政府各部门间的沟通合作、协调配合，这要求立法人员不仅要具备过硬的法律知识，还要具备充足的立法实践经验。随着社会主义法治建设的不断推进，社会各方面对地方立法工作的关注点更多地集中于好不好、管不管用的问题。这就要求立法工作者继续积极推进科学立法，完善立法决策机制和规则，健全科学的立法程序和技术规范，健全决策信息和智力支持系统，使制定的法规能够更好地与我国基本国情及地方实际情况相适应、与地方立法工作自身规律相适应，经得起群众、实践和历史的检验。

此外，地方立法工作者在实际工作中应当时刻注意从人民群众的生活实践和创造中汲取营养，深入调查研究，做到对象广、范围宽、措施足、程度深、内容全，力求使法规、规章的制定更符合客观规律、更符合人民根本利益。

3. 法学及其他理论方面

地方立法的理论培训内容主要包括：法理学、立法学、行政法学、民法学等的法学理论；《宪法》《立法法》《行政许可法》《行政处罚法》《行政强制法》等的基本法律；地方性法规起草工作涉及的行政法规、部门规章、司法解释等专业性法律法规；立法调整事项的基本情况和专业性常识等内容。

立法工作者在立法实践中要善于学习、不断总结，不断提高业务理论水平。地方立法工作是一项专业性很强的工作，涉及经济、政治、文化、社会和生态文明建设等多个领域，没有具备足够的专业水准难以胜任。立法工作者要把学习作为自觉行动和生活方式，既要学习法律知识，积极参与地方立法实务培训，同时也要学习其他方面的知识，关注各个领域的重大发展趋势，为地方立法工作打牢专业功底，提升立法实务工作的理论素养。

增加积累是唯物论，善于总结是辩证法，人的悟性、经验必须从总结思考中产生。地方立法工作有其自身规律，其规律是依靠自我不断总结的过程中熟悉把握的。世界上没有不犯错误、不迷惑的人，但是不愿或不会思考总结的人就会犯多次同样的错误。可以说，立法工作离不开实践，更离不开对实践经验的总结、思考和积累。因此，作为立法工作者，既要善于总结经验教训，也要善于从繁杂的立法工作中学会自我总结提高，将每一次参与地方立法工作的过程，变成每次不断学习积累和思考提升的过程，让总结成为一种工作方式，一种良好的传统。

在推进中国特色社会主义事业的过程中，需要更加注重发挥法治在国家治理和社会治理中的重要作用，着力发挥立法对改革发展的引领和推动作用，实现从"经验立法、被动立法"向"能动立法、自觉立法"的转变。这必然要求立法工作者要勇于在制度创新、体制创新、机制创新上下功夫，主动回应经济社会发展提出的新课题，努力使立法决策与改革决策同步。在地方立法的进程中，立法工作者更要贴合实际，创新立法机制，使得制定地方性法规的有关部门紧密配合，无缝对接，不断提高地方立法实务工作的效率。在设区的市新获地方立法权的背景下，地方立法工作站在了崭新的起点。做好地方立法工作，队伍建设是基础，人才培养是关键。立法工作者要按照"做合格立法人、当好参谋助手"的要求，不断锤炼品格，在政治业务素质、理论研究和法律知识水平方面都得过硬；要始终坚持群众路线，树立国情意识，培养战略思维，富有创新精神，以更加专业的水准、更加务实的作风，合力打造一支政治坚定、业务精通、纪律严明、作风优良的立法工作队伍。①

4. 职业思维

思维是客观事物在人脑中间接的和概括的反映，是借助语言所展现的理性认识过程。思维是职业技能中的决定性因素。法律人具有理性的思维，以立法工作者为例，这是指立法工作者思维判断力的理智与成熟，表现为立法工作者的意识观念或态度的自主性。这种理性的思维特点是经过专业的训练才能获得的，它是法律职业区别于其他职业的内在的质的规定性。

---

① 吴汉民：《做合格立法人　塑造高素质立法团队》，载《上海人大月刊》2013 年第 7 期。

法律人的职业思维是重要的职业技能之一，它不同于大众思维的自然理性，而是一种经过专门训练而得到的"人为理性"（artificial reason）。比如，法律人重视程序、优先考虑程序的思维习惯，法律人对法律规则的严谨和守成的思维特点，法律人尊崇逻辑、克制情感的思维特点，这些都与大众思维有区别。职业思维的特殊性之意义，是由职业使命决定的，我们的社会需要这种职业，就应当尊重这样的职业思维特点。[①]

立法工作者作为法律人群体，应当具备法律人的职业思维，形成立法工作者的理性化、程序化、逻辑化的思维习惯，保持工作思维的严谨性和公正性。

第二节　立法智库咨询服务能力建设

党的十八大提出"坚持科学决策、民主决策、依法决策，健全决策机制和程序，发挥思想库作用"。党的十八届三中全会强调"加强中国特色新型智库建设，建立健全决策咨询制度"。2015 年 1 月 20 日，中共中央办公厅和国务院办公厅联合印发了《关于加强中国特色新型智库建设的意见》，中国的公共政策研究正式进入了"智库时代"。党的十九大也强调加强中国特色新型智库建设，地方立法智库是加强中国特色新型智库建设的实践要求，也是地方立法实务工作的重要力量，迎来了崭新的发展机遇，如何趁着"中国特色新型智库建设"的东风，科学、客观和公正地评估地方立法智库的影响力，从而更好地加强立法智库建设显得尤为重要。

一、智库的定义

所谓"智库"（think tank），即智囊机构、智囊团，也称"思想库"，是指由专家组成，多学科的，为决策者在处理社会、经济、科技、军事、外交等各方面问题出谋划策，提供理论、策略、方法、思想等的公共研究

---

① 张文显：《法理学》，高等教育出版社 2014 年版，第 222 页。

机构。严格意义上的智库，是独立于政府机构的民间组织。① 作为专业性研究机构的智库，以公共政策为研究对象，以影响政府决策为研究目标，以公共利益为研究导向，以社会责任为研究准则。西方主要指以公共政策为研究对象，以影响政府决策和改进政策制定为目标，是独立于政府之外的第三方非营利性研究机构。在中国，智库是国家"软实力"和"话语权"的重要组成部分，对政府决策、企业发展、社会舆论与公共知识传播具有深刻影响。②

有关智库的定义比较有代表性的主要有以下几种：保罗·迪克逊认为智库是一种稳定的、相对独立的政策研究机构，其研究人员运用科学的研究方法对广泛的政策问题进行跨学科研究，在与政府、企业及大众密切相关的政策问题上提出咨询。③ 安德鲁·瑞奇认为智库是指独立的、不以获取经济效益为主要目的的非营利组织，它们通过提供思想创意和专业知识，从而获得支持并影响政策决策过程。④ 加拿大学者唐纳德·阿贝尔森认为，智库是非营利、非党派的研究机构，其首要目的是影响公共舆论和公共政策。⑤ 我国学者王莉丽认为，从广义而言，智库是指以服务于国家利益和公共利益为目的的、非营利性的公共政策研究机构，包括官方、大学和独立智库三种类型；狭义而言，智库是指以政治、经济、文化为背景，以影响公共政策和舆论为目的的非政府、非营利性的政策研究机构。质量、独立性和影响力是智库的核心价值。⑥

综合国内外学者的观点，本书认为智库是以资政启民为目标，以研究公共政策为特征，以追求公共性为其价值导向，独立自主地以集体形式进行研究与活动并提出政策建议或政策替代方案的较为稳固的生产知识产品

① 《辞海》，上海辞书出版社 2010 年版，第 5127 页。

② 李安方、王晓娟、张屹峰、沈桂龙：《中国智库竞争力建设方略》，上海社会科学院出版社 2010 年版，第 1 页。

③ Paul Dickson. *Think Tanks*. Athenaeum, 1971.

④ Andrew Rich. *Think Tanks, Public Policy, and the Politics of Expertise*, Cambridge University press, 2004, p. 11.

⑤ Donald E. Abelson. *American Think Tanks and Their Role in U. S Foreign Policy*, MacMillan Press LTD, 1996.

⑥ 王莉丽：《旋转门：美国思想库研究》，国家行政学院出版社 2010 年版。

的组织或机构。

二、地方立法智库的类型

依照上述对智库的定义，结合现今地方立法智库建设的情况，从领导关系、运行机制、财政资源三个层面判定，可以将其划分为地方立法官方智库、地方立法高校智库以及地方立法民间智库三种类型。

（一）地方立法官方智库

政府基于政策调研和决策需求自身设立的研究机构，这些智库机构本身就是政府组成部分，故被称作"官方智库"。主要包括市本级党委政府政策研究室、委办局设立的研究所（室）以及县（市区）党委政府政策研究室或社科院、党校（行政学院）等社会科学研究机构，这些机构直接为党委政府服务，围绕党委政府的重大理论、重点问题组织开展调研，其研究结果直接为决策及领导服务。

以北京市人民代表大会制度理论研究会为例。北京市人民代表大会制度理论研究会于 2004 年 5 月 24 日成立，研究会围绕北京市人大常委会为中心开展研究工作和重要议题，进行多项课题研究和著作出版，发挥智力支持作用。在北京市人大常委会的决策和工作支持体系中，研究会与法制建设顾问、预算监督顾问一起，构成了北京市人大常委会的三个决策支持体系。北京市委制定的首都新型智库建设实施办法已明确把北京市人民代表大会制度理论研究会作为重要的地方智库来建设。①

研究会的运作通过领导支持体系和学术支持体系推动。前者主要是市人大常委会机关厅办公室一把手、16 位区人大常委会主任进入常务理事，构成研究会的领导支持体系。后者主要是建立包括人大实务工作者和理论工作者在内的、由中央和地方相关研究单位参加的学术委员会，负责学术研究工作的具体运作。与此同时，在机构设置上，研究会秘书处设在常委会研究室理论处，一班人马两块牌子，财务则由常委会办公厅统一管理。此外还聘请了全国人大常委会法工委和全国人大常委会办公厅研究室的多

---

① 黄石松：《关于人大决策和智库建设的思考》，载《人大研究》2016 年第 4 期。

位专家学者作为研究会顾问，指导研究工作的开展。在课题选择方面，研究会紧密结合北京市人大及其常委会的中心工作，围绕党和国家的工作大局开展理论研究，围绕人大工作实践中迫切需要解决的重要问题来确定研究方向和课题项目，如研究会针对人大制度在北京市乡镇的实践进行了长达2年的研究，调查研究成果被吸收进北京市第三次市委人大工作会议的文件中，并出版《北京乡镇人大建设》，作为培训乡镇人大干部教材①。除了研究会每年组织的学术研讨活动外，研究会还与北京市委党校合作搭建"民主与法治学术交流研讨会"平台，合作开展法治教育培训工作，把朝阳区社区代表联络站、石景山区街道代表之家等设为党校案例教学点等。

（二）地方立法高校智库

地方立法高校智库是面向地方经济社会发展、面向政府决策咨询研究的科研机构，其体制管理权限和人员主要编制结构隶属于大学内部，利用专业化、客观性和独立性强的研究特点，产生学术思想和政策提案，再经由专门渠道和公共传播，为决策部门提供研究报告和政策咨询②。

2014年2月，教育部印发的《中国特色新型高校智库建设推进计划》对高校智库的功能定位作出了新的具体规定：工具性的运用功能、符号性的传递功能和概念性的启迪功能，而3大功能的实现路径可归结为：向政府职能机构输送研究报告、政策咨询和专业内参，向学界输送学术专著和学术论文，向社会输送教育活动和传播知识③。

2015年《立法法》修正后，设区的市被赋予地方立法权。这些获立法权的设区的市的地方立法参与者除了当前现有的地方人大和政府部门的法规部门工作人员、法律顾问，以及所在地市的律师协会、法院、检察院的工作人员外，还包括地方高校相关专业的专家学者，但无论以何种方式

---

① 席文启：《第二届人大研究会以来的回顾》，载《北京人大》2015年第4期。
② 贺文化、夏道玉、左雪松：《新常态背景下地方高校智库参与区域协同创新的策略思考》，载《西南科技大学学报（哲学社会科学版）》2016年第1期。
③ 张玉、李小龙：《论大学智库的功能定位及其体制性供给路径——基于广东省内5所一本重点大学25个校级以上人文社科基地实证调查的分析》，载《江淮论坛》2015年第6期。

参加地方立法实务工作，这些人员基本是以兼职的身份进行参与，设区的市地方立法工作仍然呈现出立法力量薄弱、立法知识和人才储备缺乏的情况。这一现状为其市域的地方立法高校智库的生成和发展提供了肥沃的土壤，并由此掀起了新获立法权的设区的市党政机关与地方高校合作共建立法智库的热潮。

以广东省为例。2013年5月，广东省人大常委会在中山大学、华南理工大学、暨南大学、广东外语外贸大学、广州大学5所在穗高校，以及地处粤东西北地区的嘉应学院、韩山师范学院、广东海洋大学、韶关学院4所高校，成立了9所地方立法研究评估与咨询服务基地，共同组建了以中山大学为理事长单位的广东省地方立法高校联盟。目前，初步建成了以服务广东省地方立法为目标，跨学科、跨领域的研究评估与咨询服务平台，严格按照《广东省地方立法研究高校联盟章程》开展立法工作，提供立法决策咨询服务。根据联盟章程，高校联盟承担的主要任务是：协调联盟成员开展地方性法规起草、立法调研、立法听证与论证、立法评估、立法理论研究、立法信息收集等工作；推动联盟成员共享或合作开发本科生、研究生地方立法精品课程，培养地方立法人才；推动联盟成员开展科研合作等。

除这9所省级地方立法高校智库外，2015年《立法法》修改后，广东省17个地级市分3批获得地方立法权，借鉴省级地方立法高校智库建设模式，积极探索，新获立法权的市与省内高校合作共建地方立法研究评估与咨询服务基地，即市级地方立法高校智库。目前，主要分为三种情况：一是对于已经成立省级地方立法高校智库的嘉应学院、韩山师范学院、广东海洋大学、韶关学院，与高校所在市人大合作共建地方立法研究基地，即市级地方立法高校智库。一般而言，省市两级地方立法研究基地是同一批人挂靠两个牌子，即同时存在省市两级地方立法高校智库。二是对于新获立法权的市域内有本科高校，则高校与市人大合作共建市级地方立法高校智库，如五邑大学、惠州学院、佛山科学技术学院、广东石油化工学院等。三是对于新获立法权的市域内没有本科高校，则高校与邻近的市人大合作共建地方立法智库，如广东财经大学和清远市合作共建的

"清远市地方立法研究评估与咨询服务基地"、华南师范大学和云浮市合作共建的"云浮市地方立法研究评估与咨询服务基地"、深圳大学和汕尾市合作共建的"深圳大学汕尾市地方立法研究评估与咨询服务基地"以及广东金融学院和河源市合作共建的"河源市地方立法研究评估与咨询服务基地"等。

再以浙江省地方立法高校智库建设为例。2018 年 1 月，作为浙江省十二届人大常委会确立的十五项重点工作之一，浙江省人大常委会多次和浙江大学领导沟通、接洽，最终确定由两家联合举办浙江立法研究院，与浙江大学立法研究院（校设机构）合署办公、成果共享。该立法研究院分别由浙江省民政厅和浙江大学批准成立，省社会科学界联合会作为主管单位，为加强无间协作，浙江省人大常委会与浙江大学分别向研究院派驻代表，实行双院长、双执行院长机制。研究院的重大决策交给由省人大常委会、浙江大学以及关心立法的行业代表组成的理事会负责，日常运行交由院务委员会负责。浙江立法研究院初设时为民办非企业法人，2019 年 5 月改制为事业单位。[①]

为增强立法研究院的理论研究能力与全国影响力，设立学术委员会，由中国法学会党组成员、学术委员会主任张文显任主任，浙江大学光华法学院立法学科带头人葛洪义任副主任。同时，立法研究院聘任立法理论界 24 位顶尖学者、立法实务界 18 位资深专家为客座研究员，聘任浙江大学校内外法学、公共管理学、社会学、经济学、计算机等 31 位多学科专家为兼职研究员；与浙江省内 15 所高校的法学院建立平台伙伴合作关系；新增立法学方向的博士后流动站，每年都有入站博士后专门从事立法学的理论与实践研究。在运行机制与研究队伍的加持下，2019 年，立法研究院新增为中国智库索引（CTTI）来源智库；2021 年，入选浙江省新型重点专业智库。[②]

---

① 浙江暨浙江大学立法研究院微信公众号，《新闻｜浙江立法研究院现象广引关注》，https：//mp. weixin. qq. com/s/u4bfTZKWYNsFj8BUaogFww，最后访问日期：2023 年 10 月 30 日。

② 浙江暨浙江大学立法研究院微信公众号，《新闻｜浙江立法研究院现象广引关注》，https：//mp. weixin. qq. com/s/u4bfTZKWYNsFj8BUaogFww，最后访问日期：2023 年 10 月 30 日。

立法研究院在发挥社会科研机构机制灵活优势的同时，整合浙江大学校内体制和资源，积极推进与各界的联系、合作和对接，推动立法学科研成果的转化应用，借助大数据分析技术，打造全球"智能立法"标杆。立法研究院设立之初，就确立了"打造高端智库、创建一流平台、开启智慧立法"的初衷，并通过"四个一"的品牌活动助推立法质量提升："立法名家讲坛"，以思想启迪提升立法格局；"立法专题沙龙"，以观点碰撞拓展立法思路；"之江立法论坛"，以百家争鸣博采立法共识；"立法前沿课题"，以理论探索支撑立法创新。4年多来，立法研究院已经成功举办了5届之江立法论坛、20期立法名家讲坛、17期立法专题沙龙、74项立法前沿课题（包括浙江省哲学社会科学立法专项课题23项），为全国人大常委会、浙江省人大常委会提交《立法研究参考》89期，持续为法治国家建设发力。①

（三）地方立法民间智库

地方立法民间智库是指与官方智库相对应的，主要由民间出资组织并且体现民间声音或者政策诉求的公共政策研究组织。本章中的独立民间智库包括民办非企业单位法人型智库和企业型智库。民办非企业单位法人型智库可以自由选择服务对象和研究课题，既可以接受政府的委托，从事某一具体的决策项目研究，又可以独立地研究社会现象，进行战略性的研究，提出政策性的命题或建议，定位于人大制度和人大工作的理论性与实践性相结合的应用对策研究。在选题上既紧密结合人大及其常委会当年的主要议题和重点工作，又在前瞻性、理论性、基础性上与专门委员会和各工作机构的工作研究有所错位，其研究人员集中了社会上各行业的研究专家、知名研究学者或者前政府官员等，如律师、民间文化专家、手工技艺传承人等，经费属于自筹，具有明显的独立性、公益性、非营利性的特征，地方立法民间智库有时会定期举办立法话题沙龙、地方立法问题论坛等。另外一类企业型智库是营利的咨询机构，它们接受政府或其他机构的

---

① 浙江暨浙江大学立法研究院微信公众号，《新闻｜浙江立法研究院现象广引关注》，https：//mp. weixin. qq. com/s/u4bfTZKWYNsFj8BUaogFww，最后访问日期：2023年10月30日。

委托对一些社会和政策问题进行调查和研究，并将研究结果以咨询报告的方式提交给委托人。如民间注册研究机构、企业内的战略研究室（部）、企业法律顾问团队等，其研究内容有自己突出的专业特点，直接为政府和委托人提供专业研究服务。

以浙江省绍兴市大公法律研究院为例，于 2017 年成立，这是我国成立比较早的地方立法民间智库。绍兴市大公法律研究院是由浙江大公律师事务所发起成立，并由政府法制部门、高等院校、公检法、律师协会等法律职业共同体专业人员联合参与设立的一家专业法律研究机构，下设五大研究中心，分别是一带一路·海外投资法律研究中心、地方立法研究中心、刑事法律研究中心、企业破产法律研究中心及 PPP 法律研究中心。该地方立法民间智库的宗旨是"以专立业、以人为本、服务社会、践行法治"，致力于推动地方立法、刑事辩护、企业破产、一带一路海外投资等多个领域法律服务的专业化、精细化、标准化，以此为平台培养专业法律服务人才，树立行业法律服务标杆，为社会法治建设提供智力支持，成为政府法治建设民间智库、法律共同体良性互动平台、法律人才孵化基地、法律行业发展的助推器。为绍兴市促进法治研究，促进行业的规范经营和诚信建设，整合法律专业资源发挥行业的优势，提高市民法治素养的可持续发展，提供专业的服务和力量支持。

三、地方立法智库的优劣比较

地方立法智库分为地方立法官方智库、地方立法高校智库以及地方立法民间智库三种类型，然而不同的地方立法智库，其优劣也有所不同。

（一）地方立法智库的优势

智库资源是地方立法工作最宝贵的资源，不同的地方立法智库各有所长，为地方立法工作提供了强有力的智力支持。

1. 地方立法官方智库的优势

（1）拥有资源的绝对优势。官方智库因其在公共关系资源、财力资源和数据资源方面占据绝对优势，按照以"智"辅政、以"研"辅政、以"文"辅政的要求，形成了较为健全的组织体系，在服务党委政府决策中发挥辅政参谋的核心作用，从而在整个地方智库体系中处于总揽协调的主导地位。

（2）直接参与并深入影响党委政府决策。通过直接参与重要政策制定、重要报告起草，或者根据市委市政府要求组织重大课题研究，提供不同内容的咨询报告，是官方智库发挥作用最有效、最直接的方式。如市委政研室、市政府政研室等官方智库通过起草市党代会、市委全会相关决议、五年规划和年度政府工作报告等形式直接参与并影响市委市政府决策。一些部门内设研究机构主要在政府决策创设政策议程、提供政策、拟定规章法规等决议方案方面深度介入，直接参与拟定以市委、市政府名义出台的涉及经济社会发展全局或某项重大工作部署的重要政策文件。

（3）为密切联系各级党委政府提供平台。官方智库在地方智库体系中处于主导地位，为不同层级党委政府之间的交流与合作提供了平台。例如，近两年来，中国人大制度理论研究会围绕全国人大成立 60 周年、全面依法治国等问题，在全国范围内先后召开了多次学术研讨会，既传达学习了中央的精神，也形成了一批有高度、有深度、有力度的研究论文，有力地促进了各级党委政府的交流。

2. 地方立法高校智库的优势

（1）多学科人才聚集。当今世界正处于全球化和信息化时代，政策制定面临着日趋复杂的决策环境和互动日益频繁的问题领域，在这一背景下，高校学科门类齐全、高层次人才密集的优势就显得尤为突出。美国高校智库的很多研究课题就是由社会科学学者、科学家及工程师联合完成的，研究团队基本上都是跨学科配置。在我国，地方高校通过联合高校及学院内的法学专业系部及其他相关专业系部的专家学者的方式，大量聘请本地和全国各地的不同专业知识背景和经历的专家教授作为智库的研究员；还临时聘请了一批在国内外有影响力的法学专家学者参与本地立法培训、调研、咨询和论证、评估等工作，充分发挥了高校智库的优势。

（2）深厚的理论积淀。学术研究是决策咨询的基础。高校教师多年从事学术研究，具备深厚的理论素养和扎实的学术功底。依托基础研究领域的优势，地方立法高校智库可以做长期研究，并且能够比官方智库和民间智库做得更深入，为政府决策的科学化提供坚强有力的保障，为地方立法研究打下充实的学术理论研究基础，避免因专业不匹配而导致的研究过程受阻、研究建议不合理等的情况。

（3）较强的独立性。高校智库由高校自主设立，即便智库被教育行政部门或其他政府部门冠以各级"重点研究基地"的名号，如教育部批准确立的高校人文社会科学重点研究基地，各省（区市）政府批准确立的哲学社会科学重点研究基地、决策咨询研究基地等，虽然这些智库接受来自政府的经费资助，也接受其宏观指导和相关层面的微观管理，但它们与体制内的官方智库不同，它们与政府间不存在直接的行政隶属关系，研究活动较少受到政府的干预和影响，成果更客观中立。[1] 高校作为第三方，较容易做到基本立场相对"独立"，学理逻辑与论证更加客观，在出台政策报告过程中保持一定的独立观点。而且高校智库并不像官方智库一样都是受托研究，可以主动开展前瞻研究，因而在与政府的关系上变得更加主动。

（4）具有进行长期持续研究的可能性和条件。智库参与民主决策就是要从制度上保证政府能从长远的角度统筹经济发展和社会发展中的问题，同时，智库要帮助公众理解政府在决策时面临问题的复杂性。高校智库的资金来源是多样化的，他们即使依赖政府的资金支持也有进行长期研究的可能和动力，因为这与对学术理论的关注相关。

（5）广泛开展非正式的国际交流和合作的便利性。2014 年 3 月，习近平总书记在访问德国时，把智库建设提上了国家外交层面，"智库外交"将会成为我国国际交流与合作的"第二轨道"。高校智库已有国际交流基础，他们是较早的进行国际交流的智库组织，通过非正式的各种访问、国际会议、邀请或互派国外智库和大学的研究员、客座教授等方式开展深入的交流合作，拓展国际视野和国际学术网络。这是高校智库最为天然的优势所在。[2]

---

[1]　李伟：《关于高校智库建设的思考》，载《科技资讯》2013 年第 27 期。
[2]　《高校智库建设的优势、困境和机制保障》，载中国民航网 2017 年 6 月 9 日，http://www.caacnews.com.cn/zk/zj/liyanhua/201706/t20170609_1216263.html，最后访问日期：2023 年 10 月 30 日。

3. 地方立法民间智库的优势

（1）民间智库为决策者提供客观中立的意见。相较于官方与高校智库，其人员、资金、研究方向都相对独立，受到行政干预较少。即使是承担政府或者企业委托的任务，往往与委托方保持基于合同的平等互利的关系。由于民间智库机构较之官方智库和高校智库有更高的独立性，所以民间智库观察和分析问题的角度更加贴近实际，更有利于表达公众的利益诉求，为公共决策提供的意见更为客观中立。

（2）民间智库降低政府的公共决策成本。政府的公共决策涉及社会的各个方面，决策数量庞大，面临着决策成本高、决策效率低、方案运行效果差等问题。如果将决策任务都交给官方智库和高校智库去做，政府需要组织大量的专业性人才和机构去收集信息、研究探讨解决方案，势必会提高公共决策的成本，加重政府的财政负担。反之，如果能够建立健全相关机制，政府与民间机构达成合作，可以有效地避免不必要的机构设置，减少人浮于事、机构臃肿的现象，降低决策成本。加之与官方智库和高校智库相比，民间智库工作更高效、视角更为中立，可以促使政府制定更为公平有效的方案，减少重复决策，降低决策成本。

（3）民间智库促进公共决策的优化。民间智库掌握着庞大的社会网络体系，可以触及政府以往不易触及的社会领域，整合社会资源，填补官方、高校智库的运行漏洞；相比官方半官方化智库，民间智库运行机制较为灵活自主，在组织民众讨论时更加便利。此外，民间智库的立场比较中立，更为贴近大众，其传递的信息和理念更具亲和力，容易得到民众的理解和支持。

（二）地方立法智库的劣势

当前，我国地方立法智库主要以官方智库和高校智库为主，民间智库则发展比较缓慢，智库之间缺少思想碰撞和观点交流，其决策智囊作用的发挥有着诸多制约因素，不同地方立法智库类型存在不同的劣势。

1. 地方立法官方智库的劣势

（1）条块分割、职能交叉，运行机制碎片化。从"条"看，各委、办、局归口都有自己的研究室、综合处或法规处；从"块"看，市本级主要有市委、市政府、市人大、市政协的相关研究室，以及市委党校、市社科院、市党史研究室、市规划研究院等机构，县市区一级政府也都建有研究室。"条"与"块"封闭运行，"块"与"块"之间的交流较少，存在"各自为政"和"小而全"现象。在机构设置上，不仅条块封闭分割且职能交叉重复，缺少统一的协调体系，多头组织，重复立项、资助、研究的情况时有发生，运行机制呈现无序化碎片化状态，降低了研究资源的配置效率。

（2）研究成果易受体制影响，脱离实际。因为没有完善的法规制度作保障，决策论证评估很多时候也是"走过场"，对各方面的建议吸纳并不充分。一些地方出台重大决策前，决策者既可以咨询也可以不咨询，即便咨询有时候也是走形式、走过场。征求意见往往是为了证明其决策正确，而不是真正要发现什么问题或者接受意见建议。一些专家学者在决策中不能真正发挥"外脑"作用，一般性评价多，建设性意见少。同时，对一些涉及城市重大建设项目、有关人民利益的重大决策，往往还是部门自己决定。决策制定后一纸公文，公众只能被动接受。这类决策的主观性和随意性大，决策往往自以为是、脱离实际，后患无穷。

（3）"官本位"现象严重。官方智库大部分是隶属政府的事业单位，存在着机关化、行政化等问题。一些智库组织松散、创新意识淡薄、竞争活力不强等问题比较突出。咨询研究忽视一线，联系实际、挖掘短板不够，难以为政府及社会提供不同形式、高质量的公共服务产品。由于智库的办公经费多是依靠主管部门获取委托课题的资助，委托课题以招标形式进行，但在申报中却以各种限制条件将竞争者排除在外；或者即便给予竞争资格，在评审中也存在诸多暗箱操作问题。这些现象，既不利于智库的整体建设发展，也不利于催生富有创新价值的研究成果。

2. 地方立法高校智库的劣势

（1）研究角度有偏差，研究成果的学术性过强。理论的生命与价值在于能够解释与解决现实问题，实践是检验理论真伪的唯一标准。智库的使命就在于服务决策，而不仅仅是纯粹的理论研究，要把目光瞄准国家和当地经济社会发展中的重大问题、热点问题，以党委、政府、社会的需求为导向，为其提供高质量的决策咨询服务，需要研究者找到制度成因后提出对策建议。但是，地方立法高校智库成员来自各个领域，长期从事的学理研究是范式研究，讲究系统化和理论化，在研究过程中习惯从学术角度思考问题，设计理想化的制度模型；而且还存在缺乏对社情民意的了解、缺乏对政策的掌握、研究成果与实践脱节、与党委政府工作衔接不够等现象。受此影响，地方立法高校智库提交的研究成果往往针对性不足、学术性过强、可操作性欠缺，削弱了对决策的影响力与作用力，不易为决策者采纳。

（2）对立法需求把握不准确。一方面，地方立法高校智库与党委政府之间沟通渠道还不够顺畅，智库与政府之间缺乏紧密联系，"供需"信息不对称，一些高校智库不了解人大和政府的需求，承担委托的课题研究，也具有随机性、临时性、短期性特点；提供的政策研究产品或者与政府的决策咨询需求不相吻合，或者属于利用价值较低的重复劳动成果，或者可操作性不强，难以为党委或政府部门所接纳。另一方面，基于种种原因，市本级党委和政府对于一些智库机构缺乏必要的信任，在决策过程中较少主动与高校智库沟通，缺乏经常性的联系机制，缺乏及时的成果传递渠道，科研人员难以直接、及时掌握党委政府关心的重大问题和反馈重要信息。

（3）高校智库获取信息数据难。地方立法研究必须以翔实的信息数据为基础，而我国政府信息公开透明度不够是不争的事实。《中国行政透明度观察报告（2011—2012）》显示，自我国实施政府信息公开条例以来，各级政府的信息公开工作不断进步，但主动公开的及时性、有效性、便利性还不够，与社会需求尚有较大距离。在地方立法调研的过程中，缺乏与党委政府紧密联系的高校智库既不能从政府手中直接获取充分的第一手信息数据，又不能完全寄望于政府信息公开，研究成果的科学性和可操作性自然难以保证。

3. 地方立法民间智库的劣势

（1）民间智库所占比重小、质量欠佳、法人地位不明确。中国目前的智库建设中，大都属于官方智库与高校智库，民间智库所占比例不到5%。在这不到5%的民间智库中，还有绝大部分由于政府资助较少而一直处于亏损状态。由于我国的法人组织管理机制不够完善，导致民间智库没有正式明确的法人归属。一些民间智库被迫按照企业形式来注册，这不仅带来财税负担，而且还要面对工商税务部门的管理和监督。对于那些不进行注册而自行展开工作的组织，则面临着行政管理上的风险。

（2）缺乏资金、技术、人才等支持。智库资金来源一般包括企业和个人的捐赠、基金会和政府的支持。而我国各民间智库得不到上述资金支持，民间智库很少承包政府项目，政府资助也很少惠及民间智库，企事业单位的合同和捐款也很少能合规给予民间智库，长此以往，民间智库资金来源趋于枯竭。此外，从人才方面来看，多数知名专家、学者都在大专院校及半官方研究所。因此，民间智库想要吸引优秀的学者十分不易。

（3）信息渠道不畅通，信息来源不丰富。智库生存发展的前提是得到完善、全面、准确的信息。现实情况是，政府管理下的各种数据库并未免费向民间智库开放，而且，这些数据库中的某些数据存在失真。

四、加强立法智库能力建设

管理机制和职能任务决定了地方立法智库需要更加多元、自主、灵活、宽松的组织形式和研究方式。根据我国地方立法智库亟待发展的现实状况，必须在积极探索的基础上不断发展和创新，坚持合理内核，利用地方立法智库人才密集、学科齐全和对外交流广泛的优势，采取多种措施和手段，促进地方立法智库的发展。

（一）扩大立法咨询服务采购，培植智库成长土壤

在我国，地方立法智库的服务对象主要是承担地方立法任务和职能的地方党政机关。党政机关购买立法咨询服务，是地方立法智库生存和发展的保障；否则，地方立法智库就难以为继、举步维艰。因此，党政机关的正确认识和支持是地方立法智库建设必不可少的条件，政府需要为地方立法智库的发展创造一个良好的政治、法律、社会环境，提供相关运作

经费。

首先，党政机关必须对地方立法智库的资政要有正确的认识，必须认识到地方高校智力资源是国家和民族的宝贵资源。地方立法智库是地方党政机关依法立法、民主立法和科学立法的智力支撑，是推动地方立法发展的重要力量。凡是可以由地方立法智库提供的立法调研报告、立法论证及其报告、立法草案起草、立法人才培训等立法咨询服务均应纳入政府采购范围。

其次，拥有立法权的省市必须允许地方立法智库独立开展研究，让不同的立法主张能够及时、公开地阐述并进行理性辩驳，让理性争论推动地方立法民主化、科学化。

再次，拥有立法权的省市必须实现立法委托常态化、制度化，通过制度化的委托地方立法研究服务项目，使体系内部参谋系统、外部地方立法智库与立法决策系统既相互独立又相互协作，通过立法咨询服务购买，有效地把体制外立法智库及其专家的知识与智慧吸收进地方立法之中，保证地方立法理性、民主和科学。

最后，拥有立法权的省市立法咨询服务购买单位要为地方立法智库工作提供必要的支持与帮助，协助配合其工作；在草案征询意见、立法后评估等阶段，都要邀请地方立法智库工作人员参与。

（二）创新管理体制，明确功能定位

根据新型地方立法智库的特点和发展需要，在经费投入、项目支持等方面给予重点倾斜，在组织管理、人员评聘、科研活动安排等方面赋予更大的自主权。扩大自主权可从以下方面着手。

首先，应把地方立法智库作为单独实体建设，明确立法智库作为独立法人的法律地位，使其有自己的名称、场所、资金来源并独立承担法律责任；尽快建立健全地方立法智库作为非营利组织的法人制度，建立健全适合立法智库的注册、纳税及接受捐助法律制度。另外，设立在高校中的地方立法智库在管理上要去行政化，团队负责人和首席专家专职专任，由其全权负责，不受学校行政机构级别的限制，根据需要聘用专兼职人员，不占学校编制。

其次，要保持地方立法智库研究的相对独立性，首先就要在资金方面做到来源多元化，包括政府拨款、基金会赞助、非政府组织赞助和捐赠、个人捐款等，以及地方立法智库通过提供科研培训等服务，对科研产品、学术成果的出售等手段来增加收入。同时，立法智库可以且应该主动与企业或个人进行合作，以筹集研究、运营费用。如地方立法高校智库在开源的同时，需要在改变隶属于高校二级院系，与其平行并获得与其相当的权限的基础上，继续扩大地方立法智库的自主权，充分授权智库对自己获得的各种费用根据智库建设、发展和业务活动开展的实际需要，进行合理开支、简化环节、自主报销，以创新经费管理体制推动立法智库发展。

最后，地方立法智库要围绕地方发展所需，结合自身优势和特色，确定立法智库建设的主攻方向，明确自己的功能定位。对于设区的市而言，根据《立法法》的规定，城乡建设与管理、生态文明建设、历史文化保护、基层治理等是设区的市地方立法的主要领域，是应该着力的主攻方向。地方立法智库要"接地气"，研究本地社会经济政治生活中的实际问题和突出矛盾，吃透本地具体立法项目的实际情况，深入实际、深入群众开展本土调查，注意倾听并如实反映群众意见，在立法调研、起草、论证和评估等环节发挥立法咨询服务的智囊作用。

（三）支持高校学者参与，以领军人物为中心抓多元化智库队伍建设

地方高校要切实支持地方立法智库队伍建设，就必须支持本校自身的学者积极参与各类地方立法智库的立法咨询服务工作。因此，既要承认人才培养在地方高校的中心地位，又要支持教师积极持续开展地方立法智库工作。而高校要把对教师参与智库工作的支持切实落到实处，就必须提供灵活、弹性的教育教学制度，以帮助智库兼职教师找到教育教学科研与智库工作的平衡点。

具体说来，灵活、弹性的教育教学制度应当包括：当兼职教师在需要去政府部门任职或参与其他智库交流的时候，可以通过用一个学期完成一年教学工作任务的方法参加智库活动，也可以在全薪或降薪的情况下，在

校或离校参加立法智库的各种学习和研究活动，还可以根据智库活动安排调整上课周期，用几周时间上完一个学期的所有课程。这样，找准平衡点，确保兼职教师教学和资政工作两不误。

同时，党政机关和地方高校要共同协商，确定人选，通过首席签约专家等方式，着力培养、扶持顶级智库地方立法人才，参与政府立法活动，打造立法智库领导人物品牌。对于急需、紧缺的立法智库领军人物，要建立灵活的选人进人机制，实行绿色通道制度，建立快速直通车制度，不受级别的限制，采取凭其对智库贡献和智库实际成果进行职称晋升。

在确定并发挥立法智库领军人物作用的基础上，要以领军人物为中心抓多元化智库队伍建设，探索建立多样化、多层级、多类型的岗位体系，把专职岗位与兼职岗位相结合、普通岗位与特聘岗位相结合、管理岗位与项目岗位相结合，为地方立法智库各类人才发挥才智提供机会，广泛发挥专家学者、实务工作者的作用。通过这种方式，使得地方立法智库既发挥领军人物的才智和实际影响力，又充分发挥立法咨询服务团队的力量，"把个体人才的智慧凝聚成智库整体优势"①。

（四）围绕立法服务以成果转化进行评价和激励

地方立法智库评价是指根据一定的标准，对地方立法智库的地方立法规划、立法计划、立法调研、立法起草、立法论证、立法传播等各个环节进行评判。目前，"要革新绩效评价标准，摒弃传统科研重学术成果数量的评价导向，转而重视成果的实际转化率，采用重质量与贡献的评估导向"②。

对立法智库评价需要多方主体参与，除了立法智库本身外，还应有地方立法咨询服务的委托方、使用方、专业评价机构、其他智库以及社会媒体和公众。对地方立法智库进行评价，首先涉及依据何种的标准和指标体系来进行评价。评价标准是地方立法智库建设的指挥棒，设置科学合理的

---

① 魏礼群：《公共决策与智库建设》，载《中国行政管理》2015 年第 10 期。
② 盛明科：《高校智库建设亟须处理好四种关系》，载《中国社会科学报》2016 年 12 月 1 日第 2 版。

评价标准是建设新型地方立法智库的关键。要坚持地方立法咨询服务质量为主的评价原则，以解决地方立法问题的实际贡献为中心，围绕地方立法咨询贡献和质量来制定科学合理的分类评价指标体系。

为了使智库工作评价对智库工作人员起到切实的激励作用，要打通教育教学、科研与智库工作及成果之间的认证通道，科学处理教育、教学、科研与立法咨询服务之间的关系。如在地方立法高校智库中，把地方立法智库相关工作量切实有效地通过量化转变为教学工作量和科研工作量，并且根据其质量来进行评价。在教育、教学、科研的基础上，加入应用研究和立法咨询服务等智库工作作为高校教师的评价指标体系之一，使智库工作量能折算成为教育教学科研工作量，并建立起与之相对应的资源分配、绩效评价、职称晋升体系，使其成为与教学、科研并列的、权重相当的评价体系之一。在条件成熟时，在全国或者全省范围内，设立智库职称晋升序列，以促进智库人才成长。最后，在进行评价时，也要注意把平时评价和年度评价，工作评价和项目评价联系起来，保持二者的一致性，从而综合得出最终评价结果。

在激励措施上，立法智库的调研报告、论证报告和立法草案拟定以及立法人才培训等被党政部门认可，除非有正当理由被否定，否则都视为相关委托机关认可，应当对其工作量予以认定，可以折算成一定的工作完成指标。如果被省市领导人批示、批复予以肯定的，地方立法智库内部更要予以物质、精神上的奖励。同时，省市一级党政机关也应该每年度召开表彰大会，对工作扎实、成绩突出、得到社会和同行认可的智库及其工作人员进行表彰，除了进行一定的物质奖励外，还可以授予"××省（市）××××年度十佳智库""××省（市）××××年度十佳立法咨询专家""××省（市）××××年度立法建言奖"等荣誉称号和奖励，并颁发获奖证书，使优秀的立法智库和立法咨询专家脱颖而出，受到社会尊崇。

（五）实施内部整合与外部联盟的发展战略

地方立法智库虽然有的具有自身特色，但总体而言实力不强，单独依靠自身力量把地方立法咨询服务工作做好是很困难的。同时，地方立法智库建设也必须注重建设的整体性和协同性。因此，地方立法智库必须采取内部整合与外部联盟的发展战略，走出一条创新融合之路。

地方立法智库需要积极作为，争取党委政府或高校领导的大力支持，把相近相似的智库进行整合，实行小实体大机构宽领域的智库建设模式，把原来的一些虚设的智库（如无场所、办公设备设施、办公人员和固定的兼职研究人员等的"虚"智库）通过与实体智库共享办公场所、共用办公人员，实行几块牌子一套行政人员，并由专人负责领导、协调的体制，变虚为实，节约成本，组建实体性综合性智库平台。例如，惠州市地方立法研究中心就可以把法律文化研究中心、卓越法律人才协同育人平台等智库进行有效整合，克服其他机构没有办公机构、人员和设备的障碍，发挥各自优势，按照统一日常办公、项目分工合作、各自突出重点、彼此相互借力的原则形成校内协同资政的局面。在此基础上，再进一步采取跨学科、跨部门的"大学科"研究团队模式，把各类科技发展研究中心、经济发展研究中心、文化研究机构、政府资政机构、社会治理研究机构等都整合在一起，聚集发展、协同创新，尽快形成自身的特色与优势，树立自己的品牌。

在充分整合智库内部机构和人员的智库力量的基础上，还需要实施外部联盟的发展战略，建立如高校立法研究联盟、省市区域立法咨询服务研究联盟、新闻媒体联盟和项目联盟等方式，相互交流学习，借助外力，增强地方立法智库的立法咨询服务能力，扩大宣传和实际影响力。建立省市区域立法咨询服务研究联盟，如广东省法学会、广东省律师协会、江门市地方立法研究院、梅州市地方立法研究基地、惠州市地方立法研究中心、惠州市律师协会、惠州市法学会等，针对本地立法事宜建立常态化联系、协作机制，在其承担地方立法咨询服务工作中，征询联盟单位意见，派代表出席论证会，对立法中的问题保持常态化沟通机制。

为了更好地建设地方立法研究评估与咨询服务基地，进行协作共享交流，需要与其他高校建立地方立法研究高校联盟，如目前广东省建立了地方法研究高校联盟，通过召开研讨会、互动交流学习等方式，促进地方立法智库水平的提升。

地方立法智库与新闻媒体单位联盟，进行常态化合作。地方立法智库的研究成果，除了通过学术报告、科普活动、学术沙龙、学术会议、媒介宣传等不同形式进行推介和传播外，还需要与新闻媒体联盟展开合作，对自身开展的地方立法咨询服务项目、调研活动、论证会议、研究成果等进行持续深入宣传报道；在发生社会突发事件、热点问题和事件时，由智库专家进行评析，以专家的分析引导社会舆论，彰显社会正能量。项目联盟，是指在地方立法智库接受委托，开展项目活动之初，就要把自己的研究团队与项目相关政府部门、社会团体、利益群体和关注项目的其他研究人员团结在一起，组成项目联盟，充分反映各群体的利益诉求、政府部门的管理服务问题与盲点，使自身的项目研究能更深入实践，提出方案更切实可行。地方立法智库与外部单位通过战略联盟的方式进行深度合作，不断提升自身的立法咨询服务质量。

第三节　公众立法参与能力建设

党的十八大报告提出，"从各层次各领域扩大公民有序政治参与，实现国家各项工作法治化"。习近平总书记在党的十八届四中全会上提出"要完善科学立法、民主立法机制，创新公众参与立法方式，广泛听取各方面意见和建议"。2021年10月14日，习近平总书记在中央人大工作会议上强调不断发展全过程人民民主，明确把全过程人民民主重要理念贯穿于人大工作各方面各环节，在公众参与层面上要求进一步扩大公民有序政治参与，完善公众立法参与能力建设，让立法工作更好接地气、察民情、聚民智、惠民生。公众立法参与能力建设，是地方立法工作的重要方面。但是，目前公众有序参与地方立法还存在着参与广度和深度不够等问题，[①] 而且立法参与人的参与能力也参差不齐。因此，在地方立法层面上，探讨立法参与的能力和制度建设是一个重要的课题。

---

① 冯传林：《刍议我国地方立法公众参与机制》，载《法制与经济（中旬）》2013年第3期。

一、地方立法的参与渠道

设区的市被赋予地方立法权以来，公众参与地方人大立法的积极性提高，公众立法参与逐渐成为影响地方立法的重要一环。有序的公众参与有利于保持地方立法决策的民主性和科学性，推动地方立法符合社会生活实际，实现"有法"向"良法"转变。因此，优化地方立法中的公众有序参与机制，建立科学合理的意见整合模式，完善动力与激励制度，优化公众参与过程中保障与控制方法，促使公众对地方立法决策的全程参与，综合平衡参与各方，使各方面的利益和意愿都能得到真实和充分的表达，令地方立法公众参与得以良好、有序进行，才能推动地方立法进一步实现科学化、民主化。

公众有序参与是有序民主和协商民主理论的重要内容，也是学者们一直关注的热点。我国专家学者认为公众参与人大立法的途径主要有参加立法听证会、立法论坛、座谈会，担任立法顾问，在大型门户网站提出意见等[1]，还可以通过人大立法公开征询公民意见、"立法招标"、结社参与立法等途径促进公众有序参与地方立法。[2] 于均波的文章以北京市为例，论述了公民有序参与人大立法的实践做法，如召开座谈会、研讨会，委托基层人大征求意见，将重要法规草案在新闻媒体上公布，发放调查问卷等措施，以及进一步加强公民有序参与立法的设想，如拓宽公众参与的广度和深度、建立和完善经常性的公开征求立法建议、法规草案公布、立法听证等。[3] 另外，部分专家学者认为网络社会公民有序参与人大立法必须培养公民参与型文化，创新公众网络参与人大立法的制度，规制公众网络参与，并推行"电子提案"。[4]

总结上述专家学者提出的参与渠道可得出，立法参与人参与地方立法

---

[1] 陈建智：《公众有序参与人大工作的途径、问题及意义》，载《人民之声》2012 年第 5 期。

[2] 轩传树、聂大富：《关于公民有序参与人大工作途径的几点思考》，载《中共宁波市委党校学报》2011 年第 5 期。

[3] 于均波：《扩大公民有序参与人大工作》，载《前线》2006 年第 4 期。

[4] 顾丽梅：《网络社会公民有序参与人大立法的路径与思考》，载《浙江学刊》2013 年第 1 期。

工作有以下几种方式：一是立法参与人通过参加座谈会、听证会、立法论坛等提出自己的立法意见和建议；二是通过担任立法顾问、相关行业专家、立法助理、评估专家等角色参与地方立法；三是通过地方人大公开征求立法建议、征求公众关于草案修改意见、开展问卷调查、信函、电话通信、报纸、电视电台等传统宣传渠道参与人大立法意见征求；四是通过"立法招标"、结社参与等渠道针对社会急需治理的问题提出地方立法的建议；五是创新渠道，立法参与人通过网络参与地方立法，通过"电子提案"、网络问卷调查、网络社区论坛等方式进行有序参与。

此外，设立基层立法联系点作为连接国家立法机关和人民群众的桥梁纽带，也是推动地方人大实现民主立法、开门立法、科学立法，以及公众有序参与立法的重要途径。2023 年 9 月，全国人大常委会委员长赵乐际在全国地方立法工作座谈会上的讲话中提道："人大必须坚持立法为了人民、依靠人民，问计于民、问需于民，凝聚各方面智慧和力量做好立法工作，加强人民当家作主制度保障，把体现人民利益、反映人民愿望、维护人民权益、增进人民福祉落实到法律制度中。"①

2014 年 10 月，《中共中央关于全面推进依法治国若干重大问题的决定》指出，健全向下级人大征询立法意见机制，建立基层立法联系点制度，推进立法精细化。随后，全国人大常委会法工委及部分省市开始探索建立基层立法联系点。2022 年 10 月，党的二十大报告继续提出，健全吸纳民意、汇集民智工作机制，建设好基层立法联系点。2023 年新修改的《立法法》第 70 条规定："全国人民代表大会常务委员会工作机构根据实际需要设立基层立法联系点，深入听取基层群众和有关方面对法律草案和立法工作的意见。"第 90 条规定："省、自治区、直辖市和设区的市、自治州的人民代表大会常务委员会根据实际需要设立基层立法联系点，深入听取基层群众和有关方面对地方性法规、自治条例和单行条例草案的意见。"两条规定增加了全国和地方人大常委会设立基层立法联系点的内

---

① 《在全国地方立法工作座谈会上的讲话》，中国人大网，http：//www.npc.gov.cn/npc/c2/c30834/202309/t20230925_431896.html，最后访问日期：2023 年 10 月 30 日。

容，以立法形式进一步明确其地位和作用。截至 2023 年 9 月，地方各级人大建立了 6500 多个基层立法联系点，发挥立法听取意见"直通车"作用，广泛征求人民的意见与建议。①

2019 年 11 月，习近平总书记考察上海虹桥街道基层立法联系点时强调："我们走的是一条中国特色社会主义政治发展道路，人民民主是一种全过程的民主。"② 基层立法联系点制度正是实现全过程人民民主的重要探索与有效路径。以广东省省级基层立法联系点建设为例。2015 年，广东省人大常委会设立了 21 个省级基层立法联系点，并形成"联系点 + 联络单位"模式。建设 8 年来，全省目前共有省级联系点 21 个，其中县（市）人大常委会 6 个、区人大常委会 13 个、镇人大 2 个；共有联络单位 51 个，包括了在地域、行业等方面具有代表性的各类单位，如乡（镇）、街道办、村委会、社区、司法机关、学校、医院、电视台和企业等。其中，除江门江海区人大常委会同时是全国和省的联系点外，广东省的 21 个联系点同时是各市的联系点。③ 通过设立基层立法联系点，持续收集基层群众对地方立法的意见建议，并且开展立法全过程宣传解读工作，让基层群众可以及时了解掌握法律法规的有关实施情况。这样不仅能够弘扬法治精神，推动基层群众参与立法的积极性，更能够助力基层，解决群众最关心、最直接、最现实的问题。

结合前文内容，基层立法联系点的定义可归纳为：由全国人大及其常委会、地方各级人大及其常委会依托基层党政机关、企事业单位、自治组织、社会组织等建立，协助收集立法工作信息，开展法治宣传活动的固定联系单位，是吸纳民意、汇集民智工作机制的重要组成部分，也是民主民意表达的重要平台和载体。目前，基层立法联系点常态化开展的主要工作集中在立法前的征询，主要包括法律草案、地方性法规草案的意见征询，

---

① 《在全国地方立法工作座谈会上的讲话》，中国人大网，http：//www. npc. gov. cn/npc/c2/c30834/202309/t20230925_431896. html，最后访问日期：2023 年 10 月 30 日。

② 《习近平：中国的民主是一种全过程的民主》，人民网，http：//politics. people. com. cn/n1/2019/1103/c1024 - 31434665. html，最后访问日期：2023 年 10 月 30 日。

③ 广东人大微信公众号，《如何建好用好基层立法联系点？广东人大召开工作交流会》，https：//mp. weixin. qq. com/s/OGQMA6I_J1DB5YqfDD7J7Q，最后访问日期：2023 年 10 月 30 日。

开展立法调研等，同时兼顾一部分的法治宣传。① 例如，2021 年以来，梅州市基层立法联系点（联络单位）共参与各级法律法规征求意见 528 次，共征集意见建议 593 条，举行立法调研座谈会 39 次，该市地方性法规制定过程中，通过联系点（联络单位）吸纳了 192 条意见建议。② 此外，梅州市还分类建设"金色""绿色""古色""红色"基层立法联系点，有针对性地听取民意；东莞市着力将基层立法联系点与法治文化公园、广场相联通，与党群服务中心等进行有机结合③；潮州市湘桥区人大常委会在湘桥区法治文化公园经常性组织法治讲座、立法茶话会，融合潮州讲古、工夫茶文化、潮剧文化、灯谜文化，把法治宣传、立法征求意见与潮州文化结合起来，收到良好反响。④

二、公众参与立法的基本能力要求

如上所述，地方立法的参与渠道有很多，社会各界公众和利益相关人广泛、全程参与立法调研和起草的全过程，充分反映了利益相关人和社会不同职业、群体的真实意愿，具有鲜明的民意真实性。在地方立法的过程中，真正切实地体现参与人的意志和价值取向，有序、正确的参与方法是其重要的基础前提和重要保证。

（一）具备相应的知识水平，理论与实际相结合

立法参与人在参与地方性法规制定的过程时，应当做好充分的专业知识学习和资料收集准备，具备相应的法律认识和自身行业知识，运用自身的知识水平有效正视地方立法面对的问题。立法参与人在发现社会事务与地方立法中的不协调或立法滞后的问题后，要结合自身的相关专业知识或日常生活的实际情况，理性考虑现行法规制度是否合理、科学，以及应该

① 刘惠敏：《基层立法联系点的实践探索与机制完善》，中央民族大学 2023 年硕士学位论文。
② 广东人大微信公众号，《如何建好用好基层立法联系点？广东人大召开工作交流会》，https：//mp. weixin. qq. com/s/OGQMA6I_J1DB5YqfDD7J7Q，最后访问日期：2023 年 10 月 30 日。
③ 广东人大微信公众号，《广东首次召开地方立法工作座谈会》，https：//mp. weixin. qq. com/s/XxkFZYcBVCcal1ClIETWcw，最后访问日期：2023 年 10 月 30 日。
④ 广东人大微信公众号，《如何建好用好基层立法联系点？广东人大召开工作交流会》，https：//mp. weixin. qq. com/s/OGQMA6I_J1DB5YqfDD7J7Q，最后访问日期：2023 年 10 月 30 日。

如何完善。立法参与人在研究立法时要做到理论与实际的结合，必要时可以请教法学专业的专家学者进行论证，与相关领域的专业人员等进行探讨与交流，形成完整的提案或立法建议。

（二）科学合理提出意见，真实反映立法需求

立法参与人在参与地方立法的调研和条例起草的环节中，应当有针对性地提出真实的立法需求和科学合理的建议，切勿"假大空"和自我情感的宣泄，应当理性看待问题，面对权益受损和违背社会发展规律的情况，更应冷静地与立法机关"摆事实，讲道理"，坚持问题导向。例如，在《惠州市历史文化名城保护条例》的制定过程中，举行了利益相关人参加的座谈会，会上的代表提出了当前惠州市历史文化街区保护中存在的各种问题，如打电话投诉反映问题，有的部门"相互推诿，建议当事人向其他部门反映"的情况，使得地方立法最大限度地反映了立法参与人的立法诉求，为立法机关调查问卷的相关内容提供了很好的修改方向。

（三）坚持本土化观点，解决方案具有地方特色

在专家座谈、部门访谈和利益相关人座谈等各种关于地方立法的座谈和访谈中，立法参与人应当注重提出解决本土性问题的方案和意见，相关问题应当具体、翔实，具备本土性和地方特色。例如，惠州市为了切实保护好惠州本地历史文化遗产，在《惠州市历史文化名城保护条例》利益相关人座谈会上，有立法参与人提出在政府资金有限的情况下，应当有一个民主科学的机制，以公众参与来确定保护资金的分配和修复保护的时间先后，避免出现南宋贬官秦鹏飞的遗址没有保护好，而错对清代的建筑大加保护的情况。此外，还有诸如"历史遗留的产权属个人，使用权在政府"，需要一个最终解决机制的问题，"一些地名标示错误"的问题，"历史文化街区不是所有建筑都是历史建筑，不要把非历史建筑也作为历史建筑保护起来了"的问题等，立法参与人反映了惠州市历史街区中急需解决的本土问题，这些问题为立法机关和部门提供了矛盾情况的线索，形成了有效的解决方案，使得立法调研切实贯彻了本土性，地方立法充分尊重和体现了立法参与人的真实立法诉求。

（四）积极热情参与，自觉遵守参与秩序

立法参与人在参与地方立法的过程中，遇到与自身利益息息相关的问题，难免会出现个别参与人在访谈或者座谈中言辞激烈、盲目反对的情况。例如，在《惠州西湖风景名胜区保护条例》的立法听证会中，关于禁止在红花湖游泳的问题听取相关代表的意见时，出现部分代表不理性遵守会场发言秩序，甚至因为利益受损盲目质疑其他代表人人格和数据的真实性，造成听证代表的意见无法有效表达。为了避免出现上述因个人利益追求而损害立法参与秩序的情况，除了立法机关或部门要加强机制的构建和秩序的维护外，参与人更应当自觉遵守参与秩序，切勿因个人利益受损，而无端质疑其他代表的参与资格和数据真实性，坚持理性看待问题，在积极热情参与的同时，更要冷静看待问题，认真钻研、分析矛盾所在，以平和的心态参与到地方立法的民主化程序中。

三、公众立法参与的能力建设

立法参与人要有参与立法的主动性、公正性和大局意识，还要具有奉献精神。具体应从以下方面加强能力建设。

（一）培养善于发现问题的能力

立法参与人处于社会的各个阶层，对条例起草针对的社会治理问题，以及条例实施后的适用过程中出现的情况，较为了解和清楚，在日常生活和工作的领域范畴，培养善于发现问题的能力，用心去发现捕捉有普遍性的问题，然后可以对法律的设立或修改提出自己的意见或建议。例如，惠州市在制定《惠州西湖风景名胜区保护条例》的过程中禁止在红花湖水库游泳并设置罚金的事项引起社会争议时，部分市民和律师提出了优化条款处罚的建议，设置较为合理的处罚手段，以更好地解决在红花湖水库游泳的问题。

（二）不断提高自身的法律知识水平

立法参与人在参与地方立法的过程中，应当不断提高自身的法律知识水平，学习相关的上位法律法规和相关的立法制度规范。参与地方立法，提出建议绝不是"空口说大话"，无论是何种群体，在表达自身的利益诉求时，应当符合法律和相关法规制度的要求，坚持问题导向，针对关注的问题、想要解决的突出矛盾而进行，应具有较强的针对性和现实性，提出清晰的价值取向和利益追求。积极参与地方立法实务培训，在学习中不断增强地方立法的知识学习，为参与地方立法提供更加科学合理的意见和建议。

（三）秉承公正处理问题的态度

地方性法规不是地方保护主义的"保护伞"，立法参与人在参与起草法规草案的工作中，要尽可能避免部门利益和地方保护主义的法律化。保持地方立法建议的公正性，要做到用平等中立的眼光看问题，科学合理地提出法规制定和修改的意见和建议，为解决社会治理问题提出公正的建设性意见，有效监督立法机关和相关政府部门的立法过程，推动地方立法公平公正，才能促使法规的出台符合地方社会治理的真实需要，真正切实有效地解决社会矛盾和存在问题，带动地方经济水平的提升，促进社会和谐发展。

（四）具备大局意识

立法参与人积极主动参与地方立法工作的时候必须具备大局意识，不能仅想到个人或者行业利益，要把服务发展、改善民生、促进和谐作为参与地方立法的出发点，还应当站在中立立场，不偏不倚地了解并表达自身的观点和建议，这样提出来的才是中立、公平的法律建议。

（五）树立正确的社会责任感

立法参与人的社会责任感已经赋予了参与者自身要有奉献意识。每一个公民都有权利也有义务对国家的法律制度进行监督，提出建议。立法参与人更应该自觉以推动国家法治的建设和发展为己任，以全心全意为人民服务为宗旨，不遗余力地奉献出个人的智慧和力量。

四、以机制建设促能力建设

立法参与人参与地方立法工作是一个互动的过程，公众参与立法是民主的精髓所在，为此必须保证公众有序参与立法的全程化、实质化、制度化[1]，在目前由"有法"到"良法"的历史性转折期，要围绕公众是谁、参与什么、何谓有序等，对公众有序参与地方立法的路径进行探讨。[2] 地方立法中的参与机制优化，必须为公众参与创造条件，培养公众参与地方立法的主动意识，以制度激励和保障公众参与，使社会公众的真实意愿和立法诉求反映到立法之中，切实保障地方立法的民主性、科学性。

（一）提供参与便利条件，强化参与动力机制

立法公开是公众参与地方立法的基本前提条件，地方立法机关要通过多种便于民众知晓的媒介公开立法信息，如网络、电台、报纸、信息公开栏以及立法新闻发布会等。在公开内容方面，立法草案、立法背景、立法内容、立法范围以及其他情况说明等非保密信息应当向公众公开，直接涉及相关公民、法人或其他组织的权利义务的，还应当组织相关公民、法人或其他组织进行座谈、访谈和听证，以便于社会公众和利益相关人获取信息并有效参与。只有使立法公开贯穿整个地方立法的全过程，公众才能知悉地方立法信息和立法过程，才能理解立法与自身的利益关系，才能自觉主动地进行有效参与。

（二）规范并创新参与方式，强化参与表达机制

在以问题为导向、深入群众、扎实开展本土性田野调查的基础上，规范并创新社会公众参与地方立法的方式方法。鼓励社会公众通过座谈会、论证会、信访、电话、报纸、电台、电视台等网络社交媒体参与地方立法讨论、辩论或者提出意见和建议；在政府、人大等官方网站上开辟专门的征求立法意见建议的网站、专栏等，开设互动平台，鼓励公众提出立法意见和建议。此外，强化社会公众立法诉求的收集机制，主动征求并收集公众意见、建议和意愿，倾听社会公众的立法呼声，使不同阶层、群体的社会公众的立法诉求都能得到适当的反映和体现；强化地方立法基层联系点

---

[1]　余霞、伏波：《完善人民有序参与立法的思考》，载《法制博览》2016 年第 12 期。

[2]　张晓、岳盈盈：《打通立法与民意之间最后一公里——关于破解地方立法公众有序参与困局的实证研究》，载《中国行政管理》2017 年第 2 期。

建设，广泛征集、择优推荐和综合遴选，选择具有代表性的基层政府、居委会和村委会等单位，作为基层立法联系点，选取重点调研群体召开座谈会、听证会等，提高针对性，使社会公众，特别是弱势群体和少数群体的立法诉求能直接反映给立法者，体现在地方立法中。

除了规范社会公众的立法诉求收集机制外，在强化公众参与表达机制方面，还必须注意以下几个问题：一是参与内容和阶段的全覆盖。包括立法项目征集立项阶段、立法草案的起草阶段、立法草案的审查与修改阶段以及立法的清理和评估阶段。二是公众参与具体程序的明确规定。如规定立法调研、公开征求意见不得少于30日，限期答复公众的意见和建议等。三是给予弱势群体、少数群体更多的利益表达机会。立法机关委派或委托专业人士代为表达，由专门的学者或律师等具备专业知识的人士代表弱势群体、少数群体参与地方立法，通过合法渠道反映立法诉求，加强其利益博弈力量。四是鼓励社会公众的组织化表达。鼓励公众积极加入行业协会组织或者其他兴趣团体、利益团体，通过组织化将分散的立法诉求进行整合，并得到更集中、理性和完善的表达，提高立法参与水平和实效。五是参与立法表达中要重视与吸纳反对意见。特别是在听证会中表达的反对意见，有助于提高立法科学性，这也是听证会的价值所在。

（三）反馈各方诉求利益，建立科学整合机制

为了避免公众参与流于形式，立法机关在公众参与后，应对公众参与意见和建议进行合理整合，及时反馈。完善反馈机制，把非法定渠道的参与方式及其内容，转载于法定渠道之中，明确反馈的责任。立法机关对公众意见作出明确、具体答复，任何人可以查阅，否则相关立法部门将承担法律责任。尊重公众对立法规划与计划、立法项目草案、立法协调结论等提出的意见和建议，令公众参与意见得到及时、明确的回复，对于采纳的应及时告知，没有采纳的也应说明相应理由，对于署名参与的更要进行专门回复，并将公众意见及采纳情况向社会公布。既可以证明立法机关的重视程度，也可以增强公众参与的主体意识与认同感。

公众的立法诉求可能是合理或不合理的，也可能是合理但不可行

的。因此，应当建立一套科学可行的利益协调平衡机制，有效整合各方利益和立法诉求。整合时应当综合平衡各方利益和立法诉求，推演不同建议的实施成本、实施效果，争取优中选优，以此促进各方妥协，降低立法后的实施成本。在公众参与地方立法的历史进程中，各阶层、各群体不断扩大，加强了各社团组织参与地方立法的积极性与内驱力，建立不同权益诉求的商谈辩论和互惠合作机制，将不同利益群体的立法诉求进行协调与整合，显得尤为重要。社会公众代表不同的具体利益、价值观念、意识形态，其立法意愿与诉求各不相同甚至可能相反，各方通过利益博弈、利益协调，既表达自身诉求，又了解其他群体诉求，进而进行妥协、协调和整合；对利益相互冲突的，作出牺牲的一方应当在立法上得到适当的利益补偿，最终在立法机关的主导下形成有效协调和整合，使整体利益最大化。

（四）物质与精神奖励相结合，完善参与激励机制

公众参与地方立法的有效性，既取决于立法参与人的主观意愿强弱，又受到参与条件、参与途径、参与激励等一系列措施的影响。公众参与地方立法提出合理的建议，需要有足够的知识储备与社会经验，还要付出一定的成本，比如，需要支付的食宿费、交通费、误工费等，此外还包括投入的时间和精力上的成本，立法机关采取相关措施对这些成本进行弥补，做到"不让立法参与人在公共利益和个人利益面前选择公共利益，放弃个人利益"，则更能调动公众参与地方立法的热情与动力。通过降低公民参与产生的物质成本和费用，有助于鼓励和引导公众真正去关心、思考地方政府立法设计的相关问题，并认真负责地提出意见和建议。另外，通过定期举行会议，邀请相关领域的专家学者、公众代表和执法机构代表对被接受和采纳在草案或最终法案中的意见建议，进行评选，选出优秀的予以物质奖励，能够鼓励更多的公众参与到地方立法之中。

同时，也要注重精神激励措施，这是公众参与地方立法激励机制重要的组成部分。公众参与立法不仅会消耗一定的精力、物力，还需要保持较高的参与热情，为鼓励公众积极、持久和广泛参与，应当采取有效的精神

激励措施。对立法参与人的付出予以肯定，可以通过借助电视、报纸等媒体、政府公共网站予以表扬和宣传；颁发相应的奖状和证书，如"公民参与立法先进个人""优秀法治公民"等荣誉称号或吸纳为兼职立法人员等；甚至可以将参与立法经历载入公民的个人资信档案，作为个人资信标准之一。这样，参与地方立法的公众在社会中和网络上都受到人们的肯定和褒扬，得到本地社区和政府的认同，获得归属感，增强主人翁责任感和荣誉感，就能有更强的动力参与地方立法，同时也唤起社会其他民众、团体参与地方立法的热情，积极参与地方立法。

（五）明确权责绩效指标，强化责任追究机制

地方立法中公众参与的责任追究，必须以具体、规范的责任标准加以衡量并予以确定。将公众参与地方立法工作以及地方立法机关的反馈情况都纳入相关单位的绩效考核，具体确定"信息的公布是否及时全面，立法过程中所有文件、资料和会议记录是否便于公民及时查询及对公民提出的建议是否进行记录，适时答复、解释和说明等"①，作为相应的考核指标。

在建立考核指标和行为准则的基础上，立法机关还应明确规定参与者的权利和义务，依法享有权利受法规保障，违法行使权利或者违反义务则应承担相应的法律责任。同时也要规定立法机关及其政府相应职能部门的职权职责，并以制度建立起制约与监督规范，建立违法责任制度，这对公众参与权能否真正落实具有关键性的作用。一是对于在起草、审查阶段公众参与要素缺乏或不足的立法草案，审查单位和审议机关应当通过多种途径充分补充征求公众意见或退回起草单位、审查单位重新组织公众参与，对于审议阶段公众参与要素缺乏或不足的立法草案，不通过审议，从实体上保障公众参与权利的实现，从根本上解决立法机关在组织公众参与地方立法上的随意性问题。② 二是针对公众参与各种形式分别设计可行的程序

---

① 王守金、赵菲菲、朱锐：《公民有序参与地方人大立法路径探析》，载《公民导刊》2015 年第 2 期。

② 安群、安杨：《公众参与地方人大立法的思考》，载《安徽日报》2014 年 11 月 17 日第 7 版。

和具体规则，限制立法机关的自由裁量权。三是对非法干涉参与行为、妨碍正常立法工作进程的，进行及时劝阻和制止；对故意扰乱立法参与秩序、非法破坏立法工作的，依法作出处罚。四是对未按规定举行听证、公开立法信息、对公众意见进行反馈等，立法机关应当追究相关机构或主管人员、主要责任人的法律责任。

后　记

　　地方立法作为中国特色社会主义立法体系的重要组成部分，是国家立法的延伸和补充，为形成和完善中国特色社会主义法律体系、推进国家治理体系和治理能力现代化发挥了重要作用。我国地方立法工作不断发展，从中华人民共和国成立初期开始探索，历经波折，在探索中前进，尤其是2015年《中华人民共和国立法法》修改正式赋予设区的市地方立法权，地方立法进入蓬勃发展期，而且2023年《中华人民共和国立法法》再一次修正，对地方立法工作提出了新的要求。

　　2019年1月，为了适应地方立法工作的形势和要求，本书编委会对设区的市地方立法工作进行研究，总结了设区的市地方立法实务工作状况，对设区的市地方立法过程的基本概念、基本步骤、具体案例和实际操作方法等理论内容进一步归纳、整理，编辑出版了《设区的市地方立法实用教程》。此后，在应用《设区的市地方立法实用教程》的过程中，发现其存在适用范围不够广泛的情形，亟须在设区的市层面上进一步拓展至涵盖省级地方立法层面的范围。同时，为了适应新的地方立法发展形势，紧跟地方立法理论前沿，把握新的地方立法实践问题，不断满足地方立法理论与实务研究的需要，以及为地方立法实务工作提供科学合理的理论指导，故本书编委会对《设区的市地方立法实用教程》内容进行修改、完善，编写了《地方立法实用教程》。

　　本书由易清教授担任主编，彭小丁副教授担任副主编，负责全书的统稿和定稿工作，在编写过程中组建团队对本书内容进行修改、完善，团队成员具体分工如下：

陈裕瑾负责第一章"地方立法概述"的撰写；

袁益祺负责第二章"地方立法体制"的撰写；

何振兴负责第三章"地方立法程序"的撰写；

马学青负责第四章"地方立法立项"的撰写；

康钦春负责第五章"地方立法调研"的撰写；

张艺子负责第六章"地方性法规起草"的撰写；

李才锐负责第七章"地方立法论证与听证"的撰写；

臧博负责第八章"地方立法技术"和第九章"地方立法清理"的撰写；

林木明负责第十章"地方立法评估"的撰写；

潘丽军负责第十一章"地方立法监督"的撰写；

彭小丁负责第十二章"地方立法能力建设"的撰写。

本书适合高等院校法学专业学生、地方立法实务工作者、宪法学与行政法学以及立法学的教研人员等学习、参考和使用。本书的编写不仅借鉴和总结了一些地方立法实务工作者的工作经验，还参考了许多法学领域专家学者有关地方立法研究的论著等成果，在此致以诚挚的谢意！中国民主法制出版社对本书的出版给予了大力的支持，在此表示衷心的感谢！

教材编写团队在《设区的市地方立法实用教程》基础上，尽最大努力编写本书。但是，由于水平所限及时间匆忙，本书主要围绕设区的市的地方性法规的内容进行展开，省级地方性法规、规章，以及市级规章所涉内容较少，仅作宏观概括阐述。书中还难免存在其他不足之处，在此恳请读者批评指正，以便今后进一步修改、完善。

2023 年 10 月